社交平台游客参与价值共创机制研究

Research on the Mechanism of Tourist' Participation Value Co-creation on Social Platform

李佳丽　舒伯阳　著

北京·旅游教育出版社

图书在版编目（CIP）数据

社交平台游客参与价值共创机制研究 / 李佳丽，舒伯阳著. -- 北京：旅游教育出版社，2022.10
ISBN 978-7-5637-4480-0

Ⅰ. ①社… Ⅱ. ①李… ②舒… Ⅲ. ①游客－旅游服务－研究 Ⅳ. ①F590.6

中国版本图书馆CIP数据核字(2022)第186747号

社交平台游客参与价值共创机制研究

李佳丽　舒伯阳　著

策　　划	李荣强
责任编辑	陈　志
出版单位	旅游教育出版社
地　　址	北京市朝阳区定福庄南里1号
邮　　编	100024
发行电话	（010）65778403　65728372　65767462（传真）
本社网址	www.tepcb.com
E - mail	tepfx@163.com
排版单位	北京旅教文化传播有限公司
印刷单位	北京虎彩文化传播有限公司
经销单位	新华书店
开　　本	787毫米×1092毫米　1/16
印　　张	14
字　　数	235千字
版　　次	2022年10月第1版
印　　次	2022年10月第1次印刷
定　　价	59.00元

（图书如有装订差错请与发行部联系）

前　言

近年来，专业的社交平台网站对旅游价值系统产生了重大影响。社交平台上各种形式的消费者生成的内容（UGC），使得旅游者在决定信息的生产和分发方面获得了更大的权利，旅游者利用了这些社交平台网站来描绘、重建和重温他们的旅行，因此这些社交平台也越来越多地调节了游客的旅游体验感知。不仅如此，许多社交平台网站帮助旅游者发布和分享他们与旅行相关的评论、观点和个人经历，然后成为了其他人可以借鉴的旅游信息。因此，旅游者在社交平台的分享、评论、反馈等行为已成为了旅游者参与社交平台价值共创的积极方式。

本书从价值共创、服务主导逻辑、人与信息技术接触、使用与满足理论相关视角探索了社交平台上游客参与价值共创的驱动机制、行为过程和激励机制。首先在书中的第一部分对社交平台游客参与价值共创相关理论研究进行回顾和梳理，解析了社交平台的概念、内涵、主要类型以及在旅游研究领域的具体应用；然后对用户价值共创理论相关研究进行综述，介绍用户价值共创理论的演进，并对用户价值共创理论在旅游研究中的应用进行阐述；最后基于用户价值共创研究和顾客体验价值研究对社交平台游客参与价值共创行为的概念进行界定。书中的第二部分是社交平台游客参与价值共创行为的维度结构的确定。采用质性分析和文献研究的方法，构建社交平台游客参与价值共创的行为方式，初步确定社交平台游客参与价值共创的过程机制。第三部分是关于社交平台游客参与价值共创机制研究模型与理论假设的内容。对人与信息技术接触的相关理论和用户参与使用行为进行了理论回顾，并结合第一部分介绍的价值共创理论和服务主导逻辑理论，以"驱动因素—体验价值感知—行为结果"为研究逻辑，构建社交平台游客参与价值共创机制的研究模型，并据此提出相应的理论假设。第四部分，社交平台游客参与价值共创机制实证研究设计。首先，在对搜集到的文献回顾与分析的基础上，明确研究对象的范围，阐释相关研究的可操作性定义；然后依据访谈得到的结果和参考学者们的研究成果，设计研究模型；接着通过预调研阶段获取社交平台游客参与价值共创的样本数据，作探索性因子和验证性因子分析，据此对问卷题项进一步提炼，形成最终的问卷。第五部分，社交平台游客参与价值共创机制实证分析。通过正式调研过程,获取社交平台游客参与价值共创过程中的驱动因素、体验价值感知、具体价值共创行为以及互动、奖励因素等数据资料对理论模型与研究假设作了验证,明确社交平台游客参与价值共创过程机制。第六部分是研究结论与展望。主要是对本研究的结论进行梳理和讨论,阐述本研究的理论贡献,并提出研究结论对社交平台企业、游客及其他相关价值共创参与者的实际参考价值。最后,指出研究的不足之处及后续研究的方向。

总体来说,本书回答了以下一些问题:游客在社交平台上的价值共创行为是什么以及如何测量?在社交平台上推动游客进行价值创造的因素是什么?如何在社交平台上实现游客积极参与价值创造的过程?这项研究对于旅游场景中信息技术的运用,无论是在理论上还是在实践上,都有着很大的参考价值。

特别感谢我的导师舒伯阳教授,在他的精心指导下,此项研究才得以完成。同时也很感谢冯婉怡师妹,她负责了很多的调研工作和撰写工作。最后感谢帮助和指导过我的各位老师及同学。

李佳丽
2022 年 9 月

目 录

绪 论 ·· 1
   第一节　研究背景与问题提出 ·· 1
   第二节　研究目的与意义 ··· 7
   第三节　研究方法与研究内容 ·· 10
   第四节　研究的创新之处 ··· 13

第一章　理论回顾与文献综述 ·· 15
   第一节　社交平台 ·· 15
   第二节　价值共创 ·· 25
   第三节　游客参与行为 ·· 32
   第四节　体验价值感知 ·· 39

第二章　社交平台游客参与价值共创行为的维度结构 ··· 46
   第一节　社交平台游客参与价值共创的内涵 ··· 46
   第二节　社交平台游客参与价值共创行为维度的初始测量项目生成 ························ 49

第三章　社交平台游客参与价值共创机制研究模型与理论假设 ······································ 62
   第一节　研究模型的构建 ··· 62
   第二节　社交平台游客参与价值共创行为的过程模型 ·· 71
   第三节　研究假设的提出 ··· 72

第四章　社交平台游客参与价值共创机制实证研究设计 ··· 89
   第一节　变量的操作性定义与测量 ··· 89
   第二节　初始问卷设计与修改 ·· 95

第三节 预调查与正式问卷的确定 …………………………………… 95
第四节 正式调查问卷的发放与回收 ………………………………… 106

第五章 社交平台游客参与价值共创机制实证分析 …………………… 109
第一节 测量模型数据分析 …………………………………………… 109
第二节 共同方法偏差检验 …………………………………………… 119
第三节 结构方程模型分析与假设检验 ……………………………… 120

第六章 研究结论与展望 …………………………………………………… 168
第一节 研究结论 ……………………………………………………… 168
第二节 理论贡献和管理启示 ………………………………………… 171
第三节 研究局限和未来展望 ………………………………………… 176

参考文献 ……………………………………………………………………… 179

附 录 ………………………………………………………………………… 212
附录A 社交平台游客参与价值共创行为的深度访谈提纲 ………… 212
附录B 社交平台游客参与价值共创行为正式调查问卷 …………… 213

绪　论

第一节　研究背景与问题提出

一、现实背景

（一）社交平台的兴起为游客交流提供了新的途径

互联网从根本上改变了旅游相关信息的传播方式，以及人们规划和消费旅游的方式。近年来，互联网上明显出现了两种"大趋势"，突显出可能对旅游系统产生重大影响的变化。一方面，所谓的社交平台网站，代表了各种形式的消费者生成的内容（UGC），如博客、虚拟社区、维基、社交网络、协作标签以及在 YouTube 和 Flickr 等网站上共享的媒体文件，在在线旅行者对互联网的使用中获得了极大的普及。许多这样的社交平台网站帮助消费者发布和分享他们与旅行相关的评论、观点和个人经历，然后作为其他人的信息。这支持了托马斯·弗里德曼[①]的论点，即"世界是平的"，由于互联网接入的扁平化，消费者在决定信息的生产和分发方面获得了更大的权力。与此同时，随着游客使用这些社交平台网站来描绘、重建和重温他们的旅行，因此这些社交平台也越来越多地调节了游客的旅游体验（Pudliner，2007；Tussyadiah & Fesenmaier，2009）。

另一方面，由于可获得的信息量巨大，搜索已经成为游客使用社交平台的一种日益主导的模式。例如，美国旅游行业协会的研究发现，大约 2/3（64%）的在线旅行者使用搜索引擎进行旅行规划（TIA，2005）。最近的另一项研究表明，在假期计划方面，搜索引擎是美国家庭首选的在线信息源（e-Marketer，2008）。互联网研究公司

[①]《世界是平的》（The World Is Flat）是弗里德曼目前最畅销的著作，在书中，弗里德曼描述了当代世界发生的重大变化：科技和通信领域如闪电般迅速地进步，使全世界的人们可以空前地彼此接近。

Hitwise[①]的一系列报告记录了搜索引擎在为旅游社交网站产生上游流量方面的重要性（Hopkins，2008）。因此，搜索引擎已经成为一个强大的界面，成为与旅游相关信息的"门户"，也是目的地和旅游企业接触和说服潜在游客的重要营销渠道。与以前的在线网络相比，社交平台是一个集信息、娱乐、搜索等功能于一体的综合网络，它的本质是建立在现实生活中的社交网络上，具有即时、位置相关性、身份识别等特性，从而导致了大规模的旅游消费行为进入，从而给平台企业带来了巨大的商机。在用户不断增加、信息积累、职能集成的过程中，社交平台的业务价值将日益凸显，从而使平台的经营理念和利润方式得到进一步的扩展。

随着社交平台技术的不断发展，使用者与平台企业、使用者和其他使用者之间的双向交流成为可能。交流的方法在整体上更加的灵活。从用户的视角来说，他们已经从单纯的接收信息、商品、服务，变成了分享、评价知识、体验等信息，在平台和社区中进行知识、经验等信息的产生，在传统的消费中添加用户的创作和"社会化分享"，通过5G技术，通过微信、微博等终端技术实现用户的即时购买。使用者参与分享、互动及推荐，将导致更大范围的社交互动，进而对平台业绩产生重要的作用。站在社交平台的角度来看，提升使用者与平台之间的交互，可以迅速地吸引到更多的潜在用户，为使用者提供其需要的产品和服务。从产品或服务提供的企业角度看，基于社交网络平台的交流将会是企业与使用者在服务前、服务中、服务后全过程的重要互动通道，如游客到达旅游目的地后可以根据自己的地理位置在社交平台上查找附近好玩的景点、好吃的美食店面位置。除此之外，平台还拥有丰富的信息，通过互联网为其成员提供与旅游相关的航班、酒店和度假套餐信息。成员还可以分享有关旅游经验的信息和在出版的旅游杂志中发现的信息。这些通过虚拟社区获得的信息然后帮助成员做出旅行计划和决定。因此，对在线社区的更多参与大大增加了成员的满意度（Pai & Tsai，2011）。从中发现，由于社交平台能够获取海量的用户流量，使用者可以自由访问、创建和分享自己喜欢或者想要的内容，使用者生产的内容、互动和口碑等具有价值的行为也日益成为了社交平台的价值源泉。

社交平台是一个有效地推动信息流通的平台，使用者与企业、使用者与使用者的互动将给使用者和平台企业提供更多的方便和更高的业务增值。社交平台的服务强调用户决策和用户体验，显示了强大的力量传递，而用户的内容创造和口碑推荐会激发社交平台的新的增值业务，社交平台的价值创造也向着企业价值创造和用户价值创造相结合的方向发展。社交平台用户通过参与和互动创造价值，如果没有成员的持续参与，网络社区的全部价值和潜力就无法得到认可。另外，对社交平台具有较好的体验感知的使用者，也会通过微博、微信、虚拟社区等社交平台途径，将自己的体验分享

---

① http://www.199it.com/archives/720389.html.

给他人，进而让他人也加入进来，带来了更高的体验价值和业务增值。在这种价值体系中，社交平台不但可以提升使用者的主观能动性，还可以利用使用者的创造力，透过与其他使用者的交互，创造出更多的增值空间，让使用者与使用者共享其创造的过程及最后的增值。

（二）游客在价值共创过程中角色的转变

游客如今面对着不计其数的旅游产品和服务，试图从中选择出最适合自己的选项。然而，产品和服务的多样性未必能导致更好的旅游体验和更高的游客满意度。旅游产品和服务选择的复杂性和伴随而来的与旅游产品和服务多样性有关的风险在游客中造成混乱和不安。为了缓解这一问题，游客在社交平台等信息技术的助力下，已经从相互隔离转变为紧密联系，从消息闭塞转变为见多识广，从被动接受转变为主动参与。Prahalad 和 Ramaswamy（2004a）指出，在新科技的发展下，更多的用户能够方便地获取海量的资讯，并且能够在不同的论坛和平台上进行沟通和获取更多的权益。顾客已经不能满足于被动地接受企业所供应的商品和服务，他们希望能在创造价值过程中发挥自己的力量（Prahalad and Ramaswamy，2004；Gronroos，2011）。消费者想要共同创造价值，想要更多的"互动"行为，他们希望能从被动创造转变为"主导创造"，不但想与社交平台进行互动，还想与其他专业人士、服务供应商及其他用户群体进行交流，并一起产生增值。在此背景下，新的价值创造理念也在改变："价值共创"不再属于企业管理或市场营销的专有领域，它更是一个整体的社会生产方式的转变，在这个过程中，企业将不再是单一的价值决策方，而是由顾客和企业一起积极地参与到机制创造的过程中去（Indand Coates，2013）。价值已不能从产业产品中产生，而要靠消费者自身的具体消费环境来决定（Aloes、Fernandes & Raposo，2016）。在这个新的观念与价值生成逻辑之下，共创体验是价值共创的基石，而价值的产生是以个人和个人的体验为核心的生产活动（Prahaladand & Ramaswamy，2004a）。该思想在游客这一群体上的体现尤为深刻。社交平台对游客来说尤为重要，游客在旅游前利用社交平台帮助自己完成旅行计划，游中使用社交平台记录旅行过程或者进行旅游信息的搜寻，游后在社交平台上分享游后体验或经验，以帮助到更多的潜在游客。游客在社交平台上的体验是一种源自于自身的旅游体验过程和社交平台上的体验价值的综合感知。因此在信息技术的影响下，社交平台已成为游客与企业互动、共同创造价值的重要媒介。由于社交平台的差异以及影响游客价值创造的驱动力各有差异，价值创造的过程就成为一个多元化的、独特的进程。在将来的体验经济的影响下，社交平台的竞争将会聚焦在个体的共同创造体验上，从而为个体设计独特的体验价值（Prahalad & Ramaswamy，2004）。

（三）旅游业转型和发展的需要

在互联网和移动通信技术飞速发展的今天，用户通过微信、微博、社交网站等社交网络平台，与企业之间的互动与交流日益增多，同时用户的消费习惯也在不断地改变。截至2021年6月，中国互联网络信息中心（CNNIC）2021年发布的第48次《中国互联网络发展状况统计报告》显示，中国在线旅游预订量为3.67亿人次，较2020年12月增加2411万人次，占网民整体的36.3%①。追其缘由，社交平台赋能企业数字化营销体系，带来新的业绩增长点。旅行预订企业借助社交平台的营销方式创新，深挖聚合服务精准营销价值。一是旅行预订企业以直播业务为契机，在社交平台上布局内容生态拓展营销渠道。数据显示，微博与携程联合推出的系列电商直播节目，销售额达到3346万元。二是旅行预订企业引入"盲盒"业态，获得年轻人青睐。"盲盒"机票或酒店将时间、目的地任意组合，带给消费者新奇、惊喜的体验，不满意可退货降低了用户参与的心理负担，受到众多年轻人的追捧，成为社交平台热门话题。微博话题"机票盲盒为什么吸引年轻人"，阅读量达到1.8亿次②。

社交平台的发展，是以用户生成内容UGC（User-Generated Content）③为基础，它不仅改变了旅游信息的传递方式，也改变了游客对信息的搜寻方式。借助各种社交网络平台，游客在获得大量的旅游资讯的同时，也能主动地与旅游企业交流，表达自己的真实诉求，提高旅游体验质量，满足个性化的旅游需要（李如有，2018）。在Facebook和Twitter这样的社交网络上，游客可以与朋友、同行和旅游服务商共享他们的旅行体验，或者对别人发布的旅游行程发表评论（Tussyadiah和Fesenmaier，2009）。同时，有着同样兴趣和爱好的游客可以通过社交平台进行资源共享、情感交流、思想交流。这些社交平台集聚了大量旅游信息，游客可以从地理和时间的限制中解放出来，在社交平台上自由分享他们的旅游体验，或者向其他游客咨询关于旅游行程等问题。因此，在旅游产业中，信息化技术的运用，不仅改变了游客的信息交换方式和消费方式，还使旅游产品和服务的营销方式发生了巨大的变化，也使旅游企业的经营方式发生了变化。

二、理论背景

旅游业的高速发展，吸引着来自管理学、心理学、消费者行为研究等不同领域的

---

① http://www.cnnic.net.cn/hlwfzyj/hlwxzbg/hlwtjbg/202109/P020210915523670981527.
② https://weibo.com/newlogin?tabtype=weibo&gid=102803&url=https%3A%2F%2Fweibo.com%2F.
③ UGC的概念最早起源于互联网领域，即用户将自己原创的内容通过互联网平台进行展示或者提供给其他用户。

专家学者投身其间。其中，旅游动机和旅游体验研究一直是旅游领域研究的重点，取得了一些令人鼓舞的成果。然而，关于游客价值共同创造行为的研究，学术界仍处于起步阶段，一些核心问题尚未得到令人信服的结论。此外，新时期游客价值共创行为的研究面临着信息技术的发展、旅游体验的多样化和价值共同创造的新理念等问题，在此基础上，出现了一批新的研究论题。本研究的理论背景是：

（一）价值创造研究视角不断拓展

通过梳理相关文献可以看出，对于价值共创的研究，主要集中在参与动机、用户的创造行为以及创造的行为结果等方面。参与动机的研究可以分为两大类：外部性动机和内部性动机，外部性动机的目的是获得信息和娱乐，而内部性动机则是追求心理归属感和社会价值。价值共创的行为结果从用户和企业两个角度来研究，从用户价值角度有社交价值、情感价值、自尊价值、学习价值等进行分析；在社交平台企业而言，其外部驱动力来自于其使用者的个性化要求，而使用者的内在需求给了平台企业洞察市场需求的机会。此外通过游客的主动参与价值创造过程，社交平台不仅能够创新品牌体验方式，而且隐含的价值也逐步凸显。

之前对价值共创的研究主要以虚拟品牌社区为研究背景，结合具体的社交平台进行案例分析的文献数量也较少，因此本研究选取具有旅游功能的社交平台作为研究背景，以"价值共创的驱动因素—游客体验价值感知—价值共创的行为结果"为研究逻辑，详细分析游客参与社交平台价值因素驱动到价值共创行为结果的逻辑链。

（二）游客体验边界不断延伸

近年来，学术界对游客的旅游体验的复杂性和动态的研究日益受到重视，从之前单一的旅游体验到了关注整个旅游系统的旅游体验，从游客个体的旅游体验延伸到了受到了社交网络中的群体影响。虽然游客的旅游体验看上去是主观的感知，但实际上，它受到游客所受教育、环境以及与目的地有关因素的影响，是一种综合性的整体感知过程（马天和谢彦君，2015）。因此，对游客的旅游体验研究必须考虑到另一个方面，即在互动性群体体验的背景下对旅游体验进行深入的研究和阐释（谢彦君和徐英，2016）。对旅游活动中人与人之间社会关系的研究（彭丹，2013），从社会建构的角度对旅游体验建构主体、建构过程和建构对象的研究（马天和谢彦君，2015），以及对旅游体验共睦态的系统性分析（谢彦君和徐英，2016）等文献中，都强调了旅游体验的社会性和情境性。这些研究不仅丰富了游客旅游体验研究的成果，而且把它引进了一个更为宽广的研究视野。

在信息技术的影响下，旅行过程的记录不像前几代旅行文章那样简单，因为它们的中间格式需要新的内容形式，而随着游客对社交平台使用过程中的个人过程的理解不断提高，这些记录才得以展现（Banyai，2012；Banyai & Havitz，2013）。社交平台的使用和移动网络连接极大地改变了以前对旅游体验的概念（Molz & Paris，2015），这意味着现代游客的行为和文本需要根据新的技术和社会条件来解读（Miller，2013）。游客在 Flickr 上分享他们的旅行图片，上传视频到 YouTube，在旅行博客上写个人故事，在评论区上提供评论，并在脸书上发布他们的旅游体验，在旅途中参与这些不同的社交平台，会改变旅游体验（Munar and Gyimöthy，2013）。社交平台的界面向用户提供关于其社交网络的生活和行为的不断更新的信息流（Senft，2013）。社交平台世界提供的连通性已经被理论化为减少旅游体验的阈值（White & White，2005）。数字技术填补了旅行中的信息和交流目的，不仅改变了旅行的体验方式，也改变了旅行的记录方式。通过使用社交平台的设备提供的链接可以看出，游客认识到观众对其旅行的印象，并试图在他们创建在线旅游内容时满足观众的期望，从而调节旅游体验（Wang, Park & Fesenmaier，2012）。使用数字技术与旅游体验交互，正在为旅游提供新的体验方式。游客在社交平台上记录旅游体验的做法不仅反映了实际旅行，还代表了另一种的在线旅行方式，"社交平台强调幻想和想象作为流动旅游体验的一部分。这意味着一种虚拟的、情感的、想象的旅行模式"（Michelangelo Magasic，2016）。选择来自哪一种社交平台进行在线"自我展示"受到来自于不同方面因素的影响。因此，本研究聚焦于探索社交平台游客参与价值共创行为的驱动因素，为构建社交平台游客参与价值共创过程研究打下坚实基础。

三、问题的提出

过去 10 年间，社交平台改变了人们沟通和联系的方式，传统旅游模式也深受影响。Statista 调查数据显示，36.5% 的游客会通过社交平台获取旅行灵感和想法；60% 的游客在旅行途中会在社交平台上分享照片。此外，每周旅游相关内容标签的搜索量超过 100 万[①]。旅游和社交平台息息相关，到 2021 年，社交平台用户数量达到每月 30.2 亿，这将占世界人口的 1/3 以上（Clement，2019）。最近的一项调查报告称，91% 的用户认识到，尽管他们的背景和信仰各不相同，但是社交平台在建立社会联系和团结个人方面的力量非常强大，78% 的用户倡导品牌可以利用社交平台与客户建立联系和关系（Gilpin，2019）。有针对性的接触、持续的互动和建立关系也被确定为社交平台的关键营销优势（Shawky, Kubacki, Dietrich & Weaven，2019a）。因此，社交平台是营销人员与游客互动的不可或缺的工具。

---

① 数据来源于艾瑞资讯网。

如今，游客开始通过旅行博主和旅游KOL①获得灵感。著名旅游博主Jasmine Alley称："社交平台为旅游博主提供了富含创意的旅游分享空间。我们能借助照片、视频、博客等形式整理出自己的旅行经历。"

社交平台上游客价值创造角色发生了转变，游客正在由被动接受价值向主动创造价值方向进行改变；与此同时也使得社交平台服务企业也在改变自己的管理模式：从过去的为旅游者创造价值和传递价值的模式，到与旅游者共同创造价值。在这种现实环境下，游客价值共创给社交平台的理论与实践活动提出了新的要求。因此，我们需要了解游客在社交平台上的价值共创行为是什么以及如何测量？在社交平台上推动旅游者创造价值的因素是什么？如何在社交平台上实现游客的积极参与价值创造？因此本研究旨在通过开发社交平台情景下游客价值共创行为的量表，基于服务主导逻辑理论、人与技术接触的相关理论探讨社交平台游客参与价值共创的驱动因素、体验感知过程和行为结果，厘清社交平台游客参与价值共创机制，从实践上把握网络环境下游客在社交平台上提供内容行为、持续使用行为和反馈行为的影响因素和影响方式，以便充分利用社交平台的优势资源，发挥最大的作用，这对企业的发展具有很强的现实指导意义。

第二节 研究目的与意义

一、研究目的

由于价值共创思想的概念引入较晚，特别是在旅游领域的研究较少，关于在社交平台中，游客的共创价值的探讨就更少了，所以，本研究将从理论和实证两方面进行，用质性研究与实证研究两种方式，探讨游客参与社交平台价值创造行为的维度结构，并对其驱动因素、认知反应和行为效果进行分析，通过对游客参与社交平台价值创造的内部机理进行分析，对社交平台、旅游企业、游客和其他价值共创的参与者具有一定的指导作用。因此，本研究的研究目的是：

（一）探讨社交平台游客参与价值共创行为的维度结构

当前，学界对于顾客价值共创行为的类别还没有统一的定义和维度确定，特别是游客和社交平台用户参与价值共同创造的动机和影响因素不同，使得它们的价值共同创造的行为特点也有显著的不同。作为典型的旅游服务消费群体，游客参与社交平

---

① 在营销学上，为各厂家宣传的专家或权威被称为"关键意见领袖"（Key Opinion Leader），通常被定义为：拥有更多、更准确的产品信息，且为相关群体所接受或信任，并对该群体的购买行为有较大影响力的人。

价值创造行为特点和一般消费者的行为特点是否相符？社交平台游客参与价值共创行为是否在互联时代和复杂的社交关系网络不断变化的背景下有不同的特征出现？因此，本研究希望能基于体验价值感知视角，分析社交平台游客参与价值共创的行为表现及维度结构，以此了解社交平台游客参与价值共创行为的具体特征。

（二）明确社交平台游客参与价值共创的内在机制

随着信息技术的发展，很多企业和虚拟在线社区都是以服务为导向的，都强调了要让顾客参与到产品和服务的流程中来，用户的价值创造是由用户与企业的互动中完成的，而服务主导的逻辑思维则对用户价值共创的研究提供了理论依据。基于现实基础，游客在旅游活动前、旅游中和旅游后都会使用社交平台帮助其完成旅游活动，社交平台已经成为研究游客价值共创行为机理重要的背景，而游客参与是社交平台实现平台价值的重要前提。因此，本研究将探索社交平台背景下游客价值共创机理及其边界条件，以推动网络情境下用户创造价值行为的发展。

（三）根据上述两个研究，得出的结论对社交平台、游客和其他价值共创活动的参与者具有一定的参考作用

互联网和社交平台的进步正在改变休闲旅游及其体验的方式，社交平台改变了游客的访问、分享、推送、讨论和创造信息的方式。与谁、如何、何时互动；以及他们如何以及何时参与业务运营（Sigala, Christou & Gretzel, 2012）。在这种背景下，社交平台将游客从信息的接受者转变为体验者，从口译者转变为价值的创造者，从单纯的旅游服务的观察者和消费者转变为正向的行动者。正向的参与和互动是体验的来源，同时也提高了游客参与体验的水平，也实现了价值共创的过程。社交平台游客参与价值共创作为一种独有的体验和消费现象，使得旅游企业在经营理念上发生了变化，并为游客在获取新的服务体验路径上提供了启示。在此基础上，本研究最后的研究目的就是总结对社交平台、游客和其他价值共创参与者具有实践指导作用的结论。

二、理论意义

（一）开发了测量社交平台游客参与价值共创行为的量表

当前的用户价值共创行为研究着重对价值共创的归类和总结。而少量实证研究所采用的量表多来源于西方情境以及其他非旅游领域，不利于准确显示中国文化背景下和社交平台具体情景下的游客价值共创的特征。同时，由于很多价值共创行为量表的测量从单一视角切入，并没有考虑到具体社交平台情景下游客关于价值共创的认知差

异，导致问卷测量存在一定的偏差。基于特定的中国文化背景下和社交平台情景下，从游客视角，本研究运用深度访谈进行社交平台游客参与价值共创行为的量表开发，通过半结构式访谈搜集用于开发量表的质性研究资料，同时从马蜂窝、去哪儿在线社区等社交平台上筛选符合要求的资料作为补充，以确保质性数据达到理论饱和。后来通过多次调研进行量表信效度检验，修改并完善测量题项，最终形成社交平台游客参与价值共创行为测量量表，为其定量研究提供测量工具。

（二）探索了社交平台游客参与价值共创机制

服务主导逻辑视角下，消费者参与被视为价值共创的微观基础（Storbacka et al., 2016），没有消费者参与，价值共创就无法实现。在社交平台具体情景下，游客参与是社交平台实现平台价值的重要前提，因此探索社交平台游客参与价值共创机制，对推动网络情境下用户价值共创具有理论指导意义。

（三）揭示了游客主动参与社交平台内容提供行为的激励机制

游客主动参与社交平台内容提供行为是游客价值创造行为的一种主要行为表现，本研究考虑了奖励、互动的重要影响，探索了来自于社交平台特征对游客内容提供行为的激励作用过程。研究分别从奖励和互动角度对社交平台上的游客内容提供行为进行激励，不仅贴合社交平台情境中的实际，而且为产品/服务的扩散研究提供不同的理论支持。

三、现实意义

（一）为社交平台旅游企业开展游客价值共创的管理机制提供参考

社交平台（如博客、微信、论坛、社交网络、微博）的激增已经改变了体验和价值创造的方式，因为社交平台是促进用户授权、参与和共同创造的主要引擎（Neuhofer, Buhalis & Ladkin, 2012; Sigala 等, 2012）。事实上，通过赋予游客互动的权利、合作、生成、分享、讨论以及共构信息、经验、意见、社交平台的支持，并鼓励游客相互联系，与公司和众多参与者一起参与并共同创造他们的体验，达到前所未有的规模。社交平台已经把互联网变成了一个巨大的空间，赋予了消费者权利、社会互动和协作，游客在价值创造和构建体验中扮演着核心角色。尤其是在 Web2.0[①] 时代的今天，游客主动创造意识的认识不断提高，许多有着共同需求的个人汇聚在不同类型的社交平台上，逐步取代以传统媒介为主要信息来源的企业，这迫使企业转变自

---

① Web 2.0，是相对 Web 1.0（2003年以前的互联网模式）的新的一类互联网应用的统称，是一次从核心内容到外部应用的革命。

己的经营战略。但是，游客在社交平台上参与价值创造是一种新生事物的体验，是基于在社交平台上的体验与实际旅游（具身性）的结合的过程。虽然价值共创理念在学术界已经被认可是实现企业竞争优势的重要途径，当用户参与价值共同创造的合作过程时，不仅为自己，而且为其他用户和酒店企业提供独特的价值（Füller、Matzler & Hoppe，2008），但是很多企业还不能很好地理解游客在价值共创方面的积极行为，以及如何通过提高游客体验价值感知的方式去支持和引导游客在社交平台上参与实现价值创造。因此，迫切需要有针对性和有效应对策略。因此，本研究有助于社交平台企业转换其经营理念，从服务主导逻辑的角度出发，采取适当的组织和激励措施，引导游客共同创造个性化的旅游体验，为实现价值共创的过程提供参考，同时也为"互联网+旅游"的战略实施开辟新路径。

（二）为游客优化旅游决策和消费行为提供指导

旅游者的要求日益多样化是随着其消费观念的改变而产生的，因此，也应该对他们的旅游体验进行全新的界定，标准化的旅游产品与服务已经无法适应他们的个性化需求。研究表明，利用社交平台技术，游客以图片、文字、视频等方式去分享美食、美景、旅游经验，可以有效提高自己在朋友和大众中的知名度（王晓蓉等，2017）。游客可以使用社交平台进行身份识别，建立网络，与他人交换资源，最终帮助他们与他人建立联系和关系。在大众媒介化的社会背景下，游客们不但想要更好地控制旅游产品／服务的制造，更好地提高社交网络的服务品质，从而达到与期望相符的功能；同时也期望藉由分享旅游经验、协助他人解决有关问题而得到他人的尊敬及欣赏，从而建立起一种参与及自我效能的感觉。要达到上述目的，游客需要积极的投入方式，即通过积极的社交互动实现，去参与社交平台的各类活动，反馈自己的建议和意见，从而实现自己个性化的需求。因此，本研究从游客体验价值感知的角度分析社交平台游客参与价值共创时的影响因素可为游客优化自己旅游决策和消费行为提供指导。

第三节　研究方法与研究内容

本研究以有社交平台搜寻旅游信息或者发布、分享旅游经历的游客为主要研究对象，借鉴服务主导逻辑的价值共创理论、人与信息技术接触的相关理论，运用文献综述、理论推演、实证研究等研究方法，对国内外现有的价值共创、用户参与以及社交平台的相关文献进行整理，同时也对社交平台环境下的用户价值共创的特征和驱动因素进行理论推导和分析，构建社交平台游客参与价值共创行为过程机制并展开实证性研究。

一、研究方法

本研究将综合文献分析方法、深度访谈方法、调查研究与实证分析的定量方法对社交平台游客参与价值共创的驱动机制、行为过程和激励机制等展开研究。以下是对研究方法的具体阐述：

（一）文献分析方法

文献是研究社交平台游客参与价值共创行为生成机理的重要依据。本研究在中国知网（CNKI）、Web of Science、PRO QUEST 等数据库进行了国内外相关文献的搜索和整理分析，将文献分析法运用于对价值共创、服务主导逻辑、人与信息技术接触的相关理论等研究文献成果的逻辑推演、归纳中。通过对已有相关文献的梳理，本研究确定了研究对象、研究主题、研究框架以及研究的具体内容。

（二）深度访谈

由于社交平台游客参与价值共创行为的相关研究未达成熟，而且学术界也缺乏游客这一特殊群体的价值共创行为的成熟量表，因此，本研究通过深度访谈结合文献分析方法，确定社交平台下游客价值共创行为的初始量表，为社交平台游客参与价值共创行为的问卷调查及维度抽取奠定基础。

（三）调查研究方法

调查研究方法可以从复杂现象中发现重要的影响变量和它们之间的关系。根据前期本研究开发的社交平台游客参与价值共创行为量表以及其他变量的测量量表，设计结构化的调查问卷。通过调查问卷所获得的数据主要用于第四章中社交平台游客参与价值共创行为机制的实证研究。调查研究主要分为两个阶段：预测阶段，即基于所开发的量表和其他变量已有研究量表结合实际情况形成初始问卷，小范围的调研后进行数据分析确定最终的调研问卷；正式的问卷调查将在大规模的调查中进行，所搜集的数据资料将为社交平台游客参与价值共创行为机制的实证分析提供数据来源。

（四）实证分析法

本研究采用 SPSS26.0 对问卷所采集的样本数据进行分析处理，分析内容有关于人口统计变量的描述性统计、异常数据处理，以及量表题项的信效度检验。在有效数据样本基础上，运用结构方程模型（SEM）对社交平台游客参与价值共创机制的影响路径和因果关系进行结构分析，通过检验模型的整体拟合度、直接效应、间接效应、总体效应以及研究假设揭示社交平台游客参与价值共创机制，通过验证性分析、中介效应、调节效应验证研究模型各变量间的关系和影响路径。

二、研究内容

本研究在具体的研究过程中，按照"基础分析—机制研究—实证检验—研究总结"的分析框架展开，具体内容的逻辑结构如图 0-1 所示。本研究分为 6 章，包括了绪论、理论回顾与文献综述、社交平台游客参与价值共创行为的维度结构、社交平台游客参与价值共创机制研究模型与理论假设、社交平台游客参与价值共创机制实证研究设计、社交平台游客参与价值共创机制实证分析、研究结论与展望。每一章的详细内容如下：

绪论。本章从理论与现实背景两方面阐述研究的主要问题、研究目的和意义，对研究思路、研究内容进行论述，在此基础上，对论文的总体结构进行了梳理，并对论文的创新点进行了归纳。

第一章，理论回顾与文献综述。首先对社交平台游客参与价值共创相关研究进行回顾，对国内外有关社交平台的研究进行梳理，分析社交平台的概念、内涵、主要类型以及在旅游研究领域的应用等，对社交平台的内涵进行界定；然后对用户价值共创理论相关研究进行综述，介绍用户价值共创理论的演进，并对用户价值共创理论在旅游研究中的应用进行梳理；最后基于用户价值共创研究和顾客体验价值研究对社交平台游客参与价值共创行为的概念进行界定。

第二章，社交平台游客参与价值共创行为的维度结构。首先对社交平台游客参与价值共创行为进行概念界定；然后采用质性分析和文献研究的方法，构建社交平台游客参与价值共创的行为方式，初步确定社交平台游客参与价值共创的过程机制。

第三章，社交平台游客参与价值共创机制研究模型与理论假设。对人与信息技术接触的相关理论和用户参与使用行为进行了回顾，并结合第一章介绍的价值共创理论和服务主导逻辑理论，以"驱动因素—体验价值感知—行为结果"为研究逻辑，构建社交平台游客参与价值共创机制的研究模型，并据此提出相应的理论假设。

第四章，社交平台游客参与价值共创机制实证研究设计。首先，在对搜集到的文献回顾与分析的基础上，明确研究对象的范围，阐释相关研究的可操作性定义；然后依据访谈得到的结果和参考学者们的研究成果，设计研究模型；通过预调研阶段获取社交平台游客参与价值共创的样本数据，做探索性因子和验证性因子分析，据此对问卷题项进一步提炼，形成最终的问卷。

第五章，社交平台游客参与价值共创机制实证分析。本章实施正式调研过程，获取社交平台游客参与价值共创过程中的驱动因素、体验价值感知、具体价值共创行为以及互动、奖励因素等数据资料对理论模型与研究假设作了验证，其中主要有描述性分析、信度与效度检验、影响路径分析以及体验价值感知的中介作用检验和互动、奖励的调节作用检验等，明确社交平台游客参与价值共创过程机制。

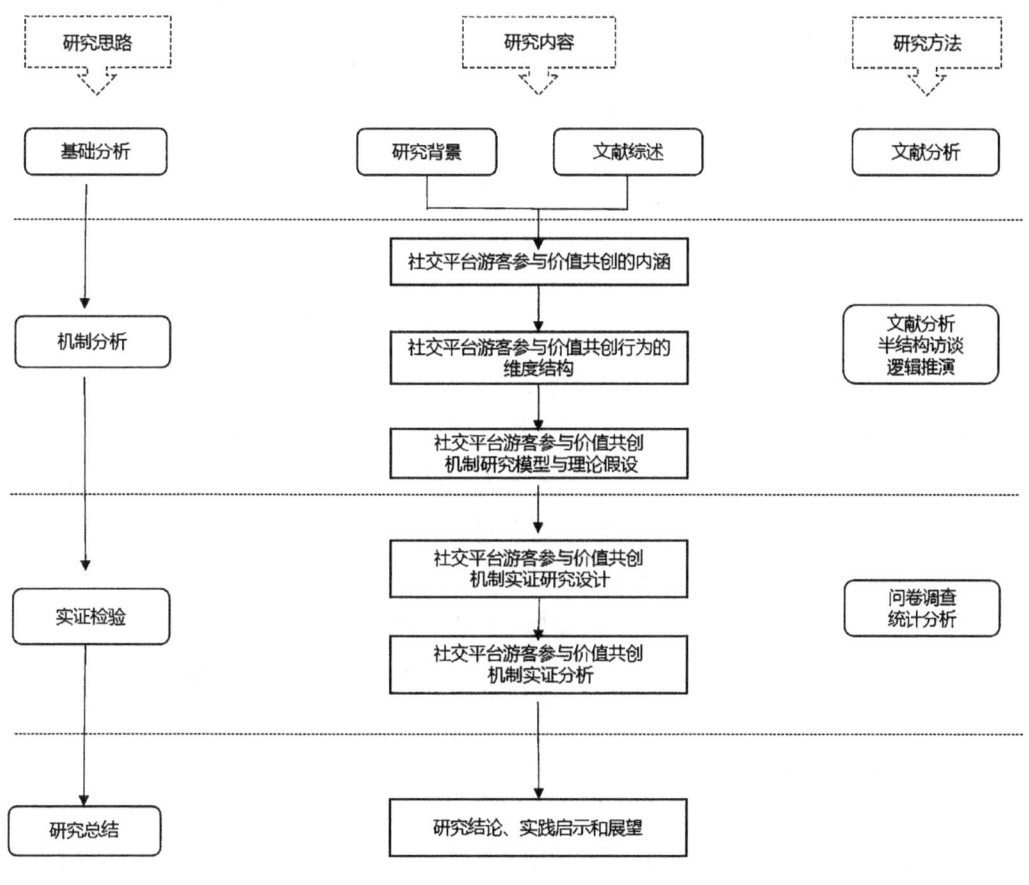

图 0-1　研究内容逻辑结构示意

第六章，研究结论与展望。本章主要是对本研究的研究结论进行梳理和讨论，阐述本研究的理论贡献，并提出研究结论对社交平台企业、游客及其他相关价值共创参与者的参考价值。最后，本研究也指出研究的不足之处及后续研究的方向。

第四节　研究的创新之处

1. 阐述了社交平台游客参与价值共创的内涵，并梳理了游客参与社交平台上价值共创的驱动来源

因处在社交关系中，个人的行为虽然是"自主"行为，但是也受到了人际互动网络关系的影响（Granovetter，2018）。在网络深远影响的背景下，消费者的购买意愿、体验和消费满意水平会受到其他消费者的潜在影响（Gronroos 等，2012）。但已有的价值共创相关文献研究大多是在孤立假设下基于"顾—企"二元视角研究价值共创过程的。因此，本研究的创新之处首先是揭示了社交平台游客参与价值共创中的重要影响，游客价值共创活动贯穿了旅游活动的全阶段，其驱动机制来自于社交平台和游客内在的双重驱动，并且通过互动与奖励来实现资源交换、整合与内容提供，共同实现价值共创的动态过程。这一研究弥补了价值共创研究的不足，丰富了消费者激励机制相关研究，同时为顾客体验价值创造主题的相关研究提供了有益的启示。

2. 开发了社交平台游客参与价值共创行为的测量量表，识别了社交平台游客参与价值共创行为的维度结构构成

对之前的文献梳理后发现，在顾客价值创造行为的研究中，学者们对顾客价值创造行为维度的划分有二维论、三维论和多维论之说，当然，也有许多学者对价值共创行为进行了单维度的测量。事实上，游客作为顾客一种特殊的消费群体，在社交平台的价值共创过程涉及游前、游中和游后等不同阶段，因此消费过程贯穿了旅游活动的整个过程，故其价值共创的行为应呈现动态性特征和多样性的特征，这决定了社交平台上游客的价值共创行为是一种多维类型。本研究结合国内外的研究，通过半结构化的访谈、爬取旅游社交平台上游客的游记以及对社交平台的意见反馈，设计了社交平台游客参与价值共创行为测量量表，利用探索性因子进行维度分析和题项净化，最终明确了社交平台游客参与价值共创行为的三维结构，深层次地反映出网络时代下社交平台上游客参与价值共创行为的动态发展和现实特征。本研究所开发的社交平台游客参与价值共创行为测量量表通过了良好的信效度检验，因此可以为服务主导逻辑视角下的游客参与价值共创行为的研究提供新的测量方式。

3. 实证了社交平台游客参与价值共创激励机制，拓展了价值共创研究的新视角

基于体验价值感知视角，本研究借鉴人与信息技术接触的相关理论、服务主导逻辑理论，以"驱动因素—体验价值感知—行为结果"为主线，构建了社交平台游客参与价值共创机制的研究模型，实证检验了游客价值共创的驱动因素对游客体验价值感知的影响，以及游客体验价值感知对其价值共创行为的影响，揭示了网络时代社交平台游客参与价值共创的驱动因素与体验价值感知、体验价值感知与价值共创行为之间的作用机制。同时，本研究检验了游客的体验价值感知在价值共创的驱动因素和价值共创行为中的中介效应，合理地解释了社交平台游客参与价值共创的过程机制。此外，本研究引入互动和奖励两个特征变量，探讨了互动在社交平台游客参与价值共创的驱动因素与体验感知价值之间、奖励在游客体验价值感知与价值共创行为结果关系之间的调节效应，揭示了来自于内在的——互动和外在的影响——奖励在游客价值共创中的重要激励作用，拓展顾客价值共创的研究视角。

第一章
理论回顾与文献综述

随着网络通信技术和社交平台的发展，新的研究问题不断出现。社交平台情境下，游客参与价值共创及其所带来的影响正成为理论界和实践界关注的热点问题之一。本章围绕与研究主题相关的理论和研究成果，主要包括社交平台、服务主导逻辑、价值共创、游客参与等内容进行了回顾和评述，为后续的模型建立和实证研究奠定坚实基础。本章首先界定社交平台的内涵，分析社交平台的特点。其次，分析游客使用社交平台的动机及其行为演变，提出社交平台游客参与价值共创的概念，剖析社交平台游客参与价值共创行为的特点，梳理了国内外关于价值共创研究和顾客体验价值研究的进展，并基于前人的研究成果对社交平台、体验价值感知、社交平台游客参与价值共创的行为的概念进行了界定。最后，基于游客与信息技术接触的相关理论，构建社交平台游客参与价值共创的研究框架。

第一节 社交平台

一、社交平台的概念

（一）社交平台的范畴

社交平台（Social Platforms）的概念是随着互联网的发展而出现的，广义的社交平台是指可以允许用户创建、讨论、共享和传播信息的开放式互动网络工具或平台（殷紫燕 & 黄安民，2020）。在互联网技术的基础上，社交平台建立了一个虚拟的、具有现实意义的社会共同体，它促进了人们的思维与资讯交流。利用台式电脑、智能手机等，利用Web2.0技术所开发的软件，传输文字、图像、音频和视频等信息；与此同时，实现与使用者的交互，实现即时的资讯传递。

Antony Mayfield 是较早提出社交平台概念的学者之一，他将社交平台解释为具有社区化、连通性、互动性等共同特征的多种网络媒体的融合。Andreas（2010）认为，社交网络平台是一个可以为使用者提供自主创作和分享的网络应用程序。Berners Lee（2006）则认为社交平台是能够为用户提供信息资源、分享、共同进步发展以及共享互助的所有在线软件工具的集合。Sigala M（2016）针对社交平台的特点，认为社交平台改变了游客的访问、分享、分发、讨论和创造信息的方式；为游客提供了一个创造和存储过去经历记忆的空间，为游客提供了分享、推广和讨论体验的媒介。

根据全球旅游公司 2020 年的调查，社交平台上 70% 的照片都是关于旅游的[①]。在挑选旅行地点时，新一代和 Z 世代[②]会从社交平台网络中获取一些信息。中国旅游市场的数字营销公司 mailman x 开展了一次调查，要求新一代回答在旅游计划中使用过的媒体平台。这个问题的答案囊括了中国的所有旅游社交平台，包括马蜂窝、携程等[③]。社交平台已经成为一种受欢迎的工具，它可以给人们提供旅行的启发，也可以展示他们的独特魅力。社交平台应用使旅行者能够结交志同道合之士，以自己的节奏和方式去体验另一种文化。各路游客们自由交流，志趣相同者可组建小组，以过来人的身份分享攻略。

一些社交平台非常成功，因为它们拥有数百万的流量用户，在一些国家几乎无处不在（Qualman，2009）。这些网站包括社交网络（如 FaceBook）、微博网站（如推特、微博）、博客网站（如旅行博客）和评论网站（如猫途鹰）等。这是因为它们有一些相关的特征，例如可以提供给游客有用的信息、鼓励用户之间的高水平互动和参与，从而促进游客对社交平台的体验价值感知（Munar A M，Jacobsen J，2013）。中国社交平台包括微博（如新浪微博）、在线评论网站（如豆瓣读书）、知识论坛（如知乎）、社交网站（如微信）、真实用户口碑分享的社区（小红书）、专业旅游社交平台（如马蜂窝）和多媒体分享网站（如抖音）。起初，社交平台应用程序主要是让家人和好友之间方便快捷地互动，而现在社交平台的使用者越来越多，分享的方式也由原来的文字变成文字、图片、视频等多种方式。社交平台上有着海量的产品、服务、顾客、员工、商业伙伴等，而且通过社交平台迅速地传递，产品生产商和卖家对社交平台的宣传也日益重视。

目前，国内学者对社交平台的概念研究还较少，因此很多都是引用了国外学者的研究定义。其中，彭兰（2012）在研究中将社交平台定义为一个用户可以和其他人随时互动分享的平台。张豆豆（2020）认为社交平台是通过构建虚拟网络和社区，基于

---

① https://www.traveldaily.cn/article/135087.
② Z世代是美国及欧洲的流行用语，意指在 1995—2009 年间出生的人，又称网络世代、互联网世代，统指受到互联网、即时通信、短讯、MP3、智能手机和平板电脑等科技产物影响很大的一代人。
③ https://www.sohu.com/a/366755576_280657.

计算机技术，用以促进用户之间思想和信息共享的工具和平台。尽管我国学者的大部分意见都是借鉴国外的，但是随着社交平台的实证性的研究越来越多，其内容也越来越充实和完善。

所以，根据前面的文献总结，本研究把社交平台定义为是基于互联网的应用程序，建立在网络 2.0 的思想和技术基础上，允许用户"实时"记录和分享体验、意见等互动行为的网络组织。

（二）社交平台的特征

从上述关于社交平台的定义中可以看到，关于社交平台的研究都显示了内容生产互动和客户参与的特点。Sigala（2016）认为社交平台是促进客户授权、参与和共同创造的主要引擎，具有参与、赋能、对话、分享、建立关系等特征。Campos 等人（2015）结合了游客使用社交平台的动机，认为社交平台具有以下主要特点：一是分享性。通过社交平台，游客可以快速、高效、国际化地分享多媒体内容（文字、照片、视频等）。二是虚拟存在性。社交平台可以在任何设备、任何地点、任何时间访问，这创造了一种与他人始终相连和无处不在的感觉。即使独自旅行，游客也不会感到孤独。通过分享他们的经验在社交媒体，人们感觉他们总是包围和观察到其他人（可能是已知或未知的社交媒体用户，位于不同的地理位置和时区），也可以与他们交换意见、交流经验和信息资源。这种他人虚拟社会存在的感觉对游客体验的内容、他们为什么想体验这种体验以及他们如何评价自己的体验有着重大影响。三是身份性。游客通过分享内容、与他人互动在网络建立和促进自己的身份。自我认同的建构也被发现是使用社交平台的主要动机之一。四是关系性。游客可以使用社交媒体进行身份识别，建立网络，与他人交换资源，这最终帮助他们与他人建立联系和关系。五是团体性。社交平台使游客能够创建并参与到他们可以互动、合作和共同创造价值的团体中。通过参与团体，游客聚集他们的力量和资源，在经济和社会中产生巨大的影响（例如，Facebook 上有一个小组，旨在说服游客抵制希腊的全包办假期，选择独立的假期来支持当地人，使游客能够交换资源，正向参与体验和价值的共同创造）。王晓光（2010）通过与传统媒体比较的过程中，认为社交平台具有五种特征：首先是平民性，即普通用户可以在社交平台上进行创作、编辑、传播、消费和评论等活动。然后是对话性，即社交平台用户能够发起和参与对话，对体验进行评论和交换观点。在线对话和互动可以对内容和意义的共同构建产生重大影响，这反过来影响用户解释、选择和评估其体验的方式。三是匿名性，即在社交平台上用户可以完全匿名编辑、发表、传播信息。四是具有社交性，用户使用社交平台的目的既是展现自我，又有建立和保持社交关系网络的目的。最后是呈现性，社交平台上各类热门事情的产生与传播是自然系统的呈现，进行掌控很难。胡雅萍和洪方（2018）认为社交平台具有公开参与、社区化、交流互动、多平台以及与手机互联等特征。

二、社交平台类型

为更好地了解游客使用社交平台的动机,社交平台是信息技术的衍生物,包括了很多的技术、方法、工具,因此有必要对社交平台类型的划分进行了解。

Web 1.0[①]的演变被称为 Web 2.0。如今,Web2.0 在旅游业中也被称为"旅行 2.0",包括一系列新的技术应用,如媒体和内容聚合、混搭、AJAX、标签、维基、网络论坛和留言板、客户评级和评估系统、虚拟世界、播客、博客和在线视频(vlogs)(Schmalegger & Carson, 2008)。社交平台采用了许多不同的形式,流行的类型是维基(如 Wikitravel)、博客(如 Travelblog)和微博(如 Twitter)、社交网站(如 Facebook)、媒体分享网站(如 Flickr、YouTube)、评论网站(如 TripAdvisor)和投票网站(如 Digg)。这些类型在可激活社会互动水平、交流的时间结构和范围、社会线索的数量和上下文丰富度(例如,关于个人身份和空间/环境上下文的信息),以及由网站管理员建立的层次和控制水平上存在差异(Baym, 2010;Munar & Jacobsen, 2013)。社交平台网站通常提供的社交线索比其他类型的平台(如评论网站或媒体分享网站)更丰富。这里可以区分私人分享和公共分享,在允许用户定制交流范围的平台上。例如,游客可以选择将他们的内容提供给所有 web 用户、他们的朋友或特定的组/个人。已有研究表明,社交平台的类型与游客的参与和使用相关(Jacobsen & Munar, 2012)。Tripadvisor.com 和 Zagat.com 等网站能拥有大量用户也证实了:与旅游相关的在线消费者评论也大量出现在具有旅游目的的社交平台(Gretzel & Yoo, 2008)。对这类社交平台的研究集中在它的使用以及它对旅行决策的影响上。以 YouTube 和 Flickr 等网站为代表的多媒体共享(即视频、照片、播客等)吸引了旅游研究人员,他们对了解这类社交平台内容在转变旅行体验中的作用产生了兴趣(Tussyadiah & Fesenmaier, 2009)。通过对现有文献的梳理发现,专业的旅游社交平台综合体现在虚拟旅游社区、旅游博客/微博、在线评论网站和带有旅游服务功能的社交媒体。

(一)虚拟旅游社区

作为一种特征明显的虚拟社区,虚拟旅游社区指的是一种以游客为主体、以旅游为讨论内容的网络平台。目前的研究集中在虚拟旅游社区的概念以及如何运用到特定的市场营销实践中(Wang & Yu, 2002),虚拟旅游社区的人际信任(Luo & Zhang, 2016),虚拟旅游社区中的游客忠诚度、社会关系以及其对游客消费行为决策的影响

---

① Web 1.0 指的是万维网发展的第一阶段,当时网站还没有提供交互式和用户生成的内容。

（Kim、Lee 等，2004）。

（二）旅游博客与微博

通过博客分享旅游信息受到了旅游研究者的广泛关注（Enoch & Grossman，2010；Tussyadiah & Fesenmaier，2008）。国内外关于旅游博客的研究主要集中在旅游博客的营销（金永生等，2011）、旅游博客内容分析（Bosangit & Hibbert，2015）等方面。旅游博客主要用于旅游者向潜在游客分享实时旅游过程、旅游活动正在进行的旅游者或旅游活动完结的游客分享自己的心得感想（刘雪蕾和姚国荣，2012）。社交平台中的博客是建立当代旅游体验的一部分，他们的潜力作为门户查看游客被 Pudliner 认可的集体行为，状态"博客是一个视觉和书面描述日常游览的旅游社会"。然而，旅行博客不能像前几代旅行文章那样简单地阅读，因为它们的中间格式需要新的文字，而随着我们对社交平台使用过程中的个人过程的理解不断提高，这些文字才得以展现（Banyai，2012；Banyai & Havitz，2013）。这个想法来源于无处不在的设备使用和持续的连接极大地改变了以前对旅游体验的概念（Molz & Paris，2015），这意味着现代游客的行为和文本需要根据新的技术和社会条件来解读（Miller，2013）。

互联网的发展推动了如 Twitter、新浪微博等微博平台的出现，这也为旅游业发展提供了新的机会。微博是社交媒体传播和新闻广播的一种流行形式，微博的"短、灵、快"特点增强了即时和实时传播（Munar，2010；Zarrella，2010），也为游客即时传播其旅游活动提供了有效的工具和方式。

（三）在线评论平台

在线评论是电子口碑的一种重要体现，游客采纳网络上其他消费者的评论已经成为了一种重要趋势。在旅游在线评论的网站上，社交暗示（背景丰富度）通常很差或受到限制，这些网站通常以贡献者的匿名为特征，即使匿名评论者也可能通过居住地、旅行经历和评论数量来展示自己。与封闭的社交网络相比，这些平台的覆盖面很广。例如，猫途鹰或多或少拥有全球影响力，尽管存在一些语言障碍。研究表明，在线评论的信服力远超过了传统口碑（Gretzel 和 Yoo，2009），因此，在线旅游评论通常被认为比旅游组织发布的内容更有可能提供可靠的信息。这可能部分源于所谓的"人群智慧"（Surowiecki，2004）。关于旅游在线评论，国内外的研究集中于在线评论对酒店行业的影响（Sparks 和 Browning，2011）、对旅游目的地选择的影响（谢彦君、马天等，2014）、对消费者行为决策的影响（Vermeulen 和 Seegers，2009）以及旅游企业使用在线评论平台的应用管理研究（Sparks 和 So 等，2016）等方面。

（四）带有旅游服务功能的社交媒体

在旅游目的地和其他旅游服务提供商的营销策略中，利用微信和微博等用户黏性强的社交平台，通过在社交平台上建立公众号、小程序连接、开设官方账号等方式宣传和营销自己的旅游服务和产品。因此，在这些特定的社交平台可以帮助游客在旅途中随时获取旅游信息，例如搜索有关当地住宿、交通、餐厅和其他休闲活动等的实时信息（Verma、Stock & McCarthy，2012）。而另一些社交平台可以提供关于有趣地点的旅游信息或者因为一些游客在上面发表的旅游游记的专业性、可信度较高，所以很多潜在游客会通过此类社交平台去规划他们的旅行，在旅行后，也会通过此类型的社交平台去分享自己的旅游体验和推荐相关的旅游知识，例如小红书或抖音等视频社交平台。因此，带有旅游功能属性的社交平台也是社交平台类型之一。

三、社交平台应用研究

社交平台在旅游业中的应用研究也十分广泛。学者陈晓磐和章海宏（2015）通过431篇文献（外文332篇，中文99篇）整理归纳后发现，目前研究重点主要集中在社交平台应用于旅游服务产品营销、旅游行为和旅游目的地的管理，多数研究集中于实践研究。Zeng 和 Gerritsen（2014）在其研究中梳理了279篇外文文献，发现外国学者的研究主要包括游客在社交平台上的搜寻、决策行为或是旅游企业的营销创新等方面。本研究从游客、旅游管理者的角度分析社交平台的应用研究。

（一）游客视角的社交平台相关研究

社交平台的一个重要特征就是它能让使用者在网上方便地创作和发表文字、图片、视频等（Rau 等，2008）。基于社交平台，游客可以在平台上传输文字、图片、音频和视频内容，交流有关旅游的意见、想法，还可以对其他游客的游记进行评论（Xiang，2010）。社交平台上用户提供的内容和分享旅行经验的信息通常被视为更加可靠（Wheeler，2009）。社交平台的广泛使用已经对游客的旅游活动前、旅游活动中和旅游活动后的行为产生了影响（Sigala、Christou 等，2012）。

社交平台的使用会影响游客的意图和决策行为，而游客又会受到他们获得的信息来源类型的影响。Kim（2018）对社交平台上的信息来源进行了分析，比较了四种类型的信息来源——博客、公共网站、企业网站和社会网站在安全性、可用性、可信度、互动性和个人化程度上的差别，结果显示社交网站的得分最低，博客平均得分最高，因此旅游产品广告在博客上花费最高。白凯（2016）利用结构方程对游客的消费行为进行了实证分析，并探讨了在不同的人群特点下，游客在旅游资讯类别的选取上差异的影响因素。Xiang（2015）采用代际理论对不同游客群体的消费习惯进行了研究，认为沉默一代、X一代、Y一代不同的游客群体在旅游历史、旅游信息偏好、未来目的地的偏好、旅游活动上都存在差异性，因而据研究结论提出旅游企业应该利用社交平台向不同年龄段人群投放其感兴趣的旅游产品和服务。孙会（2019）对微博内容进行了调查，结果显示，83%的人出于情绪需要而转发微博，17%的人出于对学习的认识而转发微博。Namho Chung（2018）发现，在社交平台上，旅游者的价值认知对旅游平台的选择有一定的影响，对游客的影响最大的是社交平台的娱乐因素。姚唐（2014）等采用自我决定理论研究游客参加网上活动时的心理和行动，结果表明，来自于网络的熟悉性和服务性会影响游客的内在需求，从而对其价值认知和搜索行为造成直接的影响。因此，来自社交平台的资讯资源会对游客的认知及出行意向产生很大的影响，这为企业有效的社会媒体营销提供参考。

游客在浏览社交平台出现的旅游意愿能对游客的购买行为有显著影响。Yu Chen等（2013）以博客为研究对象时发现，游客只在通过博客感知其平台的容易理解、内容新奇以及满足需求时，才有可能产生购买意愿。孙建军等（2015）运用马斯洛的需要层次分析方法，对社交网站的使用者进行了连续的使用意向分析，结果表明，从460个实验数据得到使用者的内部动力比外部激励对使用者的作用更大，社交平台使用者的网络链接行为有从众影响，也就是受到别人的更多的影响，可见外部激励中的主观效应准则对使用者的持续使用意图有最直观的作用。在此研究社交网络用户的链接行为动机是一种静态过程，对此，黄颖华（2017）提出了一种不同的看法，即：一个使用者在社会环境中的"个人身份"会随着环境的变化而发生实时的变化，因此必须从一个动态的视角来解读他的链接动机。毛艳、朱君漩（2018）在TAM与SOR模式的基础上，将社交平台与顾客的购物意向联系起来，构建了一个游客的购物意向模式，将研究范围延伸到旅游者购买阶段的行为动机研究，认为游客感知由感知价值和感知风险组成。Amaro等（2014）的旅游者购买行为动机的研究表明，旅游产品和服务的提供商企业除了提升游客对旅游产品的价值感知外，还要做好营销过程如何降低旅游者购买时的风险感知，例如提供丰富和完善的旅游信息等措施。

总体而言，大部分的研究者倾向于消费者在购买商品之前进行的消费行为研究，但是消费者的消费行为在初始阶段受个人特征、媒体类型以及从众心理等影响而动态地发生着改变。因此，需要具体分析不同阶段，游客使用社交平台的各类动机。

1. 旅行前

旅行前，潜在游客从社交平台获取丰富的旅游信息，从而选择旅游目的地。在确定了旅游目的地以后，旅游者利用社交平台搜索和旅游目的地相关的信息（Sigala等，2012）。Chung等（2015）以价值接受模型为理论基础，探讨了游客持续使用社交平台的影响因素，研究发现社交平台上的娱乐性、信息可靠性、感知努力等因素，首先对游客的价值感知产生影响，然后通过感知价值再对其在社交平台上的持续使用行为产生影响。Fotis 等（2012）的研究也证实了游客在旅行前使用社交平台的目的主要是目的地选择和信息搜寻。Kim、Choi 等（2013）对大学生使用社交平台寻找旅游信息的动机进行了研究，采用分层回归法发现他们在社交平台的使用动机主要是查找信息、评论、参与、自我表现。袁红（2015）通过对马蜂窝社交平台网站的信息搜索主体进行实证分析，探究了社交平台背景下游客信息搜索行为的模式。

在搜索信息的全过程中，旅游者利用社交平台查找旅游目的地、酒店、餐饮、交通等信息（Xiang 等，2014），通过判断在社交平台上其他旅游者发布的评论等信息计划自己的旅游行程，进而降低旅程中的不确定因素。张梦等（2012）认为游客通过将评论分类进行信息筛选来选择购买的产品或服务，因此酒店网络评论对潜在游客的购买意愿产生影响。Fotis 等（2012）调查研究显示，许多旅游者在阅读了其他旅游者的真实评价后，会对他们的旅行进行相应的调整。从这一点可以看出，在社交网站上，基于用户生成内容的信息对旅游者产生了深刻的作用。在社交网络平台中，消费者对旅游商品和服务的信任度、忠诚度、安全性等诸多方面产生影响。Bonson Ponte 等人（2015）研究了在社会网络上旅游商品和服务的消费者，他们的购物意向被认知价值观和认知信赖所直接地影响。胡田与郭英之（2014）也指出，消费者线上购物行为的主要影响因子有三个：感知信任、感知忠诚、感知满意度。

2. 旅行中

由于高速的无线网络及手机终端技术的发展，使得社交媒体在旅行中扮演了举足轻重的角色（Xiang 等，2014）。在旅途中，旅游者利用社交网络进行信息搜索、手机支付和分享旅游经验。Munar 和 Jacobsen（2013）研究中显示智能手机已经极大改变了游客的旅游体验，且游客使用社交平台也受环境、游客的认知观念以及使用经历等因素影响。Bynum 等人（2013）发现，那些在旅行中常常在社交网络平台上共享旅游照片的人，会更愿意购买纪念品。在中国，手机上的微信是一个很常见的消费手段，它是以社交网络平台为基础的一种交易手段，它会对旅游者的出行行为造成一定的影响。刘勇与叶婷燕（2014）对影响微信付款的主要因子进行了分析，发现使用场所、社区影响、用户感知有用性、风险、兴趣等对其付款方式有影响。

3. 旅行后

Fotis 等（2012）对 346 个社交平台用户的调查发现，78% 的用户在旅行结束后会在社交平台上去分享旅游图片和旅游体验。根据 Expedia（2013）的调查研究报告，在旅行结束后，大约会有 43% 的游客使用终端设备在社交平台上分享他们的旅游相关体验和评论撰写。所以，旅游者在旅游后利用社交平台来进行交流，其动力就是体验共享。在旅游前、中、后，中外的研究者对参与旅游体验共享的激励因素进行了研究。Minazzi（2015）研究表明，在一个社会网络上，旅游者通过网络共享旅行经验的最大动力是：自身需要（得到承认和得到尊敬），以及为在线社群（也就是为别人服务）创造价值。Bilgihan等（2016）的研究表明社交平台旅游体验分享受到游客的感知易用性和信任的正向影响。Munar和Jacobsen（2014）分析了游客在网上分享的内容类型，对去过Mallorca旅游的游客进行调查，发现影响游客分享旅游体验的因素有利己主义、自我认知和满足及社区相关利益三个方面。Kang等（2013）在其研究中构建了游客分享旅游体验的动机研究模型，研究结果表明，旅游者的内化与个体身份认同对旅游者的分享体验有正面的影响；但是不是直接产生影响，而是通过感知娱乐变量产生作用的。

表1-1 游客个人使用社交平台动机

使用阶段		使用动机	文献来源
第一阶段	旅行前	查找旅游目的地信息	Sigala、Christou等，2012；袁红和王丽君，2015；
		查找信息、评论，展现自我，参与	Kim、Choi，2013；
		查找旅游目的地、景点、住宿、餐饮、交通等信息	Buhalis等，2012；Xiang、Wang等，2014；
		浏览其他旅游者在社交平台发布的评论	Klein，1998；
		在线购买旅游产品和服务	Amaro和Duarte，2015；Bonson Ponte等，2015；
第二阶段	旅行中	信息搜寻、分享旅行体验和实现移动支付	Munar和Jacobsen，2013；Wang、Xiang等，2014；
第三阶段	旅行后	旅游相关信息的发布和撰写评论，信息分享	Fotis、Buhalis等，2012。

（二）旅游管理者视角下社交平台研究

1. 社交平台在旅游目的地中的应用

社交平台对旅游目的地的市场推广具有积极影响，而社交平台的市场战略研究也引起了中外学术界的广泛重视。刘曦等人（2015）的调查，从微博、脸谱网等热门话题、互动频率等方面，对杭州的都市意象的媒体表现及杭州网站的传播效应进行了初步的探讨，发现杭州的社会形象在社交媒体上的推广吸引了大量的旅游者。Shao等（2016）研究了绍兴的微视频在微博平台的推广效应，通过运用不同的营销互动方式，激起了很多游客的兴趣，并确定了到绍兴的旅游意愿，这样的营销方式推动了绍兴的旅游经济发展。Mistilis、Buhalis等（2014）认为，今后的旅游地经营者应当针对不同的社交平台，采用多种营销战略，从而增加对游客的吸引力。由此，可以看出社交平台上旅游目的地营销的关键是参与、协作与共享（邵隽，2011）。

2.社交平台在旅游企业管理中的研究

Wright（2013）调查显示，酒店、航空公司、OTA 等使用社交平台的概率大于旅行社的使用概率。在目前的研究中，社交平台上关于旅游企业营销宣传的研究多集中在 OTA、酒店和航空公司等领域。夏雯婷等（2015）对跨国酒店集团与本地酒店集团在社交平台上的市场营销战略进行了分析，发现不论是国际连锁酒店还是国内单体酒店主要通过微博和微信来进行营销宣传，采用社交平台的数量比较有限。王晓莹（2015）以新浪微博为例，通过点赞、评论、转发等机制对航空公司在社交平台上传播的内容进行了分析，同时也对社交平台做好顾客维护与市场推广提供了有效对策。

3.旅游数据分析的重要来源

社交平台中游客发布的关于酒店、旅游目的地等分享文字内容具有显著的个人特征，所以如何将用户产生的内容转化为旅游公司的增值资源，一直是学术界研究的热点。Schwartz 等（2015）采集了 Expedia.com 上近万个酒店的在线评论内容，研究了顾客体验满意度的影响因素。Sparks 等（2016）的一项研究是关于酒店网上的消极评论的内容。Tseng 等（2015）通过解析 630 位博主的博客文章，发现未来的外国游客通过博客的内容可以对中国旅游景点阐述初步的良好印象，从而提高了潜在国际旅游者的入境旅游意愿。Dellarocas（2003）提出，社交媒体为旅游公司提供了前所未有的机会来了解和响应消费者的偏好，通过分析猫途鹰和 Virtualtourist 等在线社区的评论，酒店和其他旅游相关公司能够更好地了解他们的客人对他们和他们的竞争对手的喜欢和不喜欢。

在社交媒体上，图片和视频也成为了学者们关注的焦点。程德年等（2015）的研究中将江南水乡的宣传片里的图像视觉表征和解说词文本内容作了比较、剖析和评议，并据此提出对宣传片制作的建议。高艳等（2015）通过对社交平台照片的分析，运用扎根理论对太白山旅游者的旅游行为进行了探讨。

综上所述，社交平台正在将旅游业从传统模式转变为高度信息化的模式，这些平台通过改变游客和商业管理部门的行为影响了旅游业的发展（Jacobsen & Munar, 2012）。社交平台已成为智慧旅游时代最重要、最受欢迎的传播渠道之一。社交平台不仅影响了游客的行为，还对旅游目的地、旅游服务提供商的营销宣传有着深远的作用。

第二节 价值共创

一、价值共创理论

价值共同创造这一话题近年来引起了学者们的广泛研究兴趣。Web2.0 的出现，允许企业和客户之间的交互，加强了与客户共同创造价值的过程（Bell & Loane, 2010），这已经成为了不同行业，尤其是酒店行业，企业管理重要性日益增加的一个问题。价值共创有许多定义，但在某种意义上，它意味着为了价值创造在企业和客户之间进行正向互动的过程。这种价值创造的核心是通过服务交付过程中的标准改进或根据个别客户的具体需求或要求定制服务来改善客户的体验，后者对旅游行业尤为重要。围绕着相关的研究主题，本研究主要对价值共创的两个分支展开讨论，它们分别是 Prahalad 和 Ramaswamy 基于顾客体验的价值共创理论、Vargo 和 Lusch 基于服务主导逻辑的价值共创理论。

（一）基于顾客体验的价值共创

消费者的消费行为和使用行为是产生价值的重要因素，而消费者参与价值的形成依赖于其体验活动的共同创造（Prahalad 和 Ramaswamy, 2000）。消费者与企业进行正面的交流，他们的角色由消极的观众转变为积极的参与者，与企业一起打造个性化的体验；没有与客户进行交互，企业就无法自主设计产品生产，发布营销信息，控制销售渠道。在消费者参与的过程中，消费者对产品和服务的各个环节都有一定的影响，企业的未来竞争将取决于客户的价值创造，客户是公司竞争的核心。在此之后，两人都有了更加清晰的认识，认为互动是公司和客户的一种主要形式，而共创价值则是建立在客户和客户之间的异质相互作用上，客户和企业的互动体验是价值共创的关键。

在这个意义上，Prahalad、Ramaswamy（2004）认为，正向的客户体验往往依赖于客户在创造过程中的正向参与。考虑到这一点，学者们（Harkison, 2018; Wu、Law & Liu, 2018）将共同创造价值定义为组织获取特定客户的能力和知识的过程，并利用这些信息为客户提供更个性化和独特的体验。因此，如果企业学会如何正确管理这一过程，价值共同创造可以导致竞争优势，这是许多研究人员强调的重要方面（Harkison, 2018）。价值共创的成功很大程度上需要依赖于顾客，没有顾客的参与，企业就无法实现价值共创（李如友, 2018）。在此背景下，企业的互动品质以及为顾客营造出一个具有个性的用户体验环境，是目前各大企业所要考虑的问题。Prahalad 和 Ramaswamy（2000，2004）的理念是以顾客体验为基础的创造。

价值共创理论中，价值不是来源于企业生产的产品，而是消费者在特定的地点、特定的时刻、特定的事件中，与公司的互动所带来的体验（Prahalad & Ramaswamy，2004）。因而，价值共创是消费者和公司在互动过程创造的具体目标中实现个体化体验的过程。在价值共创的过程中，企业与消费者通过不断地交流与交谈，创造出个人的服务体验，识别并处理所关注的问题。因此，在消费者与企业之间的互动与消费的全过程中，都存在着价值共创的现象。

（二）基于服务主导逻辑的价值共创

1. 以服务主导逻辑为基础的早期价值共创

所有经济都是服务经济的体现，价值是由顾客决定和共同创造，并且正向参与交换和共同生产的过程（Vargo & Lusch，2004），这是以服务主导逻辑为基础的早期价值共创的观点。在后期的研究中，Vargo 和 Lusch（2006，2008，2016）对之前提出的基于服务主导逻辑的价值共创理论进行了更新和完善，从术语到内容部分都作了修订，以此突出顾客在价值共创中的重要地位。至此以后，服务主导逻辑就成为了价值共创重要的研究领域。

Vargo 和 Lusch（2004）通过发展和引入服务主导逻辑，进一步深化了价值共创共同创造的研究。这一逻辑基于这样的假设，即商品和服务交换是基于服务而不是商品（Chekalina 等，2014）。"经济活动的本质是服务"，这是服务主导逻辑的中心思维，这里的"服务"的理解范围已经从"生产者"的角度拓展到了"顾客满意"的角度来理解。Vargo 和 Lusch（2004）把服务重新界定为行为主体利用自己或其他实体的专门能力（知识和技术）完成让顾客满意的行为和过程。在服务主导逻辑的思维下，服务是一种通用的交易方式，而共创的价值是建立在服务的普遍化基础上的。服务主导逻辑将顾客视为价值的共创联合主体，这里共创的价值，是指用户所获得的使用价值并不是交换价值。价值共创的系统中，顾客是通过对企业的资源整合与使用，实现企业的增值，是资源的集成体。在顾客的消费与交互作用下，企业的价值是持续地、动态地。所以，价值的是否实现由顾客是否利用来决定（Varg 和 Lusch，2008）。对于顾客来说，价值的生成是一种与环境、需要有关的个体化的生产。生产商将自己置于顾客的应用环境中，以协助和支援顾客，并与顾客共同实现其价值。基于以上分析，在顾客对企业商品或服务消费的时候，价值共创便产生了，这里共同创造的价值是指消费者在消费商品/服务时所感到的价值之和（Payne，2008）。

2. 以服务逻辑为基础的价值共创

服务逻辑理念认为服务是一个互动的过程，在消费者的日常实践中产生了价值创造。企业为了实现消费者与企业之间的互动，进入消费者实践环节中（Grönroos，2008）。服务逻辑分为消费者服务逻辑和企业服务逻辑，企业服务逻辑由消费者服务逻辑来主导（Grönroos，2008）。根据企业在价值创造里所扮演的重要角色，认为有两种价值提升和价值实现模式：在价值提升模式中，顾客是创造价值的主要推动者，企业是价值的辅助者；而在价值实现模式中，顾客是主动创造价值的人，企业则具有价值促进角色和合作角色的双重作用。企业应当积极地投入到创造价值的进程中，并与客户进行直接的互动沟通，以实现价值创造。在此基础上，研究者从不同方面对顾客价值的创造进行了探讨，为企业的市场营销者提供了一个全新的角度。Grönroos（2011）在其研究里认为公司所产生的价值是一种基本的价值，而真正的价值则是消费者所产生的。价值创造分别有三个区域：企业区域、消费者区域和共同区域；在企业区域的价值创造是企业传递的资源为价值创造作出贡献，这些资源可以转化为真正的消费者的使用价值；在消费者领域里顾客能够独立地使用企业和其他可用的资源来产生价值共创；在共同领域，在企业与顾客的互动作用下，共同创造了价值（Grönroos & Voima，2013）。可见，服务逻辑观念强调了直接互动对价值创造的影响。

3. 以服务科学为基础的价值共创

服务科学的重点在于通过演化和互动实现服务体系之间的价值创造。服务系统中的核心理念里，互动和交流目的是实现价值共同创造（Maglio 等，2008）。Spoher 等（2007）把服务系统界定为"是由人、组织和技术组成的动态价值共同创造结构"，认为服务系统是服务科学的一种抽象概念，为服务科学奠定了理论视角。

Maglio 等（2008）的研究中，对服务系统的定义进行了修正，认为是"人与技术、内部与外部的服务体系之间的价值诉求与分享的资讯构成了一个价值的整体架构"，并提出了通过服务系统能力的交流，实现价值的分享。这种观念认为，价值是通过各种交易活动的服务体系而产生的，这也反映了在以前的学说中，把价值共创的对象限定在企业和顾客身上是不恰当的。通过整合现在的业务系统与其他业务系统的资源，使企业能够在业务体系内外进行资源的互动，从而实现企业价值共创过程。Maglio et al.（2009）在 Spoher（2007）的研究基础上，对服务体系的构成进行了细致的剖析，并提出在该体系中，存在着一个能够对其他资源产生影响的操作资源。与此同时，该服务体系还具有一种随着时间进行演进的动态的内在结合和采纳机制。所以，相对于服务主导逻辑为基础的早期价值共创观念而言，以服务科学为基础的价值创造具有更加宽泛的视野。

4. 以服务生态系统为基础的价值共创

服务生态观是基于当今复杂网络环境下的服务主导逻辑理念的延伸，很多学者都以此为切入点，对其进行了较为深刻的理论探讨。

Vargo 和 Lusch（2010）认为服务生态系统是社会和经济的行为者在其自身的自觉

意识和反应基础上，通过制度、技术和语言进行交互作用的一种松散的空间和空间结构。从服务生态角度看，服务生态系统是指服务系统之间的相互作用，服务生态系统更多地关注于复杂网络环境下的资源交互，没有供应商、受益人、生产者和消费者的差异。Vargo 等（2014）将由 A2A（Actor-to-Actor）引导的服务生态体系重新界定为一个相对独立的自我调节的体系，即在服务的交易中，资源整合方以分享体系和价值创造的方式彼此相互连接。

从服务生态系统角度来看，价值共创是把服务导向的"客户－企业"的双重性观点延伸到一个更加复杂、范围更广、更具活力的系统结构中。服务生态系统把一切经济活动和社会活动组织视为价值创造的最主要的生产要素。在一个这样更复杂、广泛耦合的动态系统中，通过服务交换和资源整合共同创造价值，在创造价值的过程中，同时系统扮演着特殊的角色（Vargo 和 Lusch，2016）。

（三）价值共创的研究视角异同

价值共创的研究角度不是对立的，从以上分析中可知，它们还可相互补充、相互衍生。尽管在价值创造的重点、主体和方法上，由于不同的角度存在着差异，但是，人们在认识顾客的价值时，却发现顾客的参与已经不仅仅是创造价值的唯一因素，顾客也不再是孤立存在的，而是价值创造的主体。换句话说，顾客参与了价值创造过程。从文献分析中，也可以看到服务逻辑、服务科学和服务生态系统的观点都是以服务主导逻辑为基础的，可见服务主导逻辑在价值共创中的影响非常巨大。

但是，基于不同的研究视角，价值共创的概念和核心内容还是存在着明显的差异。首先，从价值的核心概念上看，基于服务逻辑价值共创角度认为消费者的体验是由消费者和企业共同创造的，其核心是消费者的体验，但早期的服务主导逻辑认为价值是在消费者的使用中产生的，并且价值的评价基于消费者的具体条件和特征。Vargo & Lusch（2008）在其研究中使用的是情境价值的概念而不是使用价值的概念。以服务主导逻辑为基础的早期价值共创理念则是认为使用价值和情境价值的研究都是重点。以服务逻辑为基础的价值创造是用使用价值作为核心概念。以服务科学为基础的价值共创理论因为认为价值的产生是在服务系统交互和整合资源的过程中衍生的，所以更侧重于情境价值。以服务生态系统为基础的价值共创着重的是情境价值（Chandler & Vargo，2011）。顾客主导逻辑中，消费者与服务供应商共同创造的价值主要集中在体验价值上，而消费者价值的创造和价值的评价却带有情境关系，因而也就更注重情境的价值。

从价值创造行为主体来看，以顾客体验为基础的价值共创是把顾客作为关注焦点，认为顾客的互动在价值创造的每个环节都能产生效应。在以服务主导为基础的早期价值共创理论的核心概念中，价值的创造来源于企业与顾客的合作过程。以服务主导为基础的后期的价值创造理论聚焦在顾客的使用价值上,强调顾客是真正的价值创造者,企业如果要成为价值的共同创造者就必须参与到共同区域与顾客尽心正向地互动。以服务科学为视角则是将价值共创主体延伸到范围更大的服务系统,实现价值共创过程是通过聚焦服务系统内部和系统之间的交互活动而产生。以服务生态系统为基础的价值共创理论认为共创主体之间存在着一种松散的、动态的互动关系,通过顾客和企业之间的双向互动实现价值共创的结果。

从价值共创过程来看,以顾客体验为视角的价值共创理论认为企业只是体验环境的提供者,而顾客的参与在价值创造的整个过程环节中都有体现,通过双方的互动在消费体验中共创自己的体验感知,也就是价值共创的全过程。早期的服务逻辑认为,服务的进行过程是以资源交换作为基础,故此,如果企业传播价值,就要提供自身的价值,还要进行服务的交流与整合,参与客户体验中的价值共创活动。服务逻辑将价值创造的区域分为客户区域、企业区域和共享区域,并认为企业身份从价值推动者向价值协同者的转变是价值创造的必定结果,创造者需要通过放开共同区域与客户进行互动和资源集成的过程来实现。服务科学视野下的价值共创,着重于"服务",也就是整个流程的价值创造,它是服务体系内外的整合与服务的交流,从而达到共同的价值创造。从服务生态的视角来分析,各成员在协同作用下,在整合和交易中为自身或别人提供价值,即全流程的价值共创。

二、旅游中的价值共创

目前,国内外学术界对旅游业的价值共创问题进行了较多的讨论,研究的方向主要是对旅游的价值共创机理及相关因素的分析上。Cabiddu等(2013)以服务导向逻辑为基础,探讨了信息技术在旅游价值共创中的影响。Majdoub(2014)基于消费文化和服务主导逻辑的研究视角,解析了文化旅游价值创造的内涵和探索了价值创造的形成机制,探讨了"创造价值"或"创造体验"。Rihova等(2015)指出,实际上,旅游的价值共创存在着内在的复杂性,而服务逻辑不能用互动和沟通来合理地解释游客的价值创造。杨振之和郑晓云(2016)深入分析了旅游服务中的价值共创实质与机理,认为旅游商品的增值不在于产品本身,而在于服务。

更多的学者则是从旅游者和企业的角度进行了实证分析。游客视角主要关注体验价值共创的前因和后果,即体验价值共创作为前因对顾客满意度和顾客忠诚度的影响,以及哪些因素影响体验价值共同创造作为结果变量。Hsu & Huang(2010)以美国游客为调查对象,解析了在邮轮旅游活动中游客的互动行为及互动行为对游客满意度和体验的影响。在Prebensen等(2013b)的研究里发现游客自己的资源会对提升他们的体验质量有着显著影响。

Morosan & DeFranco（2016）通过使用移动终端对美国旅馆客户进行了问卷调研，并对价值共创在消费者服务体验感知中的核心角色进行了研究。Mathis et.al（2016）的研究探讨了共创旅游体验对游客忠诚度的作用，并探讨了参与程度对旅游体验共创和游客忠诚度的调节作用。李丽娟（2012）使用北京香山公园游客调研数据作了实证检验，研究了旅游体验价值共创的驱动因素、共创过程及行为结果之间的影响机制。

旅游企业实践的更多研究转向了关于价值共创企业与顾客的互动机制。Grissemann & Stokburger（2012）运用结构方程对其所提的旅游价值共创模式进行了实证研究。张文民和沙振权（2011）从奖励旅游的角度出发，对客户参与的激励机制、价值创造的进程和影响进行了分析。从"服务主导逻辑"和"价值共创"的角度出发，Sigala（2016）探讨了消费者在社交媒介中的互动作用对其产生的影响，并就如何运用社交媒体来提高与旅游者之间的互动交流进行了探讨。刘少艾、卢昌宝（2016）对旅游企业管理的概念进行了创新性研究，提出了游客容量管理、偏好管理、体验管理和管理的"价值共创"游客管理模式。Reichenberger 等（2017）采用社会语境分析对游客的深度访谈，研究了游客间共创价值的主要构成、特征、影响因素。

上述文献都表明，企业与消费者互动的特征和重要性对价值共创影响是颠覆性的。今天的消费者希望自己是能够影响商业系统的组成部分，因为有了新的技术和工具的出现（例如在线社区、社交网络平台等），市场上的现有的产品/服务已经不能够适应他们的需求了，他们希望和企业通过互动来一起共同实现价值共创的过程。

游客在价值共创中既是接受者的角色，又是共创者的角色，很多企业开展价值共创过程都要考虑客户参与战略。因此，价值共创理论对社交平台游客参与价值共创行为过程进行探索，通过对这些问题的深入研究，可以为我国的学术界旅游问题研究的发展和旅游业的营销做出有益的贡献。

三、社交平台价值共创

游客参与社交平台的深度不仅改变着游客的行为，也改变着游客与社交平台之间的关系。游客对不同社交平台应用的熟悉程度以及其技术能力的提升，使得他们的消费体验更加丰富，获得良好的体验，继而产生并发布相关内容。不仅如此，游客还通过在社交平台或线下亲朋好友分享感受的方式去推荐亲属参与消费体验过程。对服务/内容提供的社交平台来说，游客在社交平台上的持续浏览行为也就是表明了社交平台可以留住用户，将现有用户转变成为忠实粉丝，游客的分享行为持续使用和口碑推荐是一种扩散营销方式，可以使社交平台获得稳定收入的保障。因此，游客的持续的且良好的体验更多的是取决于游客的创造和分享，这决定了游客在共创价值活动中的重要地位。

社交平台游客参与的价值共创是在 Vargo 和 Lusch（2004）在服务主导逻辑理念的基础上形成的价值共创的概念，通过对游客和社交平台企业进行的互动体验来实现其价值创造过程。按照服务主导逻辑的理念，游客与平台的互动是游客价值共创的关键。因此，社交平台是旅游价值共创实现的关键要素，游客参与价值共创也是通过社交平台进行信息交流的目的之一。在社交平台上分享信息、参与话题互动的过程中，游客会分享自己的知识、体验和认知。而这种资源更容易被企业在社交平台上获取，进而被企业用来开发、创新或改进其产品和服务，并为其营销活动提供新的灵感。Kevin.K.W 等（2014）将用户价值共创理论引入社交平台的口碑研究。Zwass.V（2010）将社交平台对用户价值共创的推动，视为为用户提供一个在线平台，支持用户和企业在该平台上共同创造价值。社交平台支持下的游客价值共创活动包括：旅游者参与企业价值形成共创、企业参与游客价值发展共创。两者通过互动交换资源，为彼此创造价值。社交平台为两者之间的互动提供了平台。Luo.N（2015）等基于国内社交平台的价值共创案例和数据，分析了社交平台导致用户价值共创实践的原因，并就如何构建和谐社会提出了建议。Blasco.L（2014）研究了基于用户的社交平台上的交互环境对价值共创的影响，并证明了创建一个正向和开放的在线交互环境对价值共创的正向而显著的影响。Milroy L 等（2013）证明了基于社交平台的价值共创中的顾客体验对于降低顾客损失和提高顾客的满意度具有重要意义。

从旅游的角度来看，游客不仅使用社交平台搜索旅游信息，他们也是其中内容的创造者（Bronner & de Hoog，2012；Sigala，2012）。游客在社交平台中分享他们的经验和知识的动机尚未得到检验。大多数社交平台用户都是潜伏者，他们阅读讨论、评论和反馈，但很少或从未参与（Heinonen，2011）。社交平台面临的最大挑战是说服游客与社交平台中的其他成员分享知识。因此，旅游服务供应商和社交平台企业的成功取决于旅游者是否愿意与其他用户分享他们的经验和知识。游客参与知识共享的意愿对旅游服务供应商和社交平台企业都是至关重要的。游客可以通过投入自己的时间、精力和财力，在网络服务、微博、社交网站等平台上满足自身获取信息的需求，同时也会去整合或提供一些旅游经验，通过创建文字内容、视频等方式，以满足其他潜在访问者获取旅游信息的需求。游客的这些参与行为，不仅给自己带来了成就感、幸福感、社会获得感等心理感受，也给社交平台带来了流量和旅游产品/服务的企业赢得了利润。社交平台在其服务中达到了由游客评论、游客推荐、游客创造内容，用游客去引导其他用户创造价值的过程，游客反馈同时也创造巨大的商业价值。

因此，社交平台游客参与价值共创行为如果从狭义上理解就是指游客在社交平台上的搜索信息、创造内容、推荐分享等行为，但是如果从广义上理解，就会发现价值共创行为是指贯穿在旅游全过程的，包括了持续使用行为、提供内容行为、推荐分享行为，以及反馈行为。本研究关于社交平台游客参与价值共创行为是从广义上理解的，社交平台游客参与价值共创过程的三种行为表现是按照游客参与的程度慢慢发生变化的。从心理学视角审视，游客参与社交平台上的价值共创行为反映了游客寻求娱乐、希望被关注和人际交往心理愿望，是游客追求新事物心理特征的一种典型反应。不仅如此，游客价值共创行为是其在服务体验过程中产生的具体行为，从最初的浏览的社交平台浅层次的参与到创造和分享的逐渐深入，到最后的对社交平台上的服务和内容提供反馈行为；从参与度来看，游客参与的价值共创行为由仅仅搜寻需求信息或服务信息，再到提供旅游体验或评价，到最后创建新的视频、旅游知识等旅游信息内容，都是游客参与社交平台逐渐深入的一种行为表现；从本质上看，游客参与的价值共创行为是一种价值重构行为，社交平台与游客的互动是通过不断交换使用价值来实现的，同时也提高了社交平台上游客体验价值感知。因此，价值共创过程中，随着游客参与的程度不断由浅入深，游客价值共创的定义和模式将不断得到拓展和创新。

很多游客将自己参与社交平台视为一种体验的探索过程。他们根据自己的个性化需求，在社交平台上分享、评论、传播、寻求信息和提供帮助以获得新颖、独特、复杂的情感和行为体验，拓展社交关系，通过创造体验的过程使得与价值的实现联系在一起。因此，游客参与是社交平台价值创造的前提，通过游客参与，游客对体验价值的感知和评价增强了与社交平台相关参与者的关系，并进一步驱动游客的价值共创行为。因此，社交平台需要不断引导游客参与的正向行为，有助于促进社交平台的经济价值的实现。

参与社交平台价值共创的游客可以不用受空间、时间的局限，与社交平台上的潜在游客互动交流，还能把社交平台上的相关参与者和其他用户结合，进行内容创作、推荐分享、反馈等活动。这样，无法自己独立完成的活动让原本孤立分散的用户通过社交平台连接了起来。

因此，本研究将游客参与社交平台的价值共创行为定义为：游客持续使用社交平台，通过社交平台进行的评论、推荐、创造内容，并对社交平台进行意见反馈等参与行为。

第三节 游客参与行为

社交平台为游客提供了一个创造和储存他们过去经历记忆的平台，也为分享、推广和讨论他们的体验提供了有效途径。体验是产生于游客以各种形式正向参与的活动，即认知/心理、情感、身体和/或精神（Campos et al., 2015），正向参与需要游客使用和分享他们的技能和资源；社交平台要实现其最终的价值，就需要游客的正向参与，游客在社交平台的参与程度越大,那游客体验就会变得越丰富,更能在社交平台上感受到更多收益或者价值,进而越有可能实现其价值共创过程。因此本节着重阐述游客参与行为的相关研究,从理论和研究视角去了解游客参与的内涵及具体表现。

一、游客参与的相关理论

价值共创的核心内容是顾客的主动参与（Prahalad and Ramawam,2004）,顾客的参与是价值共创的先决条件,而价值共创则是顾客参与的具体体现（Van Doorn et al.,2010）。游客需要付出时间和精力参与社交平台的价值共创行为,需要在价值共创活动中集成自身的信息（旅游体验）、知识和技术。为了界定社交平台游客参与价值共创的概念,有必要先分析顾客参与的内涵。

顾客参与的深层次的研究可以从上世纪 70 年代末开始了解,它是伴随了服务行业的发展而出现,之后顾客参与也扩展到了实物的制造。国内外的学者对顾客参与的概念从多个方面进行了界定,但至今尚无一个明确的界定。Chase（1978）首次将顾客参与概念引进,并首次提出"顾客接触"这一概念,这就是顾客进入到服务系统中的现象,也是一种顾客参与情况。Lovelock & Young（1979）认为顾客是企业制造中的一个关键因素,顾客参与推动了服务业的生产效率。企业应该努力推进顾客参与到生产过程中来。客户参与服务生产过程是必然的选择,因为服务业最重要的特征是生产与消费的不具有分割性的特点。本研究对顾客参与具有代表性的定义作了归纳,显示在表 1-2 中。

表 1-2 顾客参与的定义

作者	定义
Silpakit and Fisk（1985）	顾客在体力、精神以及情感上的努力与投入等具体行为
Dabholkar（1990）	客户参与生产和服务交付的程度
Cermak et al.（1994）	顾客接受产品或服务过程中精神和物质行为及参与程度
Rodie and Kleine（2000）	顾客在服务生产和互动过程中可以提供的资源或行动
Claycomb et al.（2001）	顾客参与是指顾客实际参与并帮助创造服务价值,通过服务他人使自己与服务人员合作的行为
Lloyd（2003）	顾客在服务过程中的贡献行为、影响服务质量的行为
Hesieh and Yen（2005）	客户在生产或交付服务过程中提供时间、信息、精力、合作等资源的程度
Patterson et al.（2006）	顾客在与服务组织的关系中所表现的认知的、行为的和情感的水平
Bowden（2009）	顾客参与是包含情感和认知的心理过程
Mollen and Wilson（2010）	在线品牌参与是指通过在网站或其他计算机中介实体上与品牌沟通而产生的对于品牌的正向关系的认知和情感承诺

续表

作者	定义
Brodie et al.（2011）	顾客参与是指顾客参与服务体验互动过程时的心理状态
So et al.（2014）	顾客参与由认同、热情、关注、吸收和互动五个部分组成
Chang-Hua Yen et al.（2020）	顾客参与是指顾客在服务提供过程中、在价值创造中实现适当绩效的必要行为

由表1-2的众多定义中可以发现，"顾客参与"的概念尚未达成统一认识，总的来说主要有两个研究视角：具体行为和心理状态。从行为角度定义客户参与的学者认为参与是与服务或产品的生产和交付相关的客户行为，如Rodie & Kleine（2000）、Claycomb et al.（2001）、Lloyd（2003）等学者的定义；另外一种从心理学的视角来界定顾客参与，则认为顾客参与是一种心理状态，例如Patterson et al.（2006）和Bowden（2009）等的定义。

自2005年以来，"顾客参与"一词越来越多地出现在服务和营销文献中，因此证明了顾客在当今企业-顾客关系中的积极和参与性作用（Brodie et al.，2011）。这一术语反映了顾客角色的范式转变，从被动的接受者转变为消费体验不可或缺的共同创造者（Lemon & Verhoef，2016）以及企业价值（Brodie et al.，2011）和绩效（Pansari & Kumar，2016）的主要贡献者。从概念上讲，顾客参与源于营销关系和互动服务体验文献（Brodie et al.，2011）。特别是，服务主导的方法表明，顾客的互动和共同创造的经验是顾客参与出现的核心（Vargo & Lusch，2008）。顾客参与将关系营销的注意力吸引到互动关系和感知的体验价值上（Brodie et al.，2011），消费者的品牌体验是顾客参与的重要组成部分（Maslowska E等，2016）。品牌和客户合作创造客户体验。一些研究人员建议，顾客参与的概念化需要超越单纯的行动焦点，纳入心理和行为两个维度（Brodie et al.，2011；Patterson等，2006；So等，2014）。对品牌有情感依恋的顾客倾向于将品牌视为自己的品牌，他们会采取非交易性的行动，如影响、反馈和推荐（Pansari & Kumar，2016）。然而，为了扩展顾客参与的概念领域，学者们认为参与顾客参与活动并不一定意味着真正的品牌联系（So等，2014）。功利主义动机，如降低感知风险，导致一些客户讨论品牌（Brodie et al.，2011）。客户参与社交媒体使客户能够分享个人经验，影响他人，倡导品牌，并提出锻炼和提高技能的方法。他们解释说，顾客参与品牌社区是一个基于"学习、分享、倡导、社交和共同发展"的高度互动的过程。同样，在他们的系统文献综述中，Shockey等（2019b）强调，通过社交媒体的客户参与有助于社交营销计划的成功，在社交营销计划中，鼓励对等讨论以建立支持性社区，在社区中，客户变得更加被鼓励解决自己的问题，寻求帮助，创造性地表达自己，并分享他们的私人经验。他们还解释说，社交媒体被用来鼓励客户共同创作节目活动和设计。这些研究以及其他研究强调了在多行为者生态系统中通过社交媒体促进客户参与的意义，并认识到客户作为交换伙伴和价值共同创造者所发挥的积极作用。在强调客户的贡献时，Sashi（2012）试图将客户参与的概念解释为一个"价值创造过程"，包括与"知情、网络化、赋权和积极的客户日益与组织共同创造价值"的个性化体验。其他研究强调，客户参与是一个动态过程（Lima V M，2019）。

综上所述，本研究认为，游客参与社交平台的价值共创是游客受到特定驱动因素的影响，通过持续使用、内容提供和反馈行为形成游客参与社交平台的价值共创的过程。这是一种高度互动、积极地参与行为，通过游客与社交平台、潜在顾客及平台其他相关成员的互动，共同创造游客的旅游体验和社交平台品牌价值，游客用自己的时间、精力、情感、认知、行为等在价值共创的过程中实现社交平台价值增值。

二、游客与信息技术互动行为

随着网络和技术的成熟发展，人类与信息技术接触越来越多，关于人对信息技术使用行为的研究是信息系统研究比较成熟的领域之一。基于计划行为理论、技术接受理论和理性行为理论，许多学者提出了计划行为理论模型、技术接受模型和技术匹配模型，这些理论和模型大多用于研究信息系统用户或用户技术使用行为的驱动机制，并为用户价值创造行为机制的研究提供坚实的理论基础。本节综述了社交平台用户使用行为的相关研究，为研究游客参与社交平台的价值创造机制提供了理论依据。

（一）基于技术接受模型的用户使用行为研究

Davis（1986）在研究用户接受计算机的决定因素时，提出了技术接受模型（Technology Acceptance Model，简称TAM）。如图1-1所示。

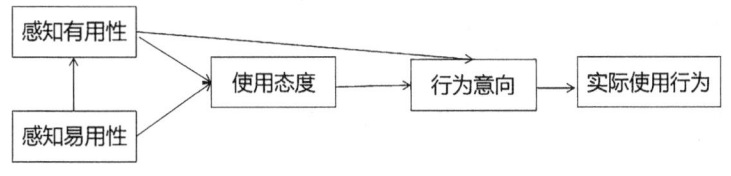

图1-1 技术接受模型

TAM里具有两个前置变量：有用性和易用性，这是解释人们对某项技术的态度和行为意图的重要变量。之后，Davis（1986年）对TAM进行了修改，认为有用与使用态度的关系很微弱，而对行为意图的影响方面只是部分中介，因而将其剔除。基于TAM，Taylor和Todd（1995）引入主观规范和行为控制变量来研究人们信息技术的使用行为，根据 Venkatesh 和 Davis（2000）的研究，有用性和易用性可以一起共同作用于行为意图，主观规范对行为意图直接影响。在目前的大量文献中发现，TAM 理论模型已广泛应用于手机、旅游产品网上购买、新媒体等技术领域揭示人们对技术的使用影响因素，模型的结论获得了理论和实证研究的支持。

为了提高 TAM 在信息技术领域应用的适应性，很多研究者基于 TAM 模型对信息技术的影响因素做了大量研究。陈燕等（2007）基于社会认知理论和 TAM，在用户使用社交平台行为影响因素研究中，在 TAM 中加入了安全感知、信任等诸多因素。Kim、Chan and Gupta（2007）认为，TAM 并没有解释采纳意愿的大部分差异，尽管有用性和易用性对采纳意愿都有显著影响。他们提出了一个基于价值的采纳模型，其中有用性通过感知价值和易用性对采纳意图产生间接影响。其他研究也表明，有用性是影响技术采纳的一个重要因素（Chung et al., 2015；van der Heijden，2003）。黄浩（2016）结合 TAM 和信任因素分析用户采用社交平台服务过程中因素的变化。田波和巴赫林（2016）将信任理论和 TAM 相结合，将网络效应引入移动位置服务，并对用户在社交平台上的决策行为进行实证研究，此外，一些学者还引入了感知游戏或愉悦、个人创新（Jeong N et al., 2009）、以往使用经验（Kuo Y F et al., 2009）、情境感知价值（Mallat N 等，2009）。上述研究结果表明，TAM 在对使用社交平台时的接受和采用行为的研究上可以有效地解释和预测用户行为。

（二）基于计划行为理论模型的用户使用行为研究

Ajzen（1991）在理性行为理论的基础上提出了计划行为理论（Theory of Planned Behavior，简称 TPB）模型，如图 1-2 所示。TPB 认为，执行一项行动的意图极大地影响了行动被执行的可能性。实际使用行为已经被证实为是用户态度、主观规范和感知的行为控制的结果。Kartas & Goode（2012）利用 TPB 模型证实了软件隐私在用户视频游戏机中的使用行为的前置影响。

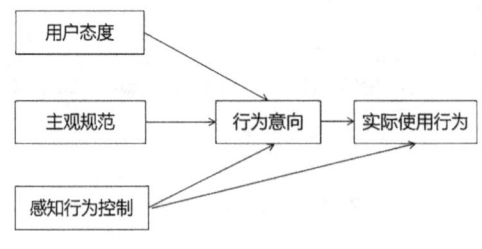

图 1-2　计划行为理论模型

Taylor 和 Todd（1995）通过分解计划行为理论（DTPB）模型中的三个核心结构，提出解构后的计划行为理论（The Decomposed Theory of Planned Behavior，简称 DTPB）模型。DTPB 理论用于预测和解释行为意图的表现，因此被认为是技术采用研究的框架（Sundar & KAnimozhi，2018）。DTPB被用来检验影响技术采用的因素（Abadi、Kabry & Forgani，2013）。Parsaei F等（2014）将DTPB用于互联网提供不同的旅游服务的研究中，证实了"主观规范"和"感知行为控制"对伊朗顾客使用电子旅游（即提供旅游服务的网站）的意愿有显著影响。基于DTPB模型，李朴聪与钟元生（2014）从感知价值、语境感知、信任的角度研究了消费者移动服务技术的关键因素及因素之间的关系。基于TPB模型和DTPB模型，Kanimozhi等（2019）研究发现DTPB对行为的前因有更好的预测能力，这一理论已被广泛用于从个人的角度而不是组织的角度来评估不同技术的采用情况。因此看出DTPB模型能够更准确地理解用户采用行为的影响因素，DTPB模型对用户使用行为具有更强的解释力。

（三）基于期望确认模型的用户使用行为研究

Bhattacherjee在2001年提出期望确认模型（Expectation Confirmation Model，简称ECM），如图1-3所示，来理解用户或顾客的持续使用行为。顾客满意管理的基础是描述顾客满意的两个顾客行为概念，即消费者期望和感知绩效。这里的期望意味着消费者在体验实际产品或服务之前会对目标产生期望（Oliver，1980），这决定了消费者对同一服务提供商的持续使用行为。对感知有用性和感知期望确认度决定了顾客满意度。

目前，ECM在移动网络服务（Garima Malik等，2019）、社交平台网站（Hsu and Lin，2015）、移动搜索（Kim S H等，2019）、移动支付（Hong，2006）等应用场景中得到了广泛应用，这些研究结果充分肯定了ECM在预测用户持续性使用行为方面的适用性和有效性。

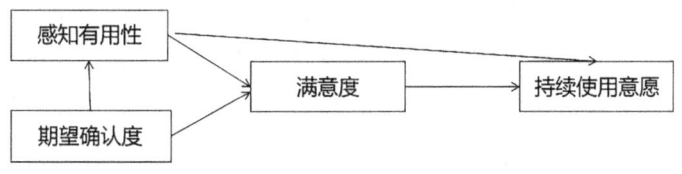

图1-3 期望确认模型（来源：Bhattacherjee，2001）

有学者通过将娱乐性和自我效能感等因素融入初始ECM，扩大后采纳阶段的用户行为范围。改进ECM模型的应用框架适应了不同的信息技术情境，更深层次的用户采纳行为的研究越来越多。Garima Malik（2019）将ECM应用到了旅游的应用程序中，实证了包含自我效能和感知价值两个结构的扩展期望配置模型（EECM），以解释游客持续使用按需叫车服务/叫车应用的原因。Hsu and Lin（2015）提出了使用感知价值作为附加结构的扩展ECM，他们采用ECM来探索移动应用购买意向的驱动因素。Hassan等（2014）研究表明，感知易用性也是用户使用后感知价值的内容之一。许多研究都采用了 ECM，同时对 IT 的持续使用意向进行了研究，用户接受行为和持续使用行为概念是不一样的，它们是信息技术在用户使用的不同阶段的具体表现，信息技术企业真实的价值来源于用户的接受和持续（Bhattacherjee，2001）。

（四）基于使用与满足理论模型的用户参与行为研究

使用与满足理论（Uses and Gratifications Theory，简称 UGT）最早是由 Katz 等（1974）提出的，是理解个体为什么使用社交网络的比较成功的理论框架之一。它的基本原理之一就是：媒介的使用是有选择的，它的动力是对自己的需要的理性认识，还有就是对某种媒介和媒介内容的满足自己需要的预期（Katz et al., 1974）。UGT 将用户视为具有特定需求的个体，他们的媒体使用是一个特定需求和动机并希望得到满足的过程。该理论有助于解释用户的媒体接触动机和媒体接触行为，认为需求是"心理倾向、社会因素和环境条件的综合产物"（Katz、Haas & Gurevitch，1973），激发媒体消费或曝光。满足感是通过媒体使用对需求的"感知满足"（Palmgreen，1984）。

使用与满足理论有五大类需求：认知（信息）、情感（娱乐）、社会（联系）、个人整合和逃避（Katz et al., 1973）。认知需求与增加知识、信息和理解有关。情感需求与提高快乐和情感体验有关。而个人整合需求与增强自信和地位相关。社会需求与家人、朋友和世界的联系有关。而逃避需求与远离社会角色有关（Katz 等，1973；Rubin，2009）。虽然在目前的特定的互联网应用中使用需求动机会有一些差异，但基本需求或动机通常是相似的。在目前的研究中已经确定了社交平台的各种预测因素。例如，研究人员发现，寻求娱乐与社交网络行为显著相关（Lin，2013；Mendelson，2011；Williams，2013）。其他研究人员发现，寻求信息是社交网络最有力的预测因素（Bondad Brown et al., 2012；Ko、Cho & Roberts，2005；Papacharissi & Rubin，2000；Park，2013）。社交也被确定为社交平台的主要动机（Alhabash、Chiang & Huang，2014；Han、Min & Lee，2015；Jung & Sundar，2016）。类似地，其他研究学者指出，扩大社会联系也是社交平台和 SNS 密集互动的主要动机（Jung & Sundar，2016）。研究人员还发现自我保护或社交逃避是社交网络的重要预测因素（Korgaonkar & Wolin，1999；Nam，2014）。社会/情感支持和鼓励也是人们加入虚拟社区的原因（Ridings & Gefen，2004）。因此，与先前的研究结果一致，使用社交平台的基本动机可分为六种结构：寻求信息、寻求娱乐、便利、寻求社会化、寻求社会支持和逃避现实。

使用与满足理论被广泛用于解释旅游社交平台的用户行为，如采纳行为、持续使用行为、特定功能使用行为等，详见表 1-3 所示。

表 1-3 社交平台与旅游：最新的使用与满足理论（UGT）研究

研究内容	作者	满足因素	主要发现
使用移动社交平台进行旅游	Kim, M.J（2019）	形式性社交互动游戏	互动和趣味性影响消费者对移动社交平台的依恋
Facebook 粉丝酒店	Choi, E.-K（2015）	信息便利、自我表达的社交互动娱乐	信息、便利性和自我表达能力提高了用户对酒店脸书主页的满意度
使用社交平台进行旅游	Hur, K.（2017）	信息寻求、娱乐、关系的维护	信息寻求、娱乐和关系维护动机会触发旅游者倾向于显示更高的社交平台持续使用和信息共享意图
脸书网站上的旅游相关赞助广告	Plume, C.J.（2018）	利他主义、娱乐、社交、信息寻求、信息分享、自我表达	利他主义、娱乐、社交和信息寻求是在脸书上分享旅游相关赞助广告的正向驱动因素
使用社交平台进行旅游	Ho, C.-T.B.（2019）	信息寻求、娱乐、关系的维护	信息寻求、娱乐、关系维护和互联网自我效能感对出行中使用 SNS 的意愿有正向影响
社交平台上的食物相关内容	Bu, Y（2020）	内容信息内容、娱乐社交互动-自我表达	内容娱乐与信息性社会影响（ISI）之间的正相关关系，以及自我表达与规范性社会影响（NSI）之间的正相关关系

Ruggiero（2000）在其研究中提出尽管当新的通信技术出现时，使用与满足理论总是被证明是有效的，但随着社交平台在现代生活中的重要作用，使用与满足理论的研究框架也在不断扩大。社交平台的类型多种多样，每种类型兴起和发展都为使用与满足理论的研究提供了新的环境，本研究社交平台游客参与价值共创驱动因素符合使用与满足理论的假设。因此，将使用与满足理论用来解释社交平台游客参与价值共创过程中对社交平台使用过程中获得体验价值感知的满足度及对其后续价值共创行为的影响。

第四节 体验价值感知

顾客体验价值感知是顾客价值共创行为实现的重要条件。20 世纪 90 年代之前，学者们从商品、服务和商业的角度来理解价值，把客户看作是一个被动的价值接受者，而从客户的角度进行价值的研究则是在客户的认知价值被提出之后才进行的。Zeithaml（1988）认为，企业应当以顾客为中心，创造、设计和提供具有个性化价值的商品和服务，从而将顾客的价值转化为企业的竞争优势。

一、顾客体验价值感知

体验经济时代[①]下顾客价值被定义是一种"相互的、相对的、有目的性的"的体验。价值的存在和实现离不开顾客体验过程。根据价值来源的研究，Babin等（1994）将体验价值分为内在价值和外在价值，内在价值是指用户在消费过程中获得的愉悦的感受，外在价值是用户因完成任务而获得的实际价值。Gummesson（2013）提出体验不是在制造商的工厂或服务企业后台产生的，而是在顾客价值共创的过程中创造。Prahalad和Ramaswamy（2014a）在其研究中认为企业不能向顾客销售体验，而是通过为顾客提供能够产生体验和互动的环境或条件，为顾客创造难忘而独特的体验。Grönroos（2012）在对用户的体验价值的研究中指出，体验价值的产生不仅来自对产品或服务的使用，还取决于与供应商的互动过程。温韬（2015）的研究认为，体验是一种顾客与企业的产品/服务在交互过程中产生的感知和情感反应。体验共同创造是客户和组织合作以创造体验的过程（Mathis等，2016）。它被认为是市场营销和创新的一种新范式，提供了对如何以及由谁创造经验的创新理解（Buhalis & Foerste，2015）。Prahalad是第一个声明客户和组织之间的关系已经发生了变化的人。根据这些研究人员的说法，价值并不是通过以公司为中心、以产品和服务为中心的管理策略来产生的。然而，它体现在客户的个人体验中，他们将体验共同创造定义为组织和客户共同创造价值，允许客户共同构建适合其环境的服务体验（Prahalad和Ramaswamy，2004b）。可见，顾客体验价值是体验经济时代下的研究重点。

随着价值共创理论的兴起，体验价值感知已成为社交平台用户价值创造的重要媒介。传统的以公司为中心的观点侧重于对组织价值链的全面控制，而体验共同创造关注的是客户，由于与组织的个性化和直接互动，他们积极参与构建自己的体验（Prahalad和Ramaswamy，2004）。因此，客户通过与组织共同创造其体验，为自己创造了独特的价值。焦点已经从个人客户的内部和非凡体验演变为作为共同创造现象的体验概念（Helkkula、Kelleher & Pihlstrom，2012；Jaakkola等，2015）。共同创造体验的一个重要作用是技术；具体来说，由于新技术，客户可以与组织合作，从经济功能和文化及意识形态的角度实现对他们更有价值的体验（Cova & Dalli，2009）。事实上，技术可以保证在共同创造过程中获得更高层次的信息、透明度、活力和以客户为中心（Chathoth、Ungson、Harrington、Altinay & Chan，2016）。Prahalad和Ramaswamy（2014b）指出，企业为顾客提供了可用的体验情境，可以促进顾客创造属于自己的体验，而顾客是创造体验价值的关键因素，也是决定因素。这些研究都是以顾客和企业的合作来

[①] 体验经济是从服务经济中分离出来的，它追求顾客感受性满足的程度，重视消费过程中的自我体验。

共同创造价值，顾客在体验价值上表现出了主观性和创造性。

在服务经济[①]和体验经济疾速发展的背景下，社交平台企业可以通过顾客价值共创将顾客感知的体验价值与企业价值相结合。合作与互动体验将成为顾客、社交平台企业、社交平台产品/服务提供商共同创造价值的重点。当然，推动顾客进行价值共创的关键点是促进顾客互动和分享。顾客和社交网络平台与价值链中其他成员的参与和分享是体验价值感知的源泉。虽然价值产生和实现盈利可能不在同一阶段，但价值转化为利润的前提是顾客主动参与社交平台价值共创。因此，研究社交平台顾客价值感知是实践理论的重要组成部分。

二、游客体验价值感知

目前，国内外学者对旅游体验的相关问题进行了大量的探讨，而对游客体验价值的研究则相对较少。目前已有的文献把旅游看作一种常见的消费行为，并以顾客价值与顾客体验价值理论为基础，只有极少数学者对其概念、特征进行了初步的探索。

一些学者认为，旅游产品和服务都是从属于消费者的，因此，消费者的价值和经验价值也可以应用到旅游体验价值中，从而反映出理论的可移植性。但是，从本质上讲，旅游体验与一般的消费体验有着不同的特征，其价值和评估方法也不能被广义的顾客价值理论所涵盖和说明。首先，旅游体验是在一个相对封闭、独特的旅游世界中进行的，这是一种心理、一种物质、一种时空、一种个人行为和一种社会行为（谢彦君、谢中田，2006）。旅游世界是一种与普通的生活世界不同的特殊的时空架构（谢彦君，2005b），它有着一个完整而又独特的体系，使旅游者在经历了时间与空间的转换后，产生了一种全新的体验价值评判标准。其次，游客的体验是很主观的。游客并非传统的消费者，而是一种新的个体，即生产者与消费者的结合（李新建，2008）。旅游体验并非个人的纯粹生理体验，而是一个符号解读的过程；旅游，是对"生活在别处"的异质性经历的体验。游客在旅游符号的寻找与解读中主观地建构自己的旅游体验。由于游客的"观看方式"各不相同，"观看方式"受到世界观、价值观、态度、倾向性、信念等因素的影响，旅游体验是游客"观看方式"与目的地相关因素的综合作用（马田等，2017）。所以旅游体验价值构成具有一定的特殊性。旅游体验行为并非单纯的一种刺激－反应行为，它是由环境与个体特性交互作用的结果。

"游客凝视"（Tourist Gaze）[②]是旅游体验的最基本的视觉特征，它是游客通过摄影作为视觉和旅游之间的纽带。在社交网络上，游客的旅游图片、视频、文字游记是

---

① 服务经济是从商品经济中分离出来的，它注重商品销售的客户关系，向顾客提供额外利益，体现个性化形象。
② 在旅游的背景下，厄里（1990）引入了"游客凝视"的概念，以解释游客的消费、后殖民行为，以及他们在旅游地点与当地人的互动行为。

"游客凝视"的具体体现,也是旅游目的地异质性、社会建构的一种视觉写实(陈静茜等,2020)。因此,互联网是 Web 2.0 时代游客对异质性想象经历开展的具体实践,旅游社交平台也是一种承载着特殊的社会互动交往的媒介(宋振春等,2020)。首先,社交平台上旅游的照片、视频或者文字游记是异质性的再现,是游客对旅游目的地的游览和视觉再现,是用身体去形塑认知的具体身体体验过程,对旅游目的地的凝视分析,可以有助于了解在旅游认知过程中的视觉构建,以及对旅游目的地的认知社会结果。其次,游客在社交平台上分享的旅游体验是具身性的(吴昕阳等,2021)。Crouch(2004)认为旅游主体在旅游情境中不是只"看"和"想",而是"做",是通过与物质、空间及其他人之间的"共事"来感受世界。身体是旅游的"中心",在旅游场景中,游客具有很强的情感和表达能力。旅游者构建自己的旅游情境是一种多感觉,通过触觉、味觉、视觉、听觉等多种感官来"沉浸"在旅游空间之中(屈册等,2015)。通过在社交平台上进行有主题的讲故事,先是旅游活动满足旅游者身体需求的具身性,接着主题性和故事性是旅游情境被赋予的意义,满足的是旅游者精神需求。此两种属性的蕴含使情境动态转换为体验感知(Gilmore & Pine,2002)。Suntiku 和 Jachna(2016)认为体验感知都涉及游客参与的基本方面,这表明旅游集中于体验消费的事实。

游客参与社交平台上的体验价值是由个体的直接使用社交平台和具身的旅游活动体验而形成的总体感知。因为在游客的消费中,不仅有理性的消费,还有感性的体验,他们会寻求其所带来的幻想、感受和乐趣,并通过总体的消费体验做出购买决定(Holbrook,1982)。因此,在理论和实践中,人们将旅游体验价值定义为"感知利益"和"成本"的比较法。从感知利益的视角来看,张成杰(2006)指出,旅游体验价值是指旅游者在消费过程中所感知到的整体收益,是其心理认识与情感的结合。Sánchez等(2006)指出,旅游体验价值是临时性的、动态的,它既包含了消费之前的体验,也包含了消费后的体验。游客与旅游服务提供者之间的情感互动,不仅能够帮助其了解旅游体验的本质,还可以让企业明确游客的情感需求,从而采取有效行动对其产生影响,进而创造出独特体验价值(Barnes et al.,2020)。Prebensen 等人(2013a)提出,游客体验价值是指游客在旅游或在目的地逗留期间所获得的感知利益,包含了与其他游客和目的地居民共同创造的体验价值。黄杰等(2017)提出,旅游体验价值是指游客在消费旅游产品、体验旅游服务、参与旅游活动时,从诸多互动旅游因素中所获得的整体感受和总体评价。魏遐、潘益听(2012)从知觉效益和成本的对比出发,提出了"顾客体验价值"的概念,它是"顾客价值"与"旅游体验"理论的结合,是对"服务经济"环境下"顾客"的价值的一种完整的扩展,即"获得"游客和其他旅游者的情绪交流,可以使他们更好地认识到旅游的本质,并使他们更好地理解他们的情绪需要,并通过他们的行为来影响他们,从而创造出他们独有的体验价值。

从上述分析来看,游客体验的实质是一种心理体验,其产生于游客的消费动机、体验方式、产品质量、消费环境等方面。游客的异质性与有限理性，决定了其内涵的多样性与复杂性。社交平台上游客的体验价值感知主要体现在旅游前阶段，游客通常会在社交平台搜索大量的旅游信息并进行在线预订。在旅游后阶段，他们也会在社交平台上去分享他们的旅游活动、服务和产品的经验（Jeng 和 Fesenmaier，2002；Vogt 和 Fesenmaier，1998）。社交平台上的原创内容已经发展成为社交网站的一项服务，它可以让人们在不同的地方建立联系，或者通过上传图片和视频来共享他们的旅游经历（Parra-Lopez et al.，2011）。这可能导致潜在的旅游者在不久的将来会访问这些目的地（Tussyadiah 和 Fesenmaier，2008）。智能手机上的社交平台应用程序上与旅游相关的用户生成内容也为用户提供了有用的信息，帮助他们在旅游计划上做出明智的决定（Xiang 和 Gretzel，2010）。如果一个旅游者想要了解其他人在某个目的地的经历，他就会尝试获取更多信息，并与其他社交平台用户进行互动。共同创造是一种特定的消费者体验；具体来说，它是一种参与性和互动性的体验（Prahalad，C. K. & Ramaswamy，V.2004）。游客被认为是创造他们自己的体验（Prebensen et al.，2013），共同创造正向影响他们满意的假期经历（Mathis et al.，2016）。通过在社交平台上与游客建立交换对话是价值共同创造的经历一个先决条件，因为它帮助旅游服务提供商了解游客的需求和期望（Chathoth et al.，2014）。

　　Munar 和 Gyimothy（2013）研究中，游客在 Flickr 上分享他们的旅游图片，在 YouTube 上上传视频，在 Travelblog 上写个人故事，在 TripAdvisor 上提供评论，并在 Facebook 上更新他们的旅游体验。在旅途中参与这些不同的社交平台，会改变旅游体验。由于社交平台是一种"社会类型"的网络（Rettberg，2008），写作的实践需要定期连接互联网，以维持关系和监控反馈。此外，社交平台的界面向用户提供关于其社交网络的生活和行为的不断更新的信息流（Senft，2013）。Molz 和 Paris（2015）研究中表示："随着新技术重新配置社会生活的时空参数，我们不会受到时空和地域的限制，我们时刻保持着交流和沟通。"数字技术[①]填补了旅游中的信息和交流目的，不仅改变了旅游的体验方式，也改变了旅游的记录方式。通过使用社交平台的设备提供的链接可以看出，游客认识到观众对其旅游的印象，并试图在他们创建在线旅游内容时满足观众的期望，从而调节旅游体验（Wang、Park & Fesenmaier，2012），具有很强的功能属性。

　　社交平台环境下，体验价值感知的提出增强了游客参与价值共创过程中的地位。通过对现有研究的总结，本研究将游客在社交平台的体验价值感知界定为：社交平台上的游客与社交平台、游客与潜在游客之间的交互所产生的对社交平台产品或服务的认识和偏好，以及游客在社交平台上对外部商品的功能效用所产生的功能体验价值和

---

① 数字技术是指利用现代计算机技术，把各种信息资源的传统形式转换成计算机能够识别的二进制编码数字的技术。

情感体验的响应，以及心理上的愉悦、社交等心理需要得到满足后所产生的社交价值和情感反应。该定义着眼于旅游者的感性认识，在旅游活动中，游客对社交平台上的价值感知是一种情感的反映，这种情感会渗透到整个体验中，从而影响到游客参与价值共创的程度。未来的旅游企业将越来越多地依靠游客的体验价值，了解游客的价值共创规律，有利于建立以游客体验感知为基础的竞争优势。

本章小结

本章回顾了游客参与社交平台相关行为的研究文献，可以发现国内外学者们在基于服务主导逻辑的价值共创的演变和发展、游客参与行为内涵、技术使用影响因素挖掘等方面取得了丰富成果。现代信息技术的发展，使消费者拥有更大的权利和控制权，消费者能够快速地共享信息、观点和经验。随着信息技术的发展、游客行为的变化，旅游企业的传统的业务模式面临着新的挑战。上述有关文献研究的分析表明，价值共创理论被引入到多个研究领域，越来越多的研究者开始关注游客参与社交平台上价值共创的重要角色。目前已有的研究成果，在思想和技术层面上都有了很大推进，推动了理论和实践的研究。

一是对社交平台游客参与价值共创的角色及其参与的驱动因素对体验价值感知的作用有了新的了解，指出游客不仅是社交平台服务的消费者，还是通过自身的资源投入参与社交平台的价值创造过程的创作者；二是从游客体验价值感知视角开展了实证研究，为新的形势和时代背景下社交平台价值创造的理论探索与实践研究奠定了基础。但是，既有研究仍存在一些亟须解决的关键问题。

（1）目前已有的研究局限于社交平台上用户的接受和首次使用的被动使用和参与行为，而在网络服务的环境中，社交平台的跨网融合，以及游客的实际社会关系和虚拟关系的增加，使得游客的使用行为和参与行为发生了改变。但对于社交平台的特定场景和特定的旅游场景，游客使用这些社交平台是因为他们已经拥有了使用经验、丰富的在线评论，会促使游客发生更深层次的主动性使用和参与行为。尽管之前的研究在某种程度上可以解释用户的持续使用、推荐等使用行为，但在Web2.0时代，游客主动创造内容或推荐分享、反馈等主动性参与行为仍很难解释，因此需要对在社交平台环境下游客更深层次的价值创造行为予以明确界定，并探索游客参与社交平台价值创造行为的驱动机制。

（2）许多研究内容都是关于消费者的使用行为模式，但大部分结果都把消费者当作技术使用者，并从服务的角度来分析服务消费者的娱乐、服务品质、信任等因素对消费者的使用行为产生的影响，而忽略了社交平台是技术网络，也是游客的社交关系网络、互动平台，更可能由于游客的深层参与而成为游客进行创造价值活动的平台，所以社会环境的变化对社交平台上游客价值共创的影响并未引起学者们的足够关注。随着互联时代和体验经济的来临，游客群体的社会关系更加复杂，一方面，人们希望展示自己的自由度和个性；另一方面，他们也在寻找具有相似个性、志趣相投的个体，形成各种不同的虚拟社区和群体，而这些群体的行为都受到他们所在的社会网络的影响。就目前而言，社交平台正逐步成为游客展示自己、呈现自己的重要平台，社交平台游客参与价值共创的机制研究需要同时从关注社交平台环境的创造的体验和关注游客的体验价值感知来探讨社交平台环境中游客价值共创行为的形成过程。很明显，基于个体视角的行为驱动模式无法解释游客在社交平台上的价值创造过程，因此，必须寻找新的影响因素和途径。只有结合旅游群体和社交平台等因素，运用相应的理论，才能更加全面、深入地揭示游客群体的价值创造机制。

（3）对价值共创视角下社交平台游客参与价值共创机制的研究略显不足。在旅游研究场景中引入价值创造概念，必须充分考虑到游客的体验价值认知的复杂性。传统的价值共创理论认为，价值是企业与消费者的共同创造。但是，在社交平台上，旅游者所感受到的体验价值并非个人纯粹的生理经验，而是在其符号化的过程中，感受到的体验价值的构建是一种隐秘的方式（马凌，2009）。这既有社交平台的原因，也有旅游者本身的原因。同时，社交平台上的旅游消费是一种非基础消费，它的产品价值有其自身的特殊特点——生产和消费的同一性，在社交平台上的体验不仅可以让游客得到身心的愉悦，还可以获得某种程度的身份识别或炫耀，从而使他们的旅游决策和体验价值更易被游客的心理需求以及社交平台的体验环境所左右。体验价值是在游客对旅游商品或服务的认知收益和认知成本进行比较后得出的结论。根据文献可了解到，游客体验价值可从功能性价值、社交性价值、情感性价值等来划分。此外，游客在社交平台上所感受到的体验价值也与社交平台自身有着密切的联系，目前有关体验价值的研究多是以体验价值为一个整体变量来进行的，并没有对体验价值的形成机理和差异进行深入的探讨。其实，在社交平台上，旅游者会产生多维的价值创造行为，而影响其认知结构和层次的是游客价值创造行为的驱动因素。因此，要从游客群体体验价值感知的特点和复杂性出发，探索游客这一特殊群体参与社交平台的价值共创效应及其形成机制。

因此，需要加强对服务主导逻辑视角下游客价值共创的行为结构进行研究，并进一步分析游客参与价值共创驱动因素对其体验价值感知的作用路径，更为清晰地揭示社交平台游客参与价值共创的内在机制。

第二章
社交平台游客参与价值共创行为的维度结构

社交平台游客参与价值共创是旅游研究的新兴领域,虽然已有学者总结出游客价值创造的行为,但目前学术界尚未有统一的说法来解释游客的价值创造行为。游客价值创造行为的维度结构是所有相关研究的基础,只有这样,游客价值共创的前因和行为后果才能得到更深层次的探究。本研究对游客参与社交平台价值创造进行了定义,运用文献资料和深入访谈等方法,探索游客参与社交平台价值创造活动的路径,并进行问卷调查,运用探索性因素分析、实证因素分析等手段,为研究游客参与社交平台价值创造的机制及建立研究假设提供了一定的理论基础和实践基础。

第一节 社交平台游客参与价值共创的内涵

一、游客价值共创的概念

价值共创理论的概念中,消费者是价值创造的主要主体,价值创造非单纯的消费行为,而是一种互利共赢的方式。这一观点在市场营销逻辑转换的理论背景下,以及随着顾客意识的觉醒和能力的提高,引起了人们极大的重视和探讨。事实上,这种观念早就在旅游研究中得到了反映,Chon(1989)认为,游客在创造体验价值的过程中扮演了一个角色,而不是一个独立的个体。近年来,国内外学者在旅游研究中引入了价值共创的概念,但大都将其看成是一种常见的服务产品,将其作为一种常见的顾客价值形态,并从不同的角度对其进行了理论上的解释和归纳,但却缺少对社交平台游客参与价值共创行为的研究。因此,目前在已有的文献中,尚无一种被多数学者认同的、具有权威意义的"游客价值共创"定义。

从产生的区域和客户角色来看，价值共创可以划分为两种：一种是生产领域的创造，另一种是消费领域的共同创造（万文海、王新新，2010）。前者是指在企业主导的生产过程中，消费者正向或消极地参与，企业可以根据客户的反馈信息，为客户提供更好的服务，从而减少运营成本，提高生产效率和效益。这一价值共创活动实质上就是把客户带入到生产流程中，把客户当作一种生产性的资源，并通过对客户参与行为的指导和控制来实现共同的价值创造。虽然客户可以通过定制化、共同设计、改进方案和反馈等方式来影响价值的产生，但是在价值共创的过程中，公司扮演着重要的角色。在消费者主导的消费过程中，消费者会依据自身的需要和预期，将时间、知识、技术等个人资源（如时间、知识、技术等）投入到消费者的消费行为中，以实现企业的价值创造。这种价值共创的实质是消费者把他们的商品和服务看作是物质性的，在他们的帮助下，他们通过日常的生活和消费行为来实现自己的价值。在这个过程中，消费者仍然无法从企业的商品和服务中解脱出来，但是他们在创造价值的内容方面扮演着主导角色，并且在创造价值的途径上，从公司的控制中解脱出来。

与制造业相比，服务业具有不可分离性、易逝性、异质性和易变性等多种特征。尽管服务的生产与消费是密不可分的，但是它依然是生产活动的主体，其价值创造活动应该归入到生产领域中的价值创造（万文海、王新新，2011）。然而，旅游和传统的服务有很大的不同。对传统服务业来说，在消费过程中消耗的时间、精力都应该被纳入到消费成本中，而消费者在花费大量的时间和精力后，则会导致服务的价值下降。在旅游行业，当旅游者投入更多的时间和精力时，他们就会获得更高的满意度（Prebensen 等，2013a）。在大部分的传统服务中，消费者注重消费的结果，而在旅游服务中，则注重消费的过程。Prebensen 等（2013a）发现，消费者在使用传统的服务产品时，往往会缺少或者不愿意投入时间和精力去正向地参与到价值创造中去，而体验性服务的客户更愿意参与到创造的过程中。社交平台上的产品和服务都是以用户体验为中心的服务产品，在社交平台上，游客的参与意愿高于其他传统的服务。在现代资讯科技飞速发展的今天，游客可以通过虚拟社区、搜索引擎、微信等社交平台，通过自己的需要，收集并掌握海量的操控资源（如知识、经验等），在与服务供应商的互动中，他们会变得更有主动性，参与价值创造的程度也会不断提高，对产品的设计和制造具有更大的影响和控制力。为了获得竞争优势，培养忠实客户，社交平台应该在产品和服务方面与旅游者建立合作关系，并正向地帮助他们在社交平台上创造自己的独特经验。因此，在社交平台上，游客的价值共创行为是一种高度参与的消费领域创造行为。

二、社交平台游客参与价值共创的概念界定

在社交平台上,因为旅游活动的异质性和具身性,游客的参与行为需要将自身的旅游活动和具体的社交平台体验感知相结合。也就是说,在社交平台上,游客发布的旅游、搜索信息等都需要投入时间、精力、知识等个体资源,从内容提供、持续使用和反馈的行为等方面为社交平台创造价值。由此可见,游客参与社交平台价值创造活动包括以上所有顾客参与的价值创造行为。

首先,在社交平台上,游客的价值共创是一种正向的参与行为。旅游产品是一种典型的服务产品,它的生产与消费是同一的,在游客购买商品时,很难对其进行直观的评价,从而导致了游客的消费风险。随着旅游者的消费意识和权利意识的提高,旅游者更倾向于将个人资源投入到最优的购物决策中,以减少消费风险,以达到最好的旅游体验。随着资讯科技的飞速发展、手机终端的普及,游客获得信息的方式也得到了很大的改善,通过信息查询、查看网站评论等方式增加信息的正确性。不管是什么目的,采取什么方法,都是游客在参与社交平台的价值创造活动中具有目的性和自主性的体现。已有的研究显示,旅游者拥有更大的权利来控制和影响旅游产品的制造过程,并藉由个人的资源,以自身的方式创造出独一无二的旅游体验(Binkhorst,2009)。总之,社交平台上,游客是最主要的价值创造主体,他们对体验价值的最大化追求决定了他们的价值创造。

其次,社交平台上游客参与价值共创的关键是互动。体验价值的形成是由多方面因素共同作用的结果,这些影响因素之间的相互作用对于体验价值的形成起着关键作用(温韬、侯铁珊,2006)。旅游是一种将人们通过社交的方式联系起来的过程(Bandyopadhyay,2012),互动是旅游活动的一个重要特点,也是旅游者在旅游中满足不同需求的一个原则(Prebensen 等,2017)。游客在体验价值创造中的互动作用是从产品和消费两方面进行的,体现为与服务供应商(旅行社和雇员)以及与当地社区居民、同行游客的关系和游客个人的社会关系。不管是在哪些方面,或者是在与哪些人打交道,旅游者都会参加,并且在内容和方法上起主导作用。特别是在今天的手机互联时代,旅游者和其他个人或团体之间的接触越来越多,在旅游前、旅游中和旅游后的不同阶段,都会以不同的方式与不同的主体进行互动,从而形成他们独特的旅游体验(Walls & Wang,2011)。在这方面,社交平台使一种新型的旅游体验成为可能,这通常被称为沉浸式虚拟、增强现实或技术介导的体验(Tussyadiah & Fesenmaier,2009;Xiang & Gretzel,2010)。通过在游客旅游过程的各个阶段进行互动,社交平台以多种方式促进、增强了游客的体验。在旅游之前,游客可以搜索、访问和阅读旅游信息、评论、经历,并与潜在游客进行互动,了解目的地和他们的体验,计划他们的行程,

选择旅游供应商和服务。通过这些方式，游客可以减少那些不符合他们期望、喜好和兴趣的东西的风险，也可以设计出快速、高效的个性化旅游体验。通过在社交平台上浏览和分享旅游经验和信息，游客获得了对地方、文化和目的地的虚拟体验和理解。在旅游中，社交平台使游客能够保持和/或与他人（如居民、朋友等）的联系，以分享他们的经验；获取旅游资源，按路线规划行程；丰富他们的旅游经验；和他们的家人/朋友保持联系。旅游结束后，社交平台提供了一个空间，游客可以通过分享他们的资源来反映、恢复和创造他们的经历的记忆。因此，社交平台不仅使得游客丰富了他们自己的旅游经验，而且他们还创建了一个在线旅游资源库，这对其他人计划和组织他们的旅游是有用的。很多旅游者将旅游照片、视频和感受与身边的朋友、同事或同学分享，或者通过互联网传播，在网上或其他网站上为别人解答有关问题，并为别人的旅游决策提供意见。通过这种交流，一方面可以让旅游者有机会展现自己的学识和技能，并以此来实现自己的价值；另一方面，也可以通过树立自己的良好的人格形象来赢得他人的尊重、信任和认同，以维持和巩固自己的社会地位。另外，旅游后的共享和推荐行为，不但可以增加自身的旅游体验价值，而且也会影响到潜在的旅游者的决策和消费行为，从而使得他们成为其他旅游者的体验价值的共同创造者。

总之，不管是在何种阶段，游客在社交平台上是通过对体验价值的感知来实现自己的价值共创过程。因此，本研究将社交平台游客参与价值共创的概念界定为：游客因为受到特定驱动因素的影响，通过持续使用、内容提供和反馈行为形成社交平台游客参与价值共创的过程。在此过程中，游客具体实施哪些种类的价值共创行为受到了其在社交平台的体验价值感知程度的影响。

第二节　社交平台游客参与价值共创行为维度的初始测量项目生成

游客参与社交平台价值共创行为比较复杂，它包含了生产和消费两个方面，而涉及价值共创的对象既有游客、平台服务的提供者，也有可能是社交平台上的潜在游客，进而游客参与社交平台上的价值创造行为呈现出多元化、动态的特征。因此，游客参与社交平台价值创造的过程具有多维性，对其维度结构的探讨将有助于我们更好地了解游客参与社交平台价值创造的意义。

一、社交平台游客参与价值共创行为维度的文献分析

（一）价值共创行为维度结构的文献分析

当前，在价值创造维度上，学术界尚无一个统一的观点，很多学者从不同的角度总结出价值创造的维度结构，并建立了衡量指标。其中，Yi 和 Gong（2013）和 Zwass（2010）的二维理论具有很强的代表性，对以后的相关研究有很大的影响和参考价值。Yi 和 Gong（2013）将价值共创作为一种多维的概念，建立了基于服务产业的三个度量模型，其基本涵盖了客户参与价值创造的全部行为。其中，顾客价值共创包括两个层面，即顾客参与行为和顾客公民行为，也即客户行为，包括信息搜索、信息分享、责任行为、人际交互行为，是顾客在价值共创的过程中所必需的行为，具体包括反馈、倡导、助人和支持等。

在此基础上，很多学者对价值共创的维度结构和度量方法进行了深入的探讨。根据 Chou 等（2016），虚拟社区的价值创造行为划分为"角色专家"（知识分享）和"网络社会公民"（网络社区公民行为）。卜庆娟（2016b）的研究则表明，虚拟品牌社区顾客价值共创互动行为由求助、人际互动、反馈和倡导 4 个维度组成。杨勇等（2017）从"情感劳动"与"客户价值创造"的关系入手，采用了 Yi 和 Gong（2013）的"价值创造"维度划分方法和量表。李朝辉（2014）参考 Zwass（2010），将"价值创造"划分为"启动的创造"和"自发的创造"。

（二）社交平台游客参与价值共创行为维度结构的文献分析

游客持续浏览、创造内容、互动分享和反馈等价值创造行为，可以直接提高社交平台的竞争优势。因此，要使旅游者参与社交平台的价值创造活动发挥最大的作用，就需要对游客价值创造过程和影响因素进行分析。

旅游领域的价值共创的实证研究多以单一的视角来衡量价值共创，例如 Grissemann 和 Stokburgersauer（2012）对旅游环境下的客户体验价值共创满意度及顾客忠诚关系的研究；Mathis 等（2016）对旅游环境下的客户体验价值共创满意度与顾客忠诚关系的研究；Lin 等（2017）对旅游地居民的生活满意度、旅游影响感知与价值共创行为关系的研究；Buonincontri 等人（2017）将游客和旅游服务供应商之间的互动、游客参与旅游的行为、游客在旅游中的分享经验行为等看作是与旅游体验价值创造并行的变量。

一些研究人员使用多维度的方法来衡量游客在社交平台上的价值创造。Romero（2017）通过分析酒店企业客户参与的前因因素对口碑和客户价值创造的影响，将其分成客户推荐和信息共享两个方面。李丽娟（2012）从游客参与价值共享的深度和层

次上总结出了游客参与价值共创的行为维度。彭晓东和申光龙（2016）基于虚拟品牌社区将顾客参与价值共创的行为分为自发的价值共创和发起的价值共创两个维度。Yi Y 等（2013）开发了顾客价值共创的量表，把顾客价值共创行为分为顾客参与行为和顾客公民行为，每个维度都有四个组成部分。顾客参与行为的要素包括信息寻求、信息共享、负责任的行为和个人互动，而顾客公民行为包括了反馈、倡导、帮助和容忍。全飘和周洁如（2021）以内容互动型旅游社区马蜂窝为案例，分析内容生产者和内容消费者这两类目标用户的参与行为，将用户价值分为经济价值、自我价值、娱乐价值、实用价值和社交价值。Carlson J 等（2019）通过对品牌价值体验及其对移动社交媒体满意度和客户参与行为的影响的研究，将顾客的体验价值构成分为：功能价值、社会化价值、情感价值、创新价值和建立关系价值五种。从使用和满足的角度来看，Jahn 和 Kunz（2012）使用五种不同的结构（即功能价值、享乐价值、社会互动价值、品牌互动价值、自我概念价值）来检验脸书社交媒体平台上品牌页面的益处。同样，de Vries 和 Carlson（2014）调查了社交媒体品牌页面衍生的四个独立的利益维度（即功能价值、享乐价值、社交互动价值和共同创造价值）。而 Zhang et al.（2015）发现，三个独立的维度（顾客学习价值、社会整合价值、享乐价值）影响戴尔微博品牌页面的社会商务意向。Shi et al.（2016）采用了另一种理论视角，将顾客感知价值理论纳入微博品牌页面，发现六个独立的认知和享乐价值维度影响持续使用意向。

通过对国内外有关旅游价值创造的文献的整理，可以看出，游客价值创造活动的多维度并没有受到充分的关注。在旅游业的价值创造方面，由于本书研究的社交平台和价值共创都是营销研究中的新领域，国内外将社交平台和价值共创相结合的研究成果还比较少，因此，本研究不但需要借鉴国内外相关理论和研究成果，还需要对社交平台游客参与价值共创的实际情况进行了解。定性研究的方法中，深度访谈的研究方法被看作是和文献研究同样重要，访谈研究与文献研究相互作用，共同支撑研究模型和研究假设。因此，本研究将运用探索性因素分析、实证分析等方法，对游客参与社交平台价值创造行为进行研究。为保证研究结果的合理性，本研究在行为测量及维度萃取上，坚持如下原则：（1）指标选取上，充分考虑游客体验的特殊性，力求诠释社交平台中游客价值共创行为的真实内涵；（2）维度提取方面，突破了时间和地域的限制，根据共同创造的特性进行维度提取；（3）在为维度命名上，尽可能地与已有文献中的价值创造维度相匹配。

因此，本研究对 26 名经常使用社交平台的游客实施了深度访谈，试图了解游客参与社交平台的具体价值共创行为，并对访问结果进行了录音和内容分析。本章通过对社交平台用户的访问数据的文本分析，利用价值创造和服务主导逻辑等相关的观点，对游客参与社交平台价值创造进行了理论上的探索。首先，从价值共创和服务主导逻辑的角度，对游客参与社交平台价值创造行为进行了具体的分析，并从中发现了三种价值共创行为。其次，本研究在合作的过程中发现，游客的价值创造行为主要有三种：持续使用、内容提供和反馈。此外，通过深度访谈，本研究还发现了社交平台和旅游者之间的互动关系，并发现了影响其价值共创的主要因素，即游客的体验价值感知。

二、游客访谈过程及结果

本研究以方便的抽样方法，对半年来在社交平台上有搜索、发布旅游知识、分享旅游经验行为的游客进行了访谈。因为现在旅游已成为一种惯常的消费行为，而且没有涉及个人的隐私，因此，不管是一对一的还是一对多的采访，接受访谈的人都能说出他们真正的想法和感受。为此，本研究采用了面对面访谈、电话访谈和网上私人邮件访谈等方式进行了深度访谈。其中，采访模式是灵活的，它能够从被试的非语言交流线索中得到正确的判断，并能根据对方的反应作出适当的调整，从而更好地发掘被调查者的想法和观点。缺点是转述成本高。一对一式的社交平台可以通过电子邮件进行网上交谈，这样可以避免时间、地点的局限，而且所发表的意见大都是经过深思熟虑的，不会被他人的态度和观点所影响，可靠性更高。但是也存在着很难对访谈对象进行非语言交流的问题。

在采访开始前，笔者根据游客在社交平台上的阶段性特点，设计了一份采访大纲，指导他们围绕某一主题发表自己的看法，从而提高了访谈的效果。主要访谈内容包括：1.您有在社交平台上搜索过信息吗？ 2.为什么选择在上面搜索呢？ 3.您使用的这个社交平台搜索旅游信息时的感受是什么样的？ 4.您在社交平台上分享或者发表过旅游知识、体验经历吗？ 5.什么原因会促使您在上面分享您的旅游经历或者知识呢？ 6.您使用的这个社交平台分享您的旅游经历或者知识感受是什么样的？ 7.您会对使用的社交平台提出反馈意见吗？原因是？

深度访谈方式多样，本研究的深度访谈多在2021年上半年完成，有些采用面对面的方式，还有一些因为时间或者其他原因采用了微信语音、视频以及打电话等方式进行，并告知被访者本研究的研究目的。鉴于各种条件限制，笔者先从自己熟悉的朋友、同学开始，还有一些陌生人（如在马蜂窝获得蜂首荣誉等奖励的游客）开展下一步的访谈。通过微信语音、视频和打电话的方式约定适宜的时间开展访谈，不仅克服了空间限制，还节省了彼此的时间和金钱，受访者也较容易接受和配合。

访谈时间从2021年5月上旬开始，7月上旬结束，历时3个月。26位访谈对象中，男性11人，女性15人；16人年龄为20~30岁，9人年龄为31~40岁，1人为60岁以上；职业类型包括公务员、教师、个体工作者、白领、医生、研究生、退休人员等；区域主要为成都、上海、浙江、广州；4人面对面采访，10人电话采访，12人通过社交网站进行私人交流。面对面访谈的时长最短约30分钟，最长90分钟；电话访谈的时间在 20~30 分钟。不同的是，网络上的私人采访时间长短不一，有的人是在网上，有的人在聊天的时候突然离开，有的人会在几个小时后回答。人口结构特点与在社交平台共享旅游经验的主要人群特点是：受教育程度高，有年龄大的，也有年龄小的，因此具有一定的代表性。具体如表2-1所示。

表2-1 访谈对象资料

序号	访谈对象	性别	年龄	来源	职业	访谈方式
1	徐女士	女	33	朋友（微信）	企业白领	面谈
2	李先生	男	29	朋友（微信）	企业白领	面谈
3	陈女士	女	32	朋友（微信）	教师	面谈
4	刘先生	男	40	朋友（微信）	企业领导	面谈
5	eee 小小姐	女	28	知乎	企业白领	电话
6	筱舒	女	25	知乎	企业白领	电话
7	修飞机的小MG	男	30	知乎	教师	电话
8	Cc.晨	男	33	知乎	公务员	私信
9	羽Z酱	男	29	知乎	医生	私信
10	Morgan.Zhang	男	31	知乎	教师	私信
11	Maple 雲	女	26	小红书	个体职业者	私信
12	小果子 Cher	女	25	小红书	学生	私信
13	木木子妙	女	28	小红书	企业白领	私信
14	抗抗张 Kandice	女	30	小红书	企业白领	私信
15	frannyhu77	男	26	微博	个体职业	私信
16	Ryan-w	男	26	微博	企业白领	私信
17	爱撒娇的鹿	女	23	微博	学生	私信
18	陆地_上奔跑的鱼	男	24	微博	学生	私信
19	甲小霖	女	25	微博	企业白领	私信
20	树林中慢跑（上海）	男	31	马蜂窝	公务员	电话
21	木子小姐（辽阳）	女	32	马蜂窝	企业白领	电话
22	常在 Xin-（成都）	女	26	马蜂窝	企业白领	电话
23	蓟丘野老（北京）	男	73	马蜂窝	退休	电话
24	kelly（杭州）	女	30	马蜂窝	个体职业	电话
25	Leslie_Pengpeng	女	33	马蜂窝	个体职业	电话
26	跌宕（广州）	男	32	马蜂窝	医生	电话

访谈资料收集完毕后，利用 MAXQDA2020 进行数据的整理和编码。首先，将访问文本录入 MAXQDA2020，然后逐行读取，将原始数据编码为任意节点，并将其分类为树状节点；其次，建立备忘录、注释；最后，利用 MAXQDA2020 的检索挖掘功能，对编码进行分析，得出结论。

从对 26 位游客的深度访谈中发现，社交平台游客参与价值共创行为是由外在驱动和内在驱动双因素共同作用的，外在驱动因素主要源自于社交平台的有用性、易用性、情感性，而内在驱动因素则大部分源自游客本身的自我效能感、参与感、利他和互惠等因素。并且在搜索信息和分享旅游经历时，游客对社交平台的体验感知也会有所不同，因为驱动因素不一样、获得的体验价值感知不同，例如，搜索信息时使用社交平台会受到平台的有用性的驱动，而发布或者分享旅游经历时受到游客自身的如自我效能感、参与感的驱动较多，进而表现出的价值共创行为也不同，但是总体可以概括为持续使用行为、内容提供行为和反馈行为三种。同时，游客在旅游活动各阶段使用社交平台行为存在差别，但也有些行为可能贯穿旅游活动的多个阶段，如持续使用行为在旅游前、旅游中和旅游后都有进行，游客与社交平台服务提供者进行互动；游客在社交平台上搜索信息也可以是在旅游前，也可以是在旅游中；游客的内容提供行为（主要表现为分享旅游经历）既可能发生在旅游中，也可能发生在旅游后；在使用后对社交平台的价值感知有差时，会做出反馈行为。基于此，本研究在初选社交平台游客参与价值共创行为的测量题项时，暂定对游客参与社交平台的价值共创行为维度结构作出预期，但不在旅游活动的阶段性上作出限定。

表 2-2 深度访谈结果

范畴化	概念化	典型语句
价值共创行为	持续使用	当我从心底里走到一个社交平台站点时，也许在搜索信息的过程中，我会很开心，很轻松，也会愿意在网上花更多的时间去收集自己想要的信息，再来多方比较；以后会愿意继续使用这些社交平台去规划自己的旅游行程；接下来我会继续努力，为马蜂窝做我应该做的事……
	内容提供	我也会继续发表更多的游记，以帮助到更多的人；分享了关于行程、交通、住宿和预防高反的一些 tips；愿意继续在上面发表自己的旅游经历；后续还有更多用心制作的游记……
	反馈	不知道为什么，发现游记前面没有星级标哦；为什么我在马蜂窝的游记转发到微信朋友圈是看不到视频的？我问了好多官方客服都没有人回复我，很着急！！之前本来是星级游记的，但是系统原因文章不显示，后面修复好了，就不知道为什么没有了。今年写了 5 篇，通通都进入了星级，但是有个疑问，我以前有几篇明明是星级的，为何现在不显示了，难道星级有时效，会自动失效吗？……

三、初始测量题项的生成

为了改善量表的品质,本研究在文献调研和深度访问的基础上,制定了一套可供选择的量表。在制定测验题项时,会反复斟酌用词,力求语言表达明确、简洁、不含歧义;在题目的数目上,尽可能减少被调查者由于劳累而产生的偏误;在题目的安排上要有逻辑性、层次性,与被调查者的逻辑联系起来。在选定了可选择的测试题后,由 3 名旅游相关领域的专家对其进行修正,以剔除不需要或不合理的题目,合并出现明显重叠的题目,并对某些句子进行适当的描述,最后得出一个包括 11 个题目的社交平台游客参与价值共创行为维度量表,如表 2-3 所示。

表 2-3 社交平台游客参与价值共创行为测量量表

序号	测量题项
Q1	我打算继续使用该社交平台,而不是停止使用
Q2	我愿意继续使用该社交平台,而不是使用任何其他社交平台
Q3	我想继续使用该社交平台去查询旅游信息或知识
Q4	我愿意花更多时间来继续浏览该社交平台
Q5	我愿意登录该社交平台获取旅游信息或好友动态
Q6	我愿意在该社交平台上去发表旅游经历或者提供旅游信息和知识
Q7	我愿意转发该社交平台其他用户发布的旅游信息、旅游攻略和图片等内容
Q8	我会对该社交平台其他用户提供的旅游内容进行评论或留言
Q9	如果我在该社交平台上遇到问题,我会及时反馈给客服人员
Q10	我会告知该社交平台的客服人员我的需求
Q11	如果我在该社交平台上得到优质的服务时,我会让该社交平台知道

四、量表优化及维度探索

本研究以网上问卷调查形式,在问卷星平台上公布,将每一项都设定为"必须填写",并设定为不开放的问卷,(问卷者或注册成员)无法以关键字来搜寻问卷。本次调查的对象是 19 岁以上,最近半年内曾在社交媒体上发表过自己的旅游经验,在自己的微信群里发了一份问卷的链接,并附上了相应的二维码,请符合条件的人帮忙填写,并发送一个微信红包。从 2 月 28 日至 6 月 8 日,共收集了 220 个问题,排除了全部问题,如选择相同的问题,得到了 214 个有效的调查问卷,有效的调查表达 97.2%。本研究以此为基础，运用探索性分析方法，对旅游者的经验价值感知与价值创造行为进行了提取。然而，探索性因子分析多以测度题项间的关联度为依据，以显露各测试题的内部结构，所得的结论未必完全正确，往往还须透过验证性因子分析加以验证。因此，将220个样本资料按调查问卷号码平均分为两个小组，一组用于探索性因子分析，一组用于验证性因子分析。

在进行探索性因子分析前，先进行KMO测度及巴特勒球形检验，然后再进行探索性因子分析。巴特勒球法的显著概率为0.000，表明该模型不是单元矩阵，有一定的相关性，可以进行因子分析。

表2-4 游客价值共创行为模型探索性因子分析结果

题项	因子载荷			KMO	Sig	累计解释方差（%）
	公因子1	公因子2	公因子3			
Q1	0.897					57.952
Q2	0.788					
Q3	0.868					
Q4	0.620					68.094
Q5	0.637			0.896	0.000	
Q6		0.889				
Q7		0.874				
Q8		0.824				75.467
Q9			0.903			
Q10			0.905			
Q11			0.874			

利用主成分分析法对样本进行探索性因子分析，并利用Kaiser标准化的正交转动法提取出特征值大于1的公因子。探索性因子分析发现，三个公因子的特征值均超过1，其总变异数达75.467%，而所有题目的公因子负荷均在0.6以上，因此可以认为，这3个因子可以反映大部分的测量问题。

最后，利用总相关系数（CITC）和Cronbach'sa系数对测试题进行了净化。Churchill（1979）指出，如果一个题目的CITC数值低于0.4，那么这个题目就应该被剔除，除非有特别的原因。Nunnally和Bernstein（1994）建议，在CITC值低于0.4的情况下，删除该项目后a值增大并且超过0.7，以提升各变量及量表整体信度，本研究以此为基础，对一些题项进行了提炼。表2-5是CITC的分析结果，在公因子1中，Q4、Q5的值低于0.4，删除该题项后测量题项数量均缩减为3个。删除题项后的

Cronbach's a 值由 0.763 上升为 0.864，且所有剩余测量题项的 CITC 值都大于 0.40。公因子 2 中题项的 Cronbach's a 值为 0.887，而且，各测验项目的 CITC 值均在 0.40 以上，因此，所有的测试题都应该保持不变。公因子 3 Cronbach's a 值为 0.883，所有测试题的 CITC 值均在 0.40 以上，因此，所有的测试题都应该保留。借助学者们的研究，将公因子 1 命名为持续使用行为，公因子 2 命名为内容提供行为，公因子 3 命名为反馈行为。

表 2-5　CITC 分析结果

公因子	题项	初始 CITC	最终 CITC	初始 cronbach's a	最终 Cronbach's a
公因子 1	Q1	0.715	0.738	0.763	0.864
	Q2	0.634	0.729		
	Q3	0.689	0.716		
	Q4	0.379	-		
	Q5	0.352	-		
公因子 2	Q6	0.761	0.761	0.887	0.887
	Q7	0.816	0.816		
	Q8	0.764	0.764		
公因子 3	Q9	0.774	0.774	0.883	0.883
	Q10	0.783	0.783		
	Q11	0.764	0.764		

五、维度结构的进一步检验

探索性因子分析使得测量量表中的因子结构更加清晰，因此进一步使用双号样本资料进行验证性因子分析，以验证所获得的因子结构的稳定性和合理性。验证性分析主要是根据模型的总体拟合程度和各个衡量指标的负荷状况来评估因子的结构。为了验证概念有效性，必须假定该模型必须符合取样结果，并且在被测的概念上，测得的因子负荷值必须很高，而被随机误差影响的测度应非常小（陈晓萍等，2008）。吴明隆（2009）发现，当各因子负荷在 0.50~0.95 时，该模式的适应性更好，且因子结构稳定，而当因子负荷值愈高时，则代表该测验指标被测概念所诠释的比率越高，则愈能反映出概念的特性。

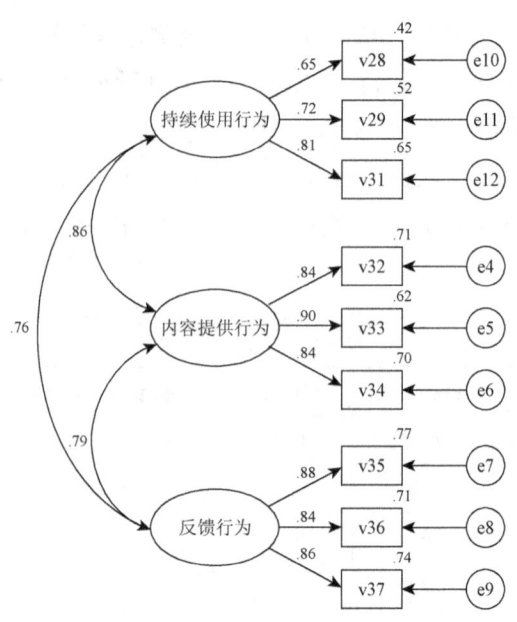

图 2-1　游客价值共创行为因子载荷

图 2-1 分别展示了各个测试项目在各个因子中的负载。从中我们可以看到，游客价值共创行为的持续使用行为、内容提供行为、反馈行为的因子负荷值在 0.72~0.90 之间，表明每一题都能较好地反映出被测到的概念特征。当所估算的参数不存在负性的误差，且标准误估计的数值很小时，该模型的拟合是很好的（吴明隆，2009）。3 个潜在变量和 9 个观察变量的测量误差均为正，均在 0.01 左右，这表明了没有模型定义的问题。根据 Liden 和 Maslyn（1998）所提出的评判准则，这个结果可以考虑接受。在做验证因子分析时，必须使用总体拟合指数来评估该模型的适合度。总体拟合指数一般分为 3 种类型：绝对拟合指数、相对拟合指数、简明拟合指数。在这些指数中，绝对拟合指数包含有卡方统计（χ^2）、残差均方根（RMR）、标准化残差均方根（SRMR）、近似平均误差（RMSEA）、拟合优度指数（GFI）、修正拟合指数（AGFI）等；简明拟合指数主要有简单规范拟合指数（PNFI）和简单拟合优度指数（PGFI）。参考多数学者的实践，本研究将介绍 χ^2/df、SRMR、RMSEA、GFI、AGFI、IFI、CFI 等指数的拟合。在实证研究中，研究者将 $\chi^2/df<5$ 作为可接受的标准，SRMR、RMSEA 在 0~0.08 之间，而 GFI、AGFI、IFI、NNFI、CFI、NNFI、CFI 等指数在 0~1 之间，代表了该模型的适应性，一般推荐的判别准则在 0.90 以上，但也有一些学者认为，接近 0.9 也是可以接受的。从表 2-6 游客参与社交平台价值创造行为模型整体拟合指数结果显示的可以看出，χ^2/df 值低于 5，SRMR 和 RMSEA 值小于 0.08，GFI、AGFI 等指数均超过 0.9，IFI、CFI 分别为 0.886、0.877，接近 0.9，符合可接受的范围，表明该模型总体上拟合良好。

表 2-6 游客参与社交平台价值创造模型整体拟合指数结果

拟合指数	χ^2/df	SRMR	RMSEA	GFI	AGFI	IFI	CFI
模型	1.808	0.062	0.062	0.955	0.915	0.886	0.877

信度是衡量量表一致性、稳定性、可靠性的重要指标，其中最常见的是克伦巴赫系数，其数值愈大，则表示各测量表的相关程度愈高。一些学者认为，综合信度可以更准确地反映出测量表的真实可信程度，是衡量指标的较好方法（徐万里，2008）。吴明隆（2009）发现，当预测变量的综合信度大于 0.6 时，该模型的内部品质较好。效度是衡量对象问题特征的有效度，其主要指标是内容效度和结构效度。前一项是对所要测试的内容或行为的范围进行抽样的恰当程度，也就是所测的内容是否合适、是否符合；而后者则是通过两个指标来衡量从量表得出的结论与本量表所依据的理论是否相符，通常采用聚合效度和差别效度。聚合效度是衡量同一概念中的各种指标间的关联度，常用的方法是使用标准因子负荷和均值方差抽取值（AVE），AVE 值愈高，表示衡量指标愈能反映共同因子概念的基本特性（吴明隆，2009）；差别效度主要是衡量指标间的差异性，一般以 AVE 的平方根与因子间的相关系数绝对值进行对比，如果大于 AVE 的平方根，则表示各个指标间存在充分的区分效度。

表 2-7 显示了社交平台游客参与价值创造行为测量模型的信效性检验结果。结果显示，游客持续使用行为、内容提供行为和反馈行为的 Cronbach's a 值分别为 0.755、0.887、0.884，同时它们的 CR 值均超过了 0.8，说明测量模型具有较高的信度。本研究参照了国内外已有的有关文献，结合旅游者的深入访谈，并借鉴了旅游相关领域专家的建议，对其进行了修改，以保证其内容的有效性。表 2-7 还显示，游客持续使用行为、内容提供行为和反馈行为的 AVE 值分别为 0.670、0.816、0.811，均超过了 Fornell 和 Larcker（1981）建议的不低于 0.5 的标准，且它们的平方根（0.819、0.903、0.901）大于他们之间的相关系数（0.76、0.79、0.86），说明测量模型具有较高的聚合效度和区别效度。

表 2-7 游客参与社交平台价值创造测量模型的信效度检验

	标准化因子载荷	P 值	Cronbach's a	CR	AVE
持续使用行为			0.755	0.859	0.670
CUB1	0.770	—			
CUB2	0.867	***			
CUB3	0.817	***			
内容提供行为			0.887	0.930	0.816
CPB1	0.841	—			

续表

	标准化因子载荷	P值	Cronbach's a	CR	AVE
CPB2	0.904	***			
CPB3	0.840	***			
反馈行为			0.884	0.886	0.811
FB1	0.879	—			
FB2	0.845	***			
FB3	0.862	***			

信度和效度检验表明，两个测量模型具有良好的信度以及聚合效度和区别效度，能够较好地对社交平台游客参与价值共创行为实施测量。基于上述分析结果，游客在社交平台上的价值共创行为也是一个三维概念，具体包括持续使用行为、内容提供行为和反馈行为。

表2-8 社交平台游客参与价值共创行为维度结构

	维度	题项
游客价值共创行为	持续使用行为	我打算继续使用该社交平台，而不是停止使用
		我愿意继续使用该社交平台，而不是使用任何其他社交平台
		我愿意登录该社交平台去查询旅游信息或知识
	内容提供行为	我愿意在该社交平台上去发表旅游经历或者提供旅游信息和知识
		我愿意转发该社交平台其他用户发布的旅游信息、旅游攻略和图片等内容
		我会对该社交平台其他用户提供的旅游内容进行评论或留言
	反馈行为	如果我在该社交平台上遇到问题，我会及时反馈给客服人员
		我会告知该社交平台的客服人员我的需求
		如果我在该社交平台上得到优质的服务时，我会让该社交平台知道

本章小结

本章探讨了社交平台游客参与价值创造行为的维度结构和度量方法，为下一步的研究打下了坚实的基础。特别是在已有的游客价值创造活动的测量内容和方法的基础上，进行了相关的文献分析与深入访谈。初步确定游客价值共创行为测量量表；利用探索性因子分析萃取维度和净化题项，最终确定了游客价值共创行为的相关维度，即价值共创行为包含了游客持续使用行为、内容提供行为和反馈行为。其中，社交平台游客参与价值共创行为主要发生在旅游前和旅游中的持续使用社交平台进行信息搜集、内容提供及反馈行为，游客可以藉此强化社交平台上的价值生产与服务的传递流程；在旅游中及之后的分享、帮助及推荐，这不但是一种利他的行为，也是一种利己的行为，同时也是游客自己创造体验价值的过程。本章概括的游客参与社交平台上价值共创行为的相关维度结构及测量量表反映了价值共创表现的多维性，能够较好地体现移动互联网时代社交平台游客参与价值共创的内涵。

第三章
社交平台游客参与价值共创机制研究模型与理论假设

第二章对社交平台游客参与价值共创行为的内涵进行了分析,对游客参与社交平台的价值共创行为前因、后果的各项维度结构进行了探索,并对各项维度进行了具体分析。但还有许多问题尚待解决,如社交平台游客参与价值共创行为受哪些因素所驱动?游客体验价值的感知对社交平台游客参与价值共创产生怎样的影响?互动和奖励维度在游客价值共创过程中发挥怎样的作用?这些正是本章的研究内容。本章将基于相关理论,构建社交平台游客参与价值共创过程的理论框架模型,讨论社交平台游客参与价值共创行为的驱动因素与体验价值感知、体验价值感知与行为结果之间关系的作用机制,并根据模型提出研究假设,为后文的实证研究提供依据。

第一节 研究模型的构建

通常来说,游客在参与社交平台价值共创的过程中,其行为常常受到诸多外在和内在因素的共同作用,例如社交平台易用性、有用性、情感性,游客受到社交平台的影响而患有错失焦虑症等方面都是源自于社交平台的外在因素,而游客本身的特质如游客自我效能感、游客的参与感、游客想要去帮助别人并和其他用户形成互惠关系等因素则属于内在因素,以上各方面的因素对社交平台游客参与价值共创具有重大影响。

由于互联网交互技术和观念的发展,为旅游者在社交平台上的参与提供了无限的可能性,其营销方式得到了改善,而游客的参与是一种受自身心理和外部环境双重因素的综合作用而产生的隐性、不确定因素,从而使其产生的动机也会直接影响到游客的具体参与行为和意愿。本研究的目的在于探讨游客参与社交平台价值创造过程中，其具体行为的改变受到如易用性、有用性、情感性等外部因素以及游客参与感、自我效能、利他和互惠等心理需求变化等内在因素共同作用的影响，进而为社交平台企业营销实施过程中的顾客管理实践提供借鉴和参考。

一、社交平台游客参与价值共创行为的驱动因素

社交平台游客参与价值共创是内在因素驱动和外部环境刺激双重作用的结果。在社交平台中，游客的参与和互动是社交平台服务的一个重要需求，它直接影响到社交平台的活跃度，是社交平台成功实施的关键。互动是指在虚拟环境下，用户与用户之间、用户和平台之间相互接收和反馈的一系列行为。Nysveen等（2005）建议将服务要求者的作用进行分解。Schroeder（2011）认为，消费者在创造价值时起到了一个价值提供者的作用。所以，本研究考虑社交平台游客参与价值共创行为的特性，基于游客与不同互动主体所扮演的角色，将社交平台游客参与价值共创行为驱动来源分为社交平台外部因素和游客自身的内在因素，分别分析社交平台游客参与价值共创行为时受到的动机，全面了解社交平台游客参与价值共创行为的驱动因素。

（一）源自社交平台外部视角的参与动机

仅仅从社交平台视角来看，游客在确定如何创建和共享旅游内容时，更多的是考虑到能否通过多种技术的支持，以及能否利用这些技术来创建和传播信息。根据之前深度访谈的结果，Pan等（2014）研究表明，社交平台的技术要素在用户参与企业价值共创的活动中起着重要作用。

技术接受模式（TAM）认为，有用性和易用性是技术采纳的两大要素（Davis，1989）。有用性是指"人们认为使用某一特定的系统可以改善其工作表现"。易用性是指"人们认为可以轻松地利用某一特定的体系"（Heijden H，2003）。关于认知有用性与易用性在接受过程中的效果，学术界已有大量的研究，但其效果却不理想。H. Kim、Chan和Gupta（2007）认为，TAM并没有解释采纳意愿的大部分差异，尽管有用性和易用性对采纳意愿都有显著影响。他们提出了一个基于价值的采纳模型，其中有用性通过感知价值和易用性对采纳意图产生间接影响，但不包括在内。其他研究也表明，有用性是影响采纳的一个重要因素（Chung et al.，2015；Heijden H，2003）。相比之下，很少有研究人员确认易用性是一个重要因素（Mota et al.，2016；Pallud和Straub，2014）。然而，有用性和易用性既反映了社交平台官方在线平台上的用户体验，也是社交平台体验构建的一部分。TAM模式中的有用、易用对用户的使用行为产生的影响，为从技术角度对其进行研究提供了一定的理论支持。在没有技术支持的情况下，分享、

评论、推荐是不可能的。从用户与社交平台技术提供者的交互水平来看，用户在社交平台上的应用受到了很大的限制。此外，社交平台是集旅游博客、直播平台、旅游在线虚拟社区、兼有旅游功能的社交平台等各种网络应用服务于一体的音频、视频及文本兼具的网络平台。Yu等（2011）发现，轻松的信息在微博、Twitter用户中转发率较高。作为各类信息服务的接受者，游客可以通过浏览信息内容，参与交流，获得愉悦、释放压力、舒缓心情等情感，情感性可能是吸引游客在社交平台上感知良好体验价值的重要因素之一。

由于科技与环境的发展，例如智能手机的更新与移动网络的发展，使得游客可以得到更多的信息、开展更广泛的互动与合作，而科技与环境同时也会使个人产生害怕失去信息或者错过信息的焦虑感。人们通过或依靠各种社交平台进行一系列的用户行为，包括浏览、搜索、社交等，以达到与真实或虚拟世界的直接联系。当这种"瞬间联系"不能被满足时，人们的潜意识或精神状态就会出现一系列的焦虑，包括不适、不安、烦躁、惊慌等情绪（赵宇翔，2017）。这种现象是一种普遍的社会现象，表现为用户使用社交平台的频率、强度和持久性。因此，本研究认为源自于社交平台的错失焦虑性也会影响游客对社交平台的体验价值感知和持续使用行为。

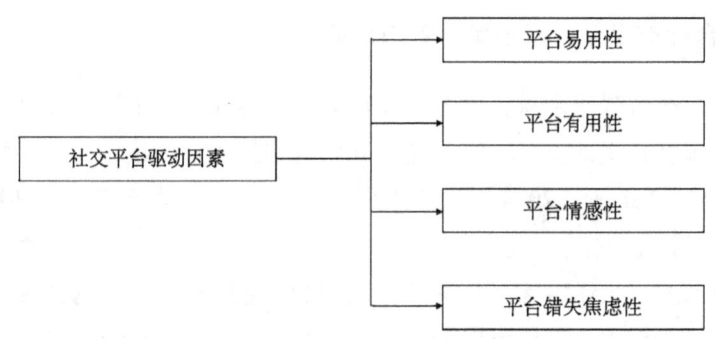

图 3-1　社交平台外在驱动因素的构成维度

综上所述，本研究将源自社交平台视角的参与动机总结为：社交平台易用性、社交平台有用性、社交平台情感性、社交平台错失焦虑性。如图 3-1 所示。

（二）源自游客内部视角的参与动机

通过网络互动、用户创造内容、推荐分享等多种形式来进行用户的价值创造，既可以让其他用户得到满意的商品或服务，从而提高自己的成就感，同时也能激发用户重复购买，为价值链中的企业提升品牌意识，寻找新的商机。张舒（2012）通过对互联网创意社群的研究，发现参与乐趣、自我效能以及认知行为的控制对使用者的创造性参与具有一定的影响。用户在社交平台上进行的诸如"推荐""分享"等内容提供行为，都属于用户的"深度参与"。自我效能、参与感影响使用者对内容提供行为的评估与选择，并使使用者在内容提供行为及建议分享的过程中起到关键作用（Malik G et.al，2019；An M A et.al，2020）。考虑到社交平台环境中用户之间的互动关系，游客在社交平台与其他成员的互动过程中扮演了群体成员角色。对于旅游者来说，这个角色意味着，每一个社交平台的成员都要和身边的朋友、家人、工作伙伴等进行交流，他们的思想、经验等都会对周围的人的行为造成影响；同时，他们也希望通过社交平台来达到某种目的，比如帮助他人、与他人交流、维持人际关系等。在创造和共享信息之前，要看这个社交平台能否满足他们的需要。

"我整理得很用心，希望通过这个平台帮助到更多人。我的游记对危险、帮助、友情和爱的体会既是一幅幅的美景也是一段段的故事，满满的生活和孩子成长的感受，希望给陪伴孩子成长的父母一些帮助。整理的海量图片、购物退税 TIPS 和实用信息，肯定能帮到大家。一篇很认真写的游记，第一次去日本也是第一次出国，相信可以带给大家很多有用的信息和不一样的旅行视角。在游记的各个段落，穿插了自己在旅途中的体会和感想，希望用游记的方式沉淀回忆的同时，也能给首次出行的蜂友们提供一点帮助。"梳理以往的研究和之前的访谈结果发现，利他主义对社交平台用户信息分享有着一定的影响。游客在社交网站上转发和分享旅行的信息，其中的一部分就是为了能够为别人提供一些有用的信息。虚拟社区的参与者在分享信息时所花费的时间和精力，是可以期待互惠的（Thibaut & Kelly，1959）。互惠的规范被认为是知识的相互和公平的交流（Chiu 等，2006）。在影响网络商业知识共享的各种突出因素中，利他主义、预期互惠、信任、声誉、预期关系与知识贡献直接相关（Lee K H & Hyun S S，2018）。在虚拟世界中分享知识的个人也希望其他成员也能这样做。互惠规范增加了虚拟社区中知识共享的可能性（Yoon & Wang，2011）。这种知识和信息的交流改善了成员之间的关系。关于信息共享的现有文献显示，互惠和帮助他人的乐趣是一个促进因素，这有助于推动人们在网络社区中的共享（Oh，2012；Wasko & Faraj，2005）。持续的互惠性也增加了社区成员之间的联系（Yau、Lee、Chow、Sin & Tse，2000）。Yang X 等（2016）的研究里发现在发展一种衡量社交平台中用户的信息贡献行为的方式时，用户和社群内容间有一种互利的关系，资讯共享对于用户而言，是一种利他与互惠，同时也是用户不断分享信息的动机。

因此。本研究将源自游客自身视角的参与动机总结为：游客参与感、游客自我效能感、游客利他和互惠三个方面，如图 3-2 所示。

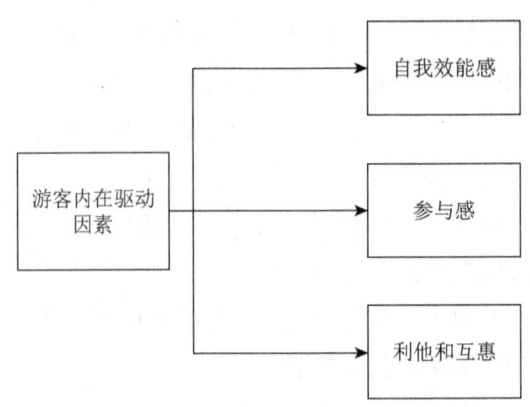

图 3-2 游客内在驱动因素的构成维度

二、游客体验价值感知的维度

在社交平台场景下，用户可以利用自己的社交平台终端，轻松地维持现有的社会关系，并与其他社交网络使用者建立起新的社会关系。社交网络作为一种交互联系，使其能够获得自己所需的信息和情感的相互认同，从而实现信息、情感和社交资源的融合。在特定的资讯消费过程中，用户可以透过多元的价值共创方式，与社交平台一起创造价值。社交平台中游客参与价值共创的本质是通过与社交平台服务过程中不同主体之间进行有效互动，可以是在社交平台上分享经验和信息、与潜在游客进行互动问题（如知乎、旅游虚拟社区）、向社交平台进行意见反馈，通过这种方式，获得学习机会、社会认同、成就感、个人兴趣的满足等，进而实现游客感知体验价值和社交平台经济价值的创造和提升。

在社交网络和社交平台环境下，用户所感受到的服务体验是通过与社交平台上其他用户的交互作用而产生的一种全面的认知。用户分享或提供的信息以及经历等，更加贴近关系网络中其他用户的信息需求，更容易成功促成社交网络其他用户的意见采纳或者服务购买，这种对信息的控制与主动行为，会给用户带来满足感、成就感、开心等情绪上的体验。同时，与其他社交平台上的其他用户进行交互和沟通，也能让他们的社交关系更加密切，并能获得更多的社交价值。通过对体验价值的维度构成和内部结构的关系的系统分析，可以对不同价值维度的影响因素进行深入的探讨，从而了解用户的心理状态，从而对其价值创造的行为做出正确的预测。

体验价值感知是指在一个社交平台上，通过对一个具体的旅行经验进行理性和感性的相互评估，形成一个复杂的、多元的价值认知和综合评价。在社交平台上进行的电脑媒体调查，证实了用户在这个环境下所得到的不同的价值。从使用和满足的角度来看，Jahn 和 Kunz（2012）通过五个不同的架构（即功能、情感、社会互动、品牌互动、自我概念价值）对 Facebook 的品牌产生的好处进行了测试。类似地，de Vries 和 Carlson（2014）确认了四个不同的利益维度（即享乐价值、功能价值、社交互动价值以及共同创造价值）。而 Zhang 等（2015）发现，三个独立的维度（顾客学习价值、社会整合价值、享乐价值）影响戴尔微博品牌页面的社会商务意向。Shi 等（2016）采用了另一种理论视角，将顾客感知价值理论纳入微博品牌页面，发现六个独立的认知和享乐价值维度影响持续使用意向。这表明，在以计算机为媒介的社交平台环境中，用户会考虑他们认为有价值且对他们很重要的多个利益层面的体验过程。李建州和范秀成（2006）认为，服务体验包括功能体验、情感体验和社交体验这 3 个维度，因此，可认定游客在社交平台上的体验价值包含功能体验价值、情感体验价值和社交体验价值。鉴于此，本研究认为，游客在社交平台上的体验价值感知包括功能体验价值感知、情感体验价值感知、社交体验价值感知三个维度，如图 3-3 所示。

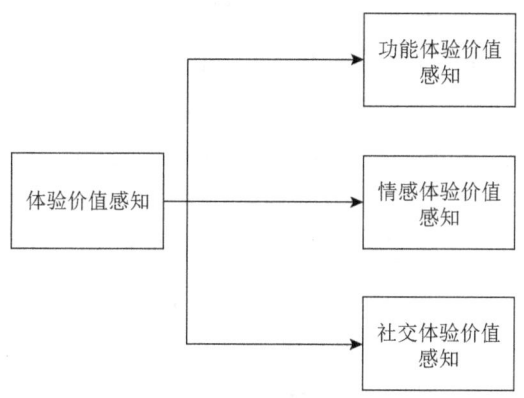

图 3-3　体验价值感知的构成维度

（一）功能体验价值感知（Function Experience Value Perceived，简称 FEVP）

功能体验价值感知是用户在社交平台上所获得的实际服务或技术上的利益感知（WaisJS，2008）。在社交平台的服务情境中，功能体验价值感知是指用户感受到的社交平台的便利性、与用户需求相关的内容可靠性、为社交平台用户定制的营销活动个性化等。便利是指使用者在社交网站上的操作变得简单，如果不需要完全键入网站，只需扫一下，就可以浏览到自己喜欢的页面（朱竑等，2020）。信息的功能价值已经被发现与虚拟社区中的行为变化正相关（Okleshen & Grossbart，1998）。由于成员加入虚拟社区是为了满足他们的信息需求，信息功能价值有可能对游客后续的行为产生影响。功能体验价值感知还表现在社交平台上的信息产品给用户带来的经济上的实惠。因此，功能体验价值感知是指在服务互动过程中，游客对服务的性能、技术、经济等功能性需求的主观感受。

功能体验价值是游客通过社交平台获得的一个重要的价值，它是基于交换价值的，它与游客的技能、知识、经验等要素的输入和感受的功能价值密切相关。

（二）情感体验价值感知（Emotion Experience Value Perceived，简称 EEVP）

社交平台的商品和服务的使用价值已不再是一个单一的焦点，而是透过商品或服务所产生的与社交平台使用者的交互。在互动过程中，获得来自于心理需要的精神愉悦，是游客利用社交平台提供的服务，同时也是他们对社交平台的体验价值认知的一个维度，从而对游客的未来价值产生有重要的影响。因为社交平台具有较强的交互性和多元化的特点，使其具有较强的信息性、专业性和娱乐性，使其具有较高的情感体验价值，有利于旅游者与潜在旅游者的交流（王晓蓉等，2017）。用户往往会为了娱乐化的市场推广而付出较高的费用，而社交平台用户则会通过愉快的创造和分享来提高自己的情感体验，进而提高自己的口碑和忠诚度，从而更好地为自己提供更多的用户选择（Itani O S 等，2019）。同时，在社交平台上进行的人际关系交流可以让客户感受到其他客户对自己特殊问题的真正了解，从而增进彼此之间的了解与社会认同，提高客户的情感体验价值。在社交平台环境中，游客感受到的情感体验价值是以自己为主导的，在心理和感性两个层面上对自己的娱乐需要的满意程度进行了主观体验。也就是说，如果一个人分享了自己的旅游经验，而另外一个人则会给他/她一些建议，例如："点赞""评论"之类的，这样的话，游客就会从对方的"情感支持"中得到一种感情上的支持，从而对自己的体验有更好的认知，最终会在社交平台上继续做出贡献（Buonincontri P，2017）。此外，游客在社交媒体上的这些旅游经历，通常通过照片、视频或情感评论的方式显示出来，对潜在的游客有很大的情感影响，他们可以想象或实际上生活在他人的经历中。通过社交网络获得的潜在游客并没有获得客观和理性的信息，而是体验到他人的主观体验和情感，这对他们的旅游相关决策有更大的影响，社交网络比其他媒体更受信任，这一直对旅游相关的决策有很大的影响。因此，通过社交网络，朋友和熟人提供的旅游信息和体验远比陌生人提供的信息可信得多（Huertas A et al.，2019）。

情感体验价值感知，除了与社交平台的交互作用外，还包括对自己的兴趣的评估和感受（李丽娟，2012）。另外，好的体验可以帮助社交平台更好地理解游客的情感价值，从而极大地影响到游客在社交平台上的内容提供和持续使用，并在一定程度上促进游客对社交平台的信息传递和反馈。

（三）社交体验价值感知（Social Experience Value Perceived，简称 SEVP）

社交平台上的 APP 可以让用户在特定的时间、地点以及怎样参与不同的营销活动，并且会事先征求用户的意见，这就给了他们更多的选择和控制。如果使用者把社交平台上的手机连接到社交网络，社交平台是他们社交生活的延伸，社交平台将在用户的社交生活中扮演重要的角色（Grissemann U S 等，2016）。社交平台用户社交体验价值感知是指用户通过社交平台服务与他人产生联系时所感受到的利益，如用户与朋友分享有趣或有用的信息，参与社交平台的互动等获得的归属感、认同感和成就感（Manganari 等，2011）。

社交体验价值感知是指在社交平台上，游客希望透过其社交关系获取商品或服务的资讯，而随着游客持续扩展其社交网络以共享信息，其价值感知也随之改变。社交体验价值感知也是促使游客使用和创造的关键因素之一。

三、游客体验价值感知引起的行为结果

在社交平台使用者获得了较高的体验价值感知之后，便会引发相关的参与行为。当然，也有一些社交网站的使用者，在社交网站上看到了其他用户的信息，但是他们并不会与其他的社交网站进行交流，也不会去做自己想做的事情，虽然这并不是一个很好的价值创造行为，但在社交网站上，他们的人气和流量都会得到极大的提升，这对于整个社交平台来说，都是一件好事。同时，大多数社交网站的使用者，都会主动与社交网站的其他用户进行交流，并通过上传照片、回复评论等方式，来吸引更多的用户，从而延长他们的上网时间，提高他们的访问量，从而提高他们的社交活动。用户反馈被认为是一种有价值的无形资产或资源，可以通过将反馈和信息交换转化为知识来获得可持续的竞争优势（Vargo 和 Lusch，2008）。客户在平台分享的知识越多，他们就被认为参与度越高。当客户在社交平台分享信息、进行经验反馈、提出改进建议和投诉时，他们将帮助社交平台了解他们的特定需求，这反过来将允许社交平台调整和定制其产品以满足客户的特定需求（Omar S. Itani，2020）。因此，不管是在网上浏览旅游资讯的行为，或是通过社交平台来完成对旅游体验的贡献等，都可以在一定程度上增加社交平台的动力和活力，进一步吸引游客的持续使用、创造内容或向另外一些用户推荐。本研究从价值驱动的角度来看，游客参与社交平台的价值创造主要体现在信息消费后的持续使用、提供内容和回馈，而内容提供则包含了游客的正向创作和分享推荐。

持续使用、提供内容、反馈等行为均属于采纳社交平台后的行为。接受和使用只是社交平台的第一个阶段，用户的持续使用、创造内容、推荐分享、反馈是影响到社交平台的持续体现价值的重要因素。接受后的继续应用一般被看作是对初始行为的扩展，Jasperson 等（2005）提出了两个层次的组织内部个体接受后行为模式，它不仅能够描述接受后的行为变量和它们之间的相互关系，还可以作为一种具有反馈作用的模型来解释接受后的行为。以往的研究亦指出，感知易用、感知有用等同样的概念可以

衡量使用者的持续使用行为（Grissemann等，2012；Kong S等，2016）。但也有一些学者研究用户在首次使用后由于具备了使用经验而显示出心理或情感上的转变。本研究旨在探讨在社交平台环境下，游客的持续使用行为、内容提供行为、反馈行为的影响因素和驱动途径。

四、互动的调节作用

互动是在线用户的基本社会需求之一，人际交流促进了游客之间的信息共享（Litvin、Goldsmith & Pan，2008）。社交平台的游客价值创造主要是由游客的参与和潜在的游客的互动来实现的，类似微信、微博等社交平台的服务，如果没有它们的参与，移动精准广告、定位服务、品牌推荐社区等都不会有任何的流量。良好的互动可以促进互动的双方或一方的价值的提升（GRÖNROOS，2011）。Chathoth P K 等（2014）指出，消费者和企业的互动是影响消费者参与企业价值创造的一个重要因素。网上社区的成员互相提供社会支持。这些社会支持机制加强了成员的社会互动纽带。这些社会行动间的联系与网络成瘾呈正相关（Wang & Wang，2013）。因此，互动能影响游客在社交平台上的参与过程，并影响游客对社交平台的体验价值感知，促使其做出相应的价值共创的行为。

五、奖励的调节作用

当用户的行为受到某种因素的驱使时，社交平台就会使用这些因素对用户进行影响，从而激发其对社交平台的期望（刘鲁川等，2011）。社交平台服务价值链中的其他参与者，通过外在条件或环境来提高用户的体验，将价值理念传达给使用者，从而对社交平台用户价值共创的行为产生影响。

在社交平台的体验环境中，参与者所提供的外部平台资源可以共同创造出个体化的体验，而游客则是在特定的激励因素或激励下参与价值共创，若社交平台能注意到游客的激励因素，满足其参与的需要和动机，那么就可以激发他们的参与行为（Hudson，2015）。在访谈结果中，也会发现，游客为了获得社交平台的荣誉奖励、优惠券或折扣券等，会正向地将自己所掌握的信息反馈给社交平台服务企业或其他社交平台用户，参与到提供信息内容的活动中："在这一年内我通过浏览理想目的地的游记包括宝藏游记、星级游记最终在马蜂窝选择出行的目的地。在旅游结束后以直白的流水形式进行了游记编辑，关于游记的撰写还有很多需要我来学习，我希望能通过获得马蜂窝星级游记给予我精神上的鼓励与支持，以后我也会继续发表更多的游记，以帮助到更多的人"；"我编写的'老夫聊发少年狂，三下云南看玄黄'近日被评为了'星级游记'，我感觉我的辛劳总算没有全部白费。其实，我第一篇发表的贵州丹寨云上走的游记，和近日发表的加拿大东西部的游记、稻城亚丁川西环线游的游记，我都下了极大旳功夫，倾注了极大的心血，希望能引起平台的充分注意，给予我'蜂首'的称号。"

因此，从价值共创参与主体的角度看，如果游客参与价值创造活动能够获得相应的具体利益的奖励，使游客感知到社交平台对其分享或者反馈行为的重视与认可，就会提升游客贡献内容、反馈的意愿。

第二节 社交平台游客参与价值共创行为的过程模型

在社交平台上，旅游者的价值创造是一种理性的行为，因为在消费之前，他们无法体验到任何的内容，而在消费的过程中，他们可以自由地表达自己的情绪，从而实现推荐、内容创造和共享信息等行为。在社交平台上进行交互和沟通时，会受到心理、生理、社交等多种因素的影响，从而形成对体验价值的感知。游客在社交平台上获得信息、交流、心理满足等的同时，对社交平台也随之提升到对情感分享、社交关系、内容创造等深层体验的需要，从而推动游客不断地浏览社交平台，或者为社交网络的其他用户提供内容和服务。因此，在社交平台上，游客的价值创造是社交网络体验情境与旅游者的感知体验价值相结合的结果。鉴于此，本研究基于社交平台情境和其服务特点，以服务主导逻辑理论以及人与信息技术接触的相关理论为框架，将若干影响因素视为体验价值感知的驱动因素，感知体验价值促使游客形成创造价值行为意向（行为结果），从而构建游客参与社交平台价值创造的机制过程。

从文献综述中提取了社交平台中游客价值共创的驱动因素、行为表现基础，借助深度访谈对驱动因素体系加以修正和补充，本研究最终确定平台易用性、平台有用性、平台情感性、平台错失焦虑性等游客自身的内在的因素以及自我效能感、参与感、利他和互惠等游客价值共创的驱动因素，游客价值共创行为表现为持续使用、内容提供和反馈行为三种，而影响过程又受到体验价值感知的中介作用。本研究对平台易用性、平台有用性、平台情感性等问题进行了深入的访谈，发现虽然平台错失焦虑的发生率比前二者都要低，但已成为当前的研究热点。后来经过3次回访，有游客确实会因为自己发表了游记希望获得别人的肯定而产生一定的错失焦虑感，故把平台错失焦虑性放进驱动因素中，其他各因子均取得了肯定反馈。

基于SOR模型，根据游客与社交平台的互动、与潜在游客或者其他用户的互动，本研究从社交平台外在驱动、游客自身内在驱动视角分析游客参与社交平台价值创造的因素。受上述因素的影响,旅游者会产生某种情感反应,也就是体验价值感知,然后根据内在心理、情感对体验价值的感知,判断是否继续浏览、评论、推荐分享等相关的价值共创行为,这一系列过程如图3-4所示。

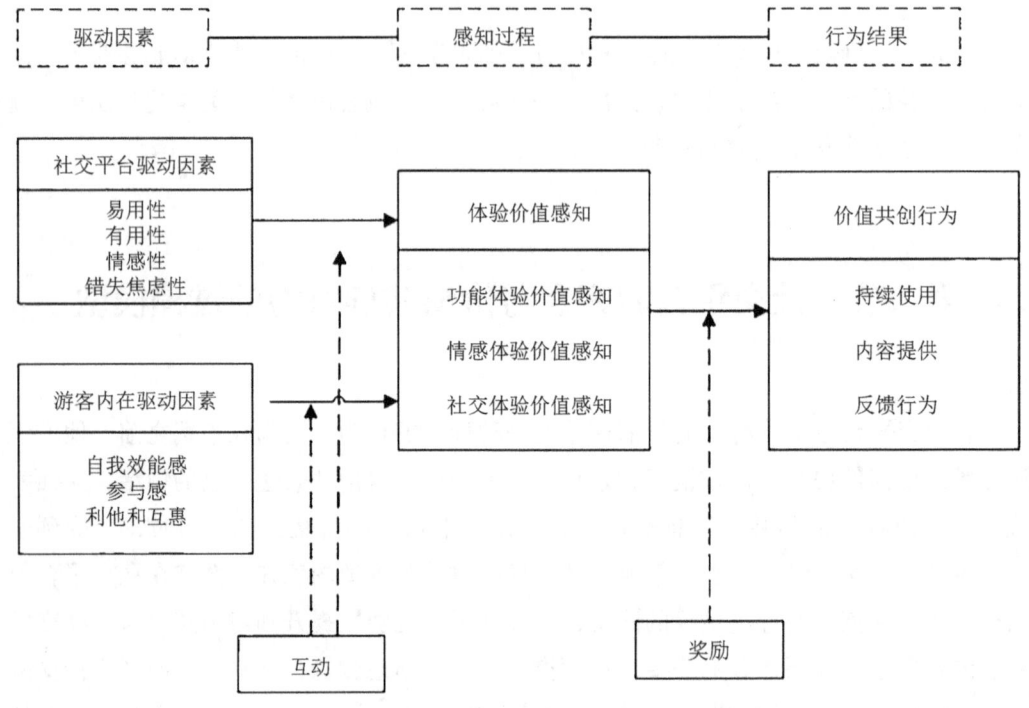

图3-4 社交平台游客参与价值共创机制过程

第三节 研究假设的提出

一、驱动因素与体验感知的关系

(一)基于社交平台的驱动因素

1.社交平台易用性

感知易用是指用户所耗费在学习和掌握某一特定技术、应用或系统上时间和精力较少,是TAM模型的重要变量。在此基础上,许多学者通过TAM来分析信息技术用户的使用意图和参与行为,以证实其对使用者的使用意图和参与行为的影响。从信息系统的观点来看,社交平台服务是一种以网络技术为基础的信息系统,它可以为使用者提供一套灵活且功能强大的工具或应用，让使用者在信息消费时有更好的体验。如果社交平台的使用者不能完全了解平台的各种功能，更不会花更多的时间去学习，那么，社交平台的使用者对社交平台的体验价值感知就会受到很大的影响。可见，感知易用性不仅是用户接受社交平台服务的前提，还可能会影响社交平台用户进一步的参与行为。

从社交平台提供的产品和服务而言，社交平台和平台所携带的相关应用和信息工具是驱动用户持续使用、内容创造或推荐分享的重要影响因素，易用性、内容安排是否合理及提供的互动程度等都会影响社交平台用户的持续使用、内容创造或反馈等行为。Casaló 等（2010）研究了消费者参与在线旅游社区的意向，发现参与意向取决于社区特征（有用性和易用性），这有助于形成更积极的消费者态度。Lin 和 Lu（2018）指出，随着社交网站的应用服务、分享工具的增加，对使用者的感知价值以及持续的参与行为的影响就会更大。本研究根据社交平台上的人与机器之间的交互特征，将易用性定义为：在社交平台上，游客所感知到的价值创造行为的难易度。

社交平台的各种应用操作、信息工具的易用性和有用性，都会进一步促进社交平台的用户内容创造和持续使用，这既是游客获得良好消费体验价值的关键因素之一，又会促进游客产生正向价值创造行为。据此，本研究提出相关假设：

H1a：社交平台易用性对功能体验价值感知有显著正向影响；

H1b：社交平台易用性对情感体验价值感知有显著正向影响；

H1c：社交平台易用性对社交体验价值感知有显著正向影响。

2. 社交平台有用性

感知有用是指用户感知到使用某技术、应用和系统等的有用程度，是 TAM 中除感知易用之外的另一个前因变量（井道龙，2013）。在之前的访谈中也发现，游客使用社交平台的动机之一就是希望社交平台能够满足他们旅游信息搜索的需求，也就是认为社交平台是有用的："我主要通过马蜂窝、小红书、微信等社交平台去搜寻或者获取旅游信息，比如马蜂窝上其他游客的游记是很专业的，会提供给很多小的点，而且都是原创的，可信度比较高，这样我会比较容易搜索到我需要寻找的旅游信息。关于目的地的网红美食和网红打卡点，我还是要去马蜂窝上或者小红书上搜，里面的内容很丰富，有很多经验帖子，很有用。在那儿，我可以自由地阅读别人的旅游资料和旅游经历，而且我感觉自己也可以从中得到一些有用的信息。"同时，在信息系统、虚拟社区、社交网站等领域，已有大量的研究结果显示，认知有用可以很好地解释使用者的使用意图及参与行为。周海花（2022）等采用元分析方法对国内外 36 篇相关实证研究文献中的 462 个独立样本进行综合分析，发现移动数字阅读用户采纳后的持续使用意向的影响因素主要有感知有用性、感知易用性、感知愉悦性、社会影响、界面设计、阅读内容、感知成本、期望确认、满意度、持续使用意向等，感知有用性和满意度对持续使用意向的影响最大。Lee（2017）通过对比 Facebook 和 Twitter 两种不同的社交平台服务的用户参与情况，发现有用性对使用者的参与行为具有正向的作用。聂勇浩、罗景月（2018）调查了新浪、人人网、QQ 等社交平台用户的个人信息行为。结果发现，如果社交平台拥有丰富的、有趣的信息资源，那么它就会对用户的持续使用、信息披露等价值共创的行为产生正向的作用。

社交平台服务不仅具有普通的社交网络特征，而且更注重用户的体验价值感知过程，因为，它将会影响到用户对其平台体验价值的认知与评估。有用是指社交平台提供的信息、服务和应用是否能够满足旅游者在社交平台上的体验价值的感知过程。有用是体验感知的一个重要影响要素，它会对游客持续的使用和提供内容的行为产生影响。在这里，我们提出了这样的假设：

H2a：社交平台有用性对功能体验价值感知有显著正向影响；

H2b：社交平台有用性对情感体验价值感知有显著正向影响；

H2c：社交平台有用性对社交体验价值感知有显著正向影响。

3. 社交平台情感性

社交平台还需要利用情感影响力。感情的数字化和分享被称为"广播文化"（Buss & Strauss, 2009）或"曝光文化"（Munar, 2010）。尽管面对面的社会情感交流可能更容易，但它在数字媒体中也同样常见且成功（Baym, 2010）。

在社交平台中，游客可以获得愉悦感、成就感，进而提高游客对社交平台服务的满意度，这也使得使用者在使用信息时获得快感。而虚拟环境则是游客的兴趣与乐趣源泉，能让游客在心理上得到刺激。Lin 和 Lu（2018）的调查显示，在社交网络中，情感因素是最主要的激励因素。夏芝宁（2017）在社交平台服务上进行的调查发现，社区成员通过浏览内容、参与社区交流等方式，可以获得乐趣、愉悦、释放压力或舒缓心情等过程，而娱乐是参与平台活动的一个重要因素。McQuail（2016）认为，娱乐的价值是指用户在社交媒介上的逃避、娱乐、释放、缓解焦虑等情感上的需要。社交网站把电子商务、博客、游戏等多种网络应用结合在一起，再加上手机通信的飞速发展，已经把人们的日常生活与现实联系在了一起，感知娱乐的情感也将成为影响社交平台用户浏览和内容提供行为的因素之一。本研究将社交平台情感性定义为：用户对社交平台依恋、喜欢、开心等的情感感觉。

在社交网络和品牌社区中，情感因素对用户产生的影响已经被证实。与其他有同样兴趣或需要的人交往或者在平台上获取乐趣，是用户参与共同创造价值的动机之一。许多社交平台的用户希望在社交网络上发布他们的体验，这样他们的粉丝就可以看到该社交平台的成功（Tajeddini、Ratten & Denisa, 2017）。这意味着这些社交平台的用户具有社会影响力，并通过分享他们的成就与他们的社交网络追随者进行娱乐互动，进而影响到游客在社交平台上的情感体验（Rodríguez、Williams & Hall, 2014）。

Phelps 通过对焦点访谈的研究,得出消费者在网上进行口碑传播的主要动机是娱乐、帮助他人、快乐、交流互动。Muniz 和 Schau(2005)指出,在品牌社群中,消费者可以通过高的互动来促进消费者的心情高兴,从而在品牌社群中正向地参与到平台创造价值的活动中。Fuller(2004)等的研究发现,吸引顾客参与的一个重要因素就是在虚拟社区内参与有情感的活动。社交平台能带给游客前所未有的情感体验,游客在进行信息交流、分享等互动行为时,会感知到愉悦、娱乐、成就感等情感体验价值,进而产生较佳的体验价值感知。基于以上论述,提出假设:

H3a:社交平台情感性对功能体验价值感知有显著正向影响;

H3b:社交平台情感性对情感体验价值感知有显著正向影响;

H3c:社交平台情感性对社交体验价值感知有显著正向影响。

4. 社交平台错失焦虑性(Fear of Missing out,SPFoMO)

2013 年,认知心理学家 Przybylski 第一个对社交平台的 FoMO 进行了学术研究,认为 FoMO 是心理状态,它是指一种普遍的焦虑感,是指人们由于不能得到他们所不愿了解的事情而导致的一种普遍的忧虑,它的主要特征是对别人所做的事情进行不间断的了解。赵宇翔(2017)将 FoMO 定义为:"通过或依靠各种信息技术进行一系列的用户信息活动,包括浏览、搜索、社交等行为,以达到与真实或虚拟世界的实时联系,但如果没有及时的联系,人们就会有一系列的焦虑,包括不适、不安、烦躁、惊慌的心理感知。"

技术与环境会加重和促进个人的信息被迫和错失焦虑心理,使他们从最初对获取信息的恐惧变成了对害怕信息的错过。29% 的数码土著习惯于频繁地浏览自己的手机,20% 的人会在 10 分钟内浏览电子邮件、手机短信和社交网站的最新动态。88% 以上的年轻人在被限制的情况下,会有强烈的失落感、焦虑感和身体不舒服。B.Hato(2018)的一项调查显示,错失焦虑症与人们在智能手机上的使用频率和浏览手机的次数成正比。J.Fox 和 J.Moreland(2019)指出,尽管社交网络会对用户产生负面的影响,但他们仍然会频繁地浏览这些站点,因为他们担心会错过。

叶凤云等(2019)认为社交平台 FoMO 使得大学生在焦虑等心理影响下出现频繁使用社交平台的行为。游客在社交平台上进行旅游经历分享时,会希望通过获得别人的点赞、评论来展示自己、认可自己,害怕错过别人的评论或者留言,因此也会在一定时间内产生错失焦虑状态去实时查看社交平台,但是由于这样的错失焦虑性,会忽略对社交平台的其他功能体验的感知,而且,因为错失焦虑性是一种负向情绪,因此也会对社交平台产生负向的情感体验感知。最后,因为这样的负向情绪,游客对于社交平台的社交体验也不会太好。

为此,本研究提出假设:

H4a:社交平台错失焦虑性对功能体验价值感知有显著负向影响;

H4b：社交平台错失焦虑性对情感体验价值感知有显著负向影响；

H4c：社交平台错失焦虑性对社交体验价值感知有显著负向影响。

（二）基于游客自身的内在驱动因素

游客在社交平台服务的消费过程中，为了获得旅游信息到社交平台上浏览文本、图片、视频等信息资源是其主要的消费目的，虽然只是被动地接受已有的信息，但是会增强游客对社交平台的信息产品的功能性体验，是游客可能主动产生信息消费行为的直接诱因（Kim，2016）。借助社交平台的网络平台，游客通过持续浏览获得了想要的旅游信息资源、旅游服务/产品，体会到接受旅游信息的满足和愉悦。另外，游客在社交平台上发表旅游经历，一是可以通过社交平台展现自己独特的旅游经历；二是在撰写旅游经历的过程中，通过赢得其他社交平台用户的鼓励和肯定获得成就感（张明立，2014）。因此，自我效能从两个不同方面影响着游客的持续浏览或内容提供行为。

在 Web2.0 技术的支持下，游客在社交平台上通过将自己的旅游经历用创造或分享文字、视频、内容等主动参与方式实现了与社交平台的价值共创过程。游客之所以会选择提供有关的资讯，或许是因为他们可以藉由创作或分享的方式，引起朋友圈、好友圈的注意，增加他们的参与感和存在感；或是在资讯搜寻过程中，发现自己的需要不能满足，因此可以给予一定的回馈，提升他们的成就感和自豪感，从而促使他们的内容提供和反馈。此外，社交平台的服务本质上也是一种关系的建立，游客的主要目标就是在旅游的过程中随时与朋友交流，通过分享自己的位置、照片等，让自己的朋友对自己有更多的了解，同时还可以对自己的好友进行关注和评论，所以，在社交平台的服务中的关系是真实的社会关系的最直观体现（Munar A M 等，2013）。而且，游客提供旅游信息或者分享旅游经历时会受到非经济因素的影响，用户生成内容的创作者可能也希望帮助其他游客在做决定时将风险降到最低。例如，在微信上，人们之所以会把自己的旅游经验和其他的事情告诉大家，是因为他们认为自己的朋友圈里有值得信赖的人，所以他们会更愿意去分享。社交平台技术通常更倾向于分享实践，而不是隐私或内容控制（Munar，2010）。通过分享经验，游客想当然地表现出利他行为（von Hippel，2005），从而展现出社交平台的价值（Castells，2001），同时产生数字资源，这些数字资源可能成为社交平台公司的商业价值资产（Ooi & Ek，2010）。

因此，自我效能感、参与感、利他与互惠在一定程度上可以集中反映游客内在的驱动力对游客的持续使用、内容提供行为、反馈行为的影响。

1. 游客自我效能感（Tourists Self-Efficacy，简称 TSE）

自我效能感是个人对自己能否完成一项工作或活动的信心，是个人对自己能否完成一项行动的主观判断，其结果将会影响其做出的决定，并对其持续发展有一定的影响。Kankanhalli（2016）等在电子知识库的研究中指出，知识分享的自我效能是指个体使用者对自己的知识向他人提供有价值的知识的信心,这是一种自我评价的方式,它会影响个体的行为决策和努力程度。个人的这种自我认识与行为本身很相近,因而很好地预测使用者的行为,已广泛地运用于资讯科技、网络、专有软件及虚拟品牌社群。Madupu和Cooley(2010)对网络品牌社群的使用者参与行为进行了调查,认为品牌社群成员间的交流可以帮助消费者找到自己。王新新、薛海波(2017)等人认为,自我效能可以使平台成员的"能力"与"成就"动机相匹配。Kollock(2016)在网上社群中进行了一项关于协作经济的调查,发现在社交论坛上,客户可以通过影响他人或公司来提高自己的价值和效率。由以上文献可以看出,在虚拟人际互动中,使用者可以藉由分享知识或协助他人解决问题而获得成就感与自我满足,并被其他平台成员认同。

针对社交平台,自我效能是指用户在社交平台上对自己所认识的有能力进行价值创造活动的信心程度(黄敏学,2015)。游客在社交平台上有初始旅游信息搜寻的经历,例如,社交平台使游客对于产品或信息内容具有直观而生动的理解,积累了丰富的知识和经验。对产品或服务的评估和共享,需要更多的专业知识,而对游客是否能够完成该工作的判断,将直接影响到游客的内容提供和推荐分享行为的持续和可能性。游客认为自己可以参与创造与分享的活动,会更加自信,主动地运用自己的主动性和创造力,以创造出更好的体验,并在更大的领域,更深入地发挥自己的才能,并将精力集中在价值共创活动的过程中。在向社交平台发布信息的同时,也可以通过社交网络进行互动,获取更多的信息和技巧,以获取更好的体验价值。综上所述,自我效能可以支持游客主动分享自己的旅游经历和旅游知识,而且能够增强游客提供内容的能力,是激励游客参与内容提供的因素之一。为此,提出下列假设:

H5a:游客自我效能感对功能体验价值感知有显著正向影响;

H5b:游客自我效能感对情感体验价值感知有显著正向影响;

H5c:游客自我效能感对社交体验价值感知有显著正向影响。

2. 游客参与感

参与感是一种心理上的感受,即个人参加某个组织或活动时所产生的心理需要(Buhalis D,2015)。使用者的参与意识更注重于持续地融入组织或事件的情境,以及他们所扮演的角色,以使他们能够参与到组织或相关的活动中。一方面,使用者在参与的过程中获得了一定的权利,可以按照自己的需要和意愿来使用所拥有的资源和权利,从而让使用者有一种自主控制意识,而轻松的环境和方便的工具让使用者真正地体会到来自自由选择的快乐(Mohd-Any等,2014)。另一方面,平台还拥有丰富的信息,为其成员提供与旅游相关的航班、酒店和度假套餐信息。成员还可以分享有关旅游经验的信息和在出版的旅游杂志中发现的信息。这些通过虚拟社区获得的信息帮助成员做出旅游计划和决定。因此,对在线社区的更多参与大大增加了成员的满意度(Pai & Tsai,2011)。这样的参与感可以增强游客的体验感知,觉得自己是平台的一员,在平台与使用者的双向互动中，使用者会不断地进行反馈，使使用者能够接受并适应公司的意见，而公司会对客户的参与行为给予明确的指引，从而达到双方的共同利益。在使用者的视角下，使用者可以因个人的兴趣、受到周围人的影响或因个人对产品的需要及责任，期望自己的想法被企业接受，并从中体会到参与的快乐；同时，使用者通过与企业、社会网络中的其他使用者进行持续的交流，提升了自己的知识与能力，得到他人的肯定，并由此感受到良好的体验价值（Komppula R 等, 2015）。参与感是用户完全投入某种场景或情景而体验到的一种感受，是行为动机中隐藏较深的内部动机，也是用户产生后续参与行为的主要原因之一。

虚拟环境中的社交平台成员通过整合自己的知识和技能，参与虚拟社区活动的热情在信息技术支持下会更加高涨，社交平台成员的潜能也能得到很大程度的激发。参与度高的用户大部分是主要用户，他们对精神层面的乐趣、认知感和学习新知识的成就感等心理因素都很重视，这也是用户参与创造和创新活动的主要动力（Kim 等, 2016）。在社交平台中，游客的参与感可以提高他们的体验价值，获得社交关系上的满足，有一定的乐趣等情感感知，从而提高他们的体验价值感知，从而正向促进他们的价值共创行为。因此，提出如下假设：

H6a：游客参与感对功能体验价值感知有显著正向影响；

H6b：游客参与感对情感体验价值感知有显著正向影响；

H6c：游客参与感对社交体验价值感知有显著正向影响。

3. 游客利他和互惠

利他主义是一种不存在血缘关系的个人在相互期望下进行利益或好处交换时所形成的社会性准则，它反映在社交网络中非亲属个体间的协作行为产生的社会意义。经济主体的行为并非完全由"理性经济人"假定所制约，但它具有一定的利他性，而且随着经济的发展，这种激励作用将越来越明显。当使用者觉得自己需要的时候，可以得到别人的帮助，而使用者也会乐意去帮助别人，这就是"利他"与"互惠"。"互惠"和"利他"是个人对"互惠"和"利他"的社会准则的学习和内化，它能满足使用者的社交需要，能使社交群体上的用户彼此了解、增进彼此的关系，进而促使他们建立和遵守互惠、利他准则，从而促使他们更深入地交流，共享更有价值的业务资讯。

在旅游研究中，互惠利他主义可以用来理解游客和主人之间的利他行为动机，从而研究非亲属短期共生的案例（Fennell, 2006）。因此，互惠利他主义的概念为探索东道主对游客和旅游发展感知的内在动机提供了基础。Fennell（2006）的研究考察了在旅游者和东道主服务提供者之间建立合作关系的背景下的互惠性利他行为。他发现，为了在给定的目的地提供一个有效的合作环境，双方，给予者和接受者的利他行为，应该得到地方当局的认可和奖励。Fennel（2006）认为互惠性利他主义有一个很大的缺点，即旅游者和主人之间的互动在时间和频率上受到限制，双方可能会选择欺骗对方

（不回报对方的恩惠）。

互惠与利他不但出现在现实社会中，而且也是虚拟社区的普遍的原则，参与的人都能保持这样的互动，参与讨论，提供信息，共享知识。Lin（2019）的网上购物调查显示，互惠利益对知识分享的意愿有显著的正面作用，使用者在感受到互惠利益后，会更正向地进行知识分享。谢佳琳与张晋朝（2016）发现，感知娱乐性、预期互惠、主观准则都会显著地影响到微博使用者的创作意愿。Sun 等（2016）、J'Pan 等（2015）、Hsu 与 Lin 等（2019）的研究表明，互惠、利他对博客创作、虚拟社区、知识分享意愿和行为都有正向作用。Chang 和 Chuang（2017）的研究显示，互惠、利他对分享的品质和数量都有正面作用。由于在虚拟社群中，信息与知识的交流不会受到任何经济合同的限制，而更多地依赖于社区成员之间的互惠和利他准则，而当交易是单方面的，共享者不能获得任何利益时，这种交易就会终止。也就是说，提供信息和知识的一方会觉得自己可以从对方那里获得信息，从而激发对方作出更多的贡献，而在对方感受到对方的共享行为时，若没有得到对方的回应，则会受到来自互惠规范的压迫。

这里研究的"互惠"和"利他"是指游客觉得帮助别人可以从中得到快乐，并且在未来会得到相应的回报。它的主要特点是，在社交平台网站上，游客可以很高兴地将自己的旅游经验分享给别人，这样不仅可以增加社交平台上的信息，还可以让其他社交平台的用户做出选择，这样就能吸引到更多的想要得到服务的人。Chen（2018）等认为，体验分享是一种创造价值的利他，而价值创建者就是体验分享的参与者，因此，互惠与利他作为影响游客体验的重要因素之一，将影响游客持续浏览和内容提供的行为意愿。因此，提出以下假设：

H7a：互惠与利他对功能体验价值感知有显著正向影响；

H7b：互惠与利他对情感体验价值感知有显著正向影响；

H7c：互惠与利他对社交体验价值感知有显著正向影响。

二、体验价值感知与行为结果的关系

随着体验经济和体验价值理论的日益发展，理论界已经为体验价值对个体行为决策的影响提供了大量的依据。如 Guo（2017）等通过对网络教学的调查，证明了网络教学中的学习体验可以有效地提升学生的主动性和持续性的学习兴趣。Zhou（2015）对社交平台的服务进行了大量的调查，结果显示，好的用户体验是影响社交网络服务使用者忠诚度和持久性的重要因素。Zhang（2016）等通过对技术环境和共同创造体验的研究，发现社交平台的技术特性对用户的使用体验、娱乐、社交等产生的价值有显著的影响，进而影响到用户参与其价值共创活动的意向。Prayag（2019）等研究表明，情感体验会对旅游市场的消费者的行为意愿有一定的影响，而绿色消费价值则是消费者的绿色消费意愿的最直接的前因。周涛（2017）的研究结果显示，移动终端消费者的感知价值会对其行为动机产生明显的影响。此外，Deng（2013）等对信息系统体验、满意和持续使用意向的关系进行了分析，发现个人体验与体验后态度、行为反应有显著相关，在使用者使用信息系统和获得最佳体验后，满意度和持续使用意向的相关性较大。结果显示，在获得满足需求的体验价值之后，虚拟社群的用户会对相关的行为或行动意愿有更大的加强。

在社交平台服务中，游客在与社交平台上的其他相关主体进行交互时，若能得到较好的体验，则会产生放松、愉悦、享受的心理状态；同时，会增加对旅游的了解，更新、发布相关的旅游资讯，与朋友分享经验，进而延长了使用社交平台的时间。因此，在社交平台体验过程中，游客拥有较好的体验价值感知会对其参与社交平台活动的认知水平和参与行为的持续性都会产生一定的影响。Hutchinson（2018）等将行为意愿分为反复使用和口头推荐。Zhou（2020）将社交平台用户的采纳后行为意向分为持续使用行为、推荐行为和抱怨行为。Natalia Rubio 等（2019）认为社交平台参与者的使用价值是通过主动反馈行为（包括提出建议和投诉）来实现的，即社交平台用户的使用价值由于拥有更强的专业知识，或是通过包括提出建议和投诉在内的最正向的反馈行为从而进行了共同价值创造。

本研究从社交网站的用户信息消费特征出发，将社交平台上游客价值共创的行为概括为持续使用社交平台获得旅游信息（Continued Usage，CU），以及创造旅游信息内容并推荐分享给社交网络其他用户，即内容提供（Content Providing，CP）行为，和提出包括建议和投诉在内的正向的反馈（Feedback，FB）行为。

社交平台的用户在进行旅游信息消费时，通过与不同的参与主体互动，产生良好的感知体验价值，可直接与社交平台上的其他用户进行分享，同时也可激发自身提供新的旅游信息内容的意愿，方便社交平台上的其他用户搜集相关旅游信息内容。除此之外，口碑沟通存在更正向的影响，其他形式的社交平台（如 YouTube 和在线评论）也对当前和潜在游客在网络世界中分享旅游相关信息和旅游体验发挥了重要作用（Migue'ns，Baggio & Costa，2008；Tussyadiah & Fesenmaier，2009；Vermeulen & Seegers，2009）。Tussyadiah 和 Fesenmaier（2009）认为，通过社交平台分享信息可以使真正计划去旅游的游客受益。在这种背景下，社交平台对游客的体验（从准备旅游计划到回国）或旅游业务都有重大影响。因此，游客通过实现良好的体验价值感知，游客的持续使用行为、内容提供行为和反馈行为可进一步得到持续和强化。基于此，提出下列三组假设：

H8a：游客功能体验价值感知对游客的持续使用有显著正向影响；

H8b：游客情感体验价值感知对游客的持续使用有显著正向影响；

H8c：游客社交体验价值感知对游客的持续使用有显著正向影响。

H9a：游客功能体验价值感知对游客的内容提供有显著正向影响；
H9b：游客情感体验价值感知对游客的内容提供有显著正向影响；
H9c：游客社交体验价值感知对游客的内容提供有显著正向影响。
H10a：游客功能体验价值感知对游客的反馈有显著正向影响；
H10b：游客情感体验价值感知对游客的反馈有显著正向影响；
H10c：游客社交体验价值感知对游客的反馈有显著正向影响。

一般来说，游客在社交平台上的内容提供行为是有很强的针对性和参考价值的，他们的不断使用会给他们的网站带来正面的影响，这意味着，如果他们经常使用或者浏览这些社交平台，那么他们很有可能会在这个社交平台上进行旅游信息的创作和分享。在这个过程中，游客通过社交平台的快速、直接的方式满足了游客的内在心理需要，从而获得了情感上的愉悦，而在社交平台的服务价值链中，参与方可以获得品牌的传播和企业价值的提升。另外，如果游客由于所提供的具体旅游资讯内容而被认可为专业人士，那么他们就会得到更多的回馈（比如在微博上旅游达人的标识），比如将产品/服务介绍给其他用户、交流产品/服务的问题，并提出改进建议，这些都有助于提高社交平台的商业价值。

为此，提出以下假设：

H11：游客的持续使用行为对其内容提供行为有显著正向影响；
H12：游客的内容提供行为对其反馈行为有显著正向影响。

三、体验价值感知的中介作用

使用满足理论模型认为，用户是否采用某种信息技术取决于该技术的产品或服务的功能是否满足其需求，并且在消费过程中会产生期望，也会做比较判断，当产品或服务表现达到或超过期望时，产生满意；当产品或服务表现没有达到期望时，将会产生不满意（Oliver，1980）。游客参与社交平台的价值创造行为实质上是一种以社交平台为基础的生产性消费，其基本目标是获取预期满意的旅游体验。社交平台游客参与价值共创的目的是在社交平台上进行成功的分享旅游经验、寻找旅游信息、建立或维护社会联系、实现个人成就、实现其他目的。只有这些需求目标得以满足，游客内心才会产生某种愉悦、开心、回报感等情感，或是与之相关的一系列心理感受，进而才会表现出以后在该类社交平台上持续使用、内容提供和反馈等价值共创的行为。然而，在社交平台上，游客参与的价值创造行为会产生两个完全不同的结果：一是游客成功地完成了自己的旅游，并得到了与其期望相匹配的体验；二是因为其本身的参与行为或者服务提供商的失败而使其无法成功地进行旅游，旅游体验与其期望相差甚远。一般情况下，前者会引起游客更高的满意度，而后者会导致游客体验价值共享行为中的一系列自主行为，即通过社交平台进行信息搜索、分享体验、反馈等行为，这种行为既可以使游客做出符合自身需要的旅游决策，又可以通过社交网络技术的帮助，成功地进行和实现旅游信息搜索和分享，提高了旅游体验的实用价值。在此基础上，游客可以在旅游体验中展示自己的经验和体验，以达到一种情绪上的满意，或者通过与别人的交往来扩大自己的社交网络，以赢得别人的尊敬和认可，进而提高游客体验的情感和社交价值。从这一点可以看出，感知体验的价值在创造价值的驱动和创造的行为中起着中介的作用。Prebensen 和 Xie（2017）对此进行了验证，发现体验价值感知对游客参与和创造价值具有中介效应，而游客参与价值共享是通过提高认知体验价值实现价值共创的过程。

Chen 和 Wang（2016）通过实证研究发现，航空运输环境下顾客的价值感知（经济价值、享乐价值和关系价值）中介于顾客参与对顾客满意度的影响。E Sthapit（2019）等在对 Airbnb 平台的实证研究中发现顾客只有主动参与预订，在这个过程中感知到平台能为自己创造某种价值，在不需要处理大量耗尽其处理能力的信息的情况下，搜索到有用信息，完成交易，才会表现出持续使用 Airbnb 的行为。贾薇（2009）对个体培训产业进行了调研，结果显示，消费者的体验价值对消费者的参与行为和满意的影响是完全中介的。孙乃娟、李辉（2011）对高级百货公司的消费环境进行了分析，结果表明，体验价值对消费者的感知交互和消费者的满意度起到了一定的中介作用。

基于此，本研究提出相应的研究假设：

H13：体验价值感知在价值共创驱动因素与游客价值共创行为之间发挥中介作用。

四、互动的调节作用

由于互联网和电子社交平台的进步，传统的创作流程、分享机制和分享旅游故事的消费模式正在发生转变。社交平台和技术的可用性使游客越来越多地分享在线知识和信息（Buhalis & Law，2008；Volo，2010）以及调节情绪和获得经验（Jacobsen & Munar，2012）。这种转变部分与提供全球范围内容的网络技术有关，例如，发布在 YouTube 等媒体共享网站上的视频（Qualman，2009）。对社交平台来说，互动性体验是指社交平台主动或被动提供的个性化产品或服务推荐，以响应游客的需求，从而提升游客的体验价值感知。还有，社交平台强大的互动能力，让用户可以感受到自己身处一个可以被人尊敬、被人支持的良好社会氛围中，并由此建立起自己的自信，并在与别人的交往中获得一种满足感。先前在线社群的调查显示，在线社区中的互动性正面影响了对社区的认同感。此外，数字互动引入了匿名和缺乏个人责任的可能性，如评论网站上的不明来稿（Streitfeld，2011），它允许社交平台的发展，创造了新的社会互动和联系形式（Kozinets，1999）。社交平台的社会互动功能使游客能够通过增加他们的资本价值来丰富、增强和个性化他们的体验。社交平台是游客参与的主要推动者，互动是社交平台游客参与价值共创的基础，其中包括与社交平台和社交平台的其他用户分享和交流关于旅游体验的想法和感受。与报纸或电视广播等其他传统大众媒体相比，社交平台鼓励用户之间的高水平互动和参与；此外，社交平台还富有情感影响力。感情的数字化和分享被称为"广播文化"（Buss & Strauss，2009）或"曝光文化"（Munar，2010）。尽管面对面的社会情感交流可能更容易，但它在社交平台中也同样常见且成功（Baym，2010）。例如，游客可能会使用表情符号来表示快乐，或者使用非正式语言来谈论他们的感受。因此不同的社交平台类型，互动程度也会不一样，同样也会影响游客对于社交平台的体验价值感知，互动程度很好反映游客在社交平台上的体验感知。

为此，我们假设：

H14：互动正向调节价值共创驱动因素和游客体验价值感知之间的关系。

五、奖励的调节作用

社交平台只有满足游客对旅游信息消费的内在体验价值的感知和评估，才能提高其参与的意愿，从而产生价值创造的行为。但由于个人的决定是由自身条件和外在因素的综合影响而产生的，所以这种转化的机理更为复杂。在社交平台上，游客可以浏览旅游信息及创造、提供、分享旅游体验，这不仅仅是个人的行为，更是游客和社交平台服务价值链中的一种交流，游客要花费一定的时间和精力，但提供的信息并不能获得清晰的收益，只有在足够的激励下，游客的参与价值共享才能得以持续和加强。特别是在游客从被动接收信息到积极提供旅游资讯的过程中，这种价值行为的转化常常需要外在的直接刺激。

已有的研究已经证实，奖励作为一种外在的激励机制，可以极大地影响使用者的参与。Eisenberger（1990）等的一些研究显示，用户参与、合作意愿和行为都会受到公司的支持，而公司的物质奖励则是用户进行创新的外在动力。徐岚（2007）认为，企业通过提供物质激励，可以提高使用者的参与度和创造性意愿。Hernandes 和 Fresned（2005）在虚拟社区中的实践证明了一个好的激励机制可以确保一个虚拟社区的成功。Hennig（2004）等以网络论坛为基础的调查显示，在论坛中，经济利益是最大的诱因。金晓玲（2013）等人发现，在网络虚拟社群中，积分对于使用者持续贡献知识意愿具有积极影响，84%的人愿意将这项服务提供给亲友，但实际的优惠，却是大多数人愿意推荐的主要因素。从价值创造的角度来看，公司在引导和控制方面起着重要作用。Kwon 和 Wen（2010）根据 TAM 修正模型对用户在社会网络中的参与原因进行了分析，结果表明，动机是影响其参与行为的一个重要因素，而激励是间接的。Chen（2011）

等发现，尽管激励对会员的满意程度没有明显的影响，但是可以有效地促进成员之间的知识传递，并能有效地预测其知识共享。Fang（2008）等人认为，获取与产品相关的利益是消费者参与到产品创新中并与公司共同创造价值的最重要动力。Goldsmith 和 Horowitz（2006）认为，只有在使用者得到某种财务收益的情况下，使用者才会向公司提供他们所掌握的资讯。因此，企业的激励和支持被看作是影响旅游者参与行为的外在动力，是影响其参与行为的重要因素。

本研究认为，除了供应商的一般物质奖励，社交平台还有网络货币、积分、等级提升等奖励。这些奖励能让社交平台的使用者从外界获得实实在在的好处，这些服务都会设置积分、排名、分享等一系列的奖励，让使用者在朋友圈中获得认可，并乐于分享自己的经验。通过这种微小的激励，可以有效地激发用户的参与，让用户感受到公司对他们的共享行为的重视和感激，从而提高他们的参与程度。另外，当社交平台上的用户发现用户所提供的信息具有一定的参考价值时，就可以"点赞"或进行沟通，从而让用户感受到提供的信息所带来的价值，从而促使用户持续使用、创造内容、推荐或反馈。外部激励，如获得额外的回报，对维护关系和获得赞扬都起到了很大作用。实际上，大部分的社交平台都会向分享美食、娱乐、购物、旅游等旅游体验的游客提供信誉奖励、积分、免费体验等物质奖励，从而有效地提升了分享的积极性。社交平台的服务和内容提供企业能够通过各种措施来引导、激励游客不断加深参与行为。综上所述，社交平台可以通过奖励来间接地激励游客进行持续的浏览、提供内容和反馈等行为。基于此，提出假设：

H15：奖励对体验价值的感知和价值共创行为之间的关系有正向调节的作用。

表 3-1 假设汇总表

序号	研究假设
H1	社交平台易用性对体验价值感知有显著正向影响；
H1a	社交平台易用性对功能体验价值感知有显著正向影响；
H1b	社交平台易用性对情感体验价值感知有显著正向影响；
H1c	社交平台易用性对社交体验价值感知有显著正向影响。
H2	社交平台有用性对体验价值感知有显著正向影响；
H2a	社交平台有用性对功能体验价值感知有显著正向影响；
H2b	社交平台有用性对情感体验价值感知有显著正向影响；
H2c	社交平台有用性对社交体验价值感知有显著正向影响。
H3	社交平台情感性对体验价值感知有显著正向影响；
H3a	社交平台情感性对功能体验价值感知有显著正向影响；

续表

序号	研究假设
H3b	社交平台情感性对情感体验价值感知有显著正向影响；
H3c	社交平台情感性对社交体验价值感知有显著正向影响。
H4	社交平台错失焦虑性对体验价值感知有显著负向影响；
H4a	社交平台错失焦虑性对功能体验价值感知有显著负向影响；
H4b	社交平台错失焦虑性对情感体验价值感知有显著负向影响；
H4c	社交平台错失焦虑性对社交体验价值感知有显著负向影响。
H5	游客自我效能感对体验价值感知有显著正向影响；
H5a	游客自我效能感对功能体验价值感知有显著正向影响；
H5b	游客自我效能感对情感体验价值感知有显著正向影响；
H5c	游客自我效能感对社交体验价值感知有显著正向影响。
H6	游客参与感对体验价值感知有显著正向影响；
H6a	游客参与感对功能体验价值感知有显著正向影响；
H6b	游客参与感对情感体验价值感知有显著正向影响；
H6c	游客参与感对社交体验价值感知有显著正向影响。
H7	游客互惠与利他对体验价值感知有显著正向影响；
H7a	游客互惠与利他对功能体验价值感知有显著正向影响；
H7b	游客互惠与利他对情感体验价值感知有显著正向影响；
H7c	游客互惠与利他对社交体验价值感知有显著正向影响。
H8	游客体验价值感知对游客价值共创行为有显著正向影响；
H8a	功能体验价值感知对持续使用行为有显著正向影响；
H8b	情感体验价值感知对持续使用行为有显著正向影响；
H8c	社交体验价值感知对持续使用行为有显著正向影响。
H9	体验价值感知对内容提供行为有显著正向影响；
H9a	功能体验价值感知对内容提供行为有显著正向影响；
H9b	情感体验价值感知对内容提供行为有显著正向影响；
H9c	社交体验价值感知对内容提供行为有显著正向影响。
H10	体验价值感知对反馈行为有显著正向影响；
H10a	功能体验价值感知对反馈行为有显著正向影响；
H10b	情感体验价值感知对反馈行为有显著正向影响；
H10c	社交体验价值感知对反馈行为有显著正向影响。

续表

序号	研究假设
H11	持续使用行为对内容提供行为有显著正向影响。
H12	内容提供行为对反馈行为有显著正向影响。
H13	体验价值感知在价值共创驱动因素与游客价值共创行为之间发挥中介作用。
H14	互动正向调节游客参与旅游社交平台价值共创驱动因素和体验价值感知的关系。
H14a	互动正向调节平台易用性和功能体验价值感知的关系:互动程度越高,平台易用性对游客功能体验价值感知的影响越大。
H14b	互动正向调节平台有用性和功能体验价值感知的关系:互动程度越高,平台有用性对游客功能体验价值感知的影响越大。
H14c	互动正向调节平台情感性和功能体验价值感知的关系:互动程度越高,平台情感性对游客功能体验价值感知的影响越大。
H14d	互动正向调节平台错失焦虑性和功能体验价值感知的关系:互动程度越高,平台错失焦虑性对游客功能体验价值感知的影响越大。
H14e	互动正向调节自我效能感和功能体验价值感知的关系:互动程度越高,自我效能感对游客功能体验价值感知的影响越大。
H14f	互动正向调节参与感和功能体验价值感知的关系:互动程度越高,参与感对游客功能体验价值感知的影响越大。
H14g	互动正向调节利他和互惠与功能体验价值感知的关系:互动程度越高,互惠和利他对游客功能体验价值感知的影响越大。
H14h	互动正向调节平台易用性和情感体验价值感知的关系:互动程度越高,平台易用性对游客情感体验价值感知的影响越大。
H14i	互动正向调节平台有用性和情感体验价值感知的关系:互动程度越高,平台有用性对游客情感体验价值感知的影响越大。
H14j	互动正向调节平台情感性和情感体验价值感知的关系:互动程度越高,平台情感性对游客情感体验价值感知的影响越大。
H14k	互动正向调节平台错失焦虑性和情感体验价值感知的关系:互动程度越高,平台错失焦虑性对游客情感体验价值感知的影响越大。
H14l	互动正向调节自我效能感和情感体验价值感知的关系:互动程度越高,自我效能感对游客情感体验价值感知的影响越大。
H14m	互动正向调节参与感和情感体验价值感知的关系:互动程度越高,参与感对游客情感体验价值感知的影响越大。
H14n	互动正向调节互惠和利他和情感体验价值感知的关系:互动程度越高,互惠和利他对游客情感体验价值感知的影响越大。
H14o	互动正向调节平台易用性和社交体验价值感知的关系:互动程度越高,平台易用性对游客社交体验价值感知的影响越大。
H14p	互动正向调节平台有用性和社交体验价值感知的关系:互动程度越高,平台有用性对游客社交体验价值感知的影响越大。

续表

序号	研究假设
H14q	互动正向调节平台情感性和社交体验价值感知的关系：互动程度越高，平台情感性对游客社交体验价值感知的影响越大。
H14r	互动正向调节平台错失焦虑性和社交体验价值感知的关系：互动程度越高，平台错失焦虑性对游客社交体验价值感知的影响越大。
H14s	互动正向调节自我效能感和社交体验价值感知的关系：互动程度越高，自我效能感对游客社交体验价值感知的影响越大。
H14t	互动正向调节参与感和社交体验价值感知的关系：互动程度越高，参与感对游客社交体验价值感知的影响越大。
H14u	互动正向调节利他和互惠与社交体验价值感知的关系：互动程度越高，互惠和利他对游客社交体验价值感知的影响越大。
H15	奖励对体验价值的感知和价值共创行为之间的关系有正向调节的作用。
H15a	奖励正向调节功能体验价值感知与持续使用行为的关系：奖励程度越高，功能体验价值感知对游客持续使用行为的影响越大。
H15b	奖励正向调节功能体验价值感知与内容提供行为的关系：奖励程度越高，功能体验价值感知对游客内容提供行为的影响越大。
H15c	奖励正向调节功能体验价值感知与反馈行为的关系：奖励程度越高，功能体验价值感知对游客反馈行为的影响越大。
H15d	奖励正向调节情感体验价值感知与持续使用行为的关系：奖励程度越高，情感体验价值感知对游客持续使用行为的影响越大。
H15e	奖励正向调节情感体验价值感知与内容提供行为的关系：奖励程度越高，情感体验价值感知对游客内容提供行为的影响越大。
H15f	奖励正向调节情感体验价值感知与反馈行为的关系：奖励程度越高，情感体验价值感知对游客反馈行为的影响越大。
H15g	奖励正向调节社交体验价值感知与持续使用行为的关系：奖励程度越高，社交体验价值感知对游客持续使用行为的影响越大。
H15h	奖励正向调节社交体验价值感知与内容提供行为的关系：奖励程度越高，社交体验价值感知对游客内容提供行为的影响越大。
H15i	奖励正向调节社交体验价值感知与反馈行为的关系：奖励程度越高，社交体验价值感知对游客反馈行为的影响越大。

本章小结

本章首先综述了社交平台使用行为研究的相关文献，为构建社交平台游客参与价值共创行为研究模型提供了理论基础。其次，通过深度访谈和文献分析，确定游客价值共创行为的各维度结构，以驱动游客价值创造的影响因素为出发点，剖析了游客价值共创行为的过程，从驱动因素、体验感知和行为结果之间的关系，构建社交平台游客参与价值共创行为的过程机制模型。在此基础上，本研究对社交平台上的游客价值共创机制中的概念和各个概念的联系进行了具体的探讨，并对其进行了分析。本研究所述的研究假设主要有以下四点：一是游客在社交平台价值共创行为的驱动因素对游客体验价值感知的作用假设；二是游客体验价值感知对价值共创行为的作用假设；三是游客体验价值感知在价值共创驱动因素与游客价值共创行为之间的中介作用假设；四是互动和奖励的调节作用假设，即互动在价值共创行为驱动因素与游客体验价值感知关系中的调节作用假设以及奖励在游客体验感知与价值共创行为关系中的调节作用假设，详见表3-1。这一章为后续的实证分析提供了理论基础，后面章节将对本章所提的相关理论和假设进行验证。

第四章
社交平台游客参与价值共创机制实证研究设计

本研究是根据 Churchill（1979）提出的概念量表的设计与优化方法。首先，在对现有文献进行回顾和分析的基础上，厘清概念的内涵范围，解释概念的操作性。

第一节 变量的操作性定义与测量

一、游客价值共创行为驱动因素变量的定义及测量

有效和高信度的量表对调查结果的影响最为显著，而量表的设计的关键则是与各潜在概念相关的测验题项，为设计调查问卷提供了依据。这一节以已有的概念定义为指导，在对现有的文献进行全面的研究后，发展了一套量表，并以此为依据，设计了一份关于游客参与社交平台价值创造行为的驱动因素的问卷。

为确保测试变量的可信性，本量表的设计主要参考了国内外知名的旅游管理文献，所建立的测量题大部分来自于现有的成熟量表，而少量的测量题则是基于本研究需求而设计的。关于测量题的数量，大部分学者都认为，每一种概念都要用3~6个条目来衡量。因此，本研究中的每一个概念使用了至少3个测量题项。

从社交平台来看，游客愿意选择该社交平台还是其他社会网络进行价值共创行为的最大吸引力往往来自于"平台"本身的技术特性。这些技术优势使得该社交平台有着其他社会网络平台所不具备的更多功能，平台的易用性、有用性、情感性有利于增强游客的功能价值感知，从而促成游客的进一步使用。所以平台易用性、有用性概念的测试题目都是基于 TAM 和 TPB 理论的，因为在很多方面，这些因素都是比较成熟的。社交平台情感性则参照了关于虚拟社区用户情感性动机的研究，社交平台错失焦

虑性是结合最近几年学者们关于社交平台倦怠行为的研究，借鉴了赵启南（2019）青年使用社交平台倦怠影响及其行为结果的研究成果。

表4-1 社交平台的影响因素测量题项

维度	测量题项	参考文献
易用性	我觉得该社交平台中应用程序的操作很简单	Davis（1989）
	我觉得该社交平台的界面设计友好，很容易看明白	
	我觉得该社交平台的页面打开速度快，访问流畅	
	我觉得通过该社交平台提供旅游信息或知识操作熟练，无须花费太多时间	
有用性	我发现该社交平台是有用的	Davis（1989）
	通过该社交平台，我可以更加频繁与好友联系	
	通过该社交平台，我可以随时随地关注朋友	
	该社交平台提高了我对旅游信息的分享与获取效率	
情感性	我觉得浏览该社交平台的旅游信息（微信、马蜂窝、知乎等）是好玩有趣的	Li（2011）
	我觉得通过该社交平台创作并发布游记或者分享旅游知识的过程是令人愉快的	Lee & Ma（2012）
	我觉得该社交平台能够让我放松、减少压力	
错失焦虑性	我经常会下意识地打开该社交平台查看即时信息	赵启南（2019）
	我会频繁地主动打开该社交平台查看发布游记新获得的点赞	
	我经常会下意识地打开该社交平台查看发布游记获得的评论	
	一段时间没有打开该社交平台，我就会焦虑不安	

除此之外，本研究认为游客作为旅游信息或者经验等内容提供者，来自于游客自身的自我效能感、参与感、利他和互惠是直接影响社交平台环境下游客价值共创行为的重要因素。参照已有的关于虚拟社区用户使用动机和社交网站自我效能的研究，本研究设计了游客参与社交平台价值创造行为影响因素——自我效能感、参与感、利他和互惠的测量题项，如表4-2所示。这些量表均能较好地反映出特定领域内个人对工作的态度，并能反映出较高的信度与效度。

综上所述，Yim等（2012）、王凤华等（2017）使用的量表是一种面向消费者的顾客服务参与行为的量表，而Schwarzer等（1997年）开发的量表是以中国的文化背景为基础，改进了早先的成熟量表，使其更适用于客体。因此，本研究在Schwarzer等（1995）、Yim等（2012）、王凤华等（2017）的基础上，采用三个问题的量表，对不同类型的自我效能、参与感进行了测试。根据已有的研究，本研究对这三类概念的测验题进行了设计，如表4-2所示。

作为社交平台中的成员之一，游客之间的"互动"是社交平台最大的亮点，例如在知乎上查阅相关问题的分享时,有趣且有用的内容往往出现在问题下方的不断评论回复中,因此由用户群体形成的互惠与利他等原因可能使游客感受到更好的体验,也是游客参与社交平台主动参与互动、自愿提供内容的原因之一。基于已有研究,本研究设计了社交平台环境下互惠与利他概念的测量题项,总结在表 4-2 中。

表 4-2 游客自身的影响因素测量题项

维度	测量题项	参考文献
自我效能感	我有信心该社交平台的其他用户对我所提供的旅游信息或知识感兴趣	深度访谈 Chai 等(2013)
	我有信心我提供的旅游信息或知识可以帮助他人解决问题	
	只要我愿意,我可以在该社交平台上轻松地发布游记或者提供旅游信息和知识,功能技巧性使用是一件容易的事情	
参与感	我很有兴趣参与该社交平台(微信、马蜂窝、知乎等)提供旅游信息或知识	半结构访谈 Phelps 等(2015)
	我把我自己的体验经历展现给社交平台的其他用户时,很开心	
	通过在该社交平台上发布自己的旅游经历或者提供旅游信息或知识,我能获得一种新奇、独特和复杂的体验	
利他和互惠	我愿意为其他该社交平台成员提供旅游信息或知识	Chang 和 Chuang 等(2011)
	我愿意帮助该社交平台成员解决他们提出的问题	
	当我提供旅游信息或知识时,我相信其他成员也会提供其他的旅游信息或知识	
	当我经常对他人发布的旅游信息或知识做出回应时,我相信他人也愿意对我发布的旅游信息或知识做出回应	Fang 和 Chiu（2014）

二、游客价值共创行为定义和测量

游客价值共创行为是本研究模型中的因变量,是研究游客创造价值行为机制关注的主要变量。根据前文质性分析过程,在社交平台上,游客的价值共创主要体现在体验之后对社交平台的持续浏览行为、提供内容和反馈行为。其测量题项也借鉴了 Zeithamal(2014)等的研究。

表 4-3 游客价值创造行为的测量题项

维度	测量题项	参考文献
持续使用	我打算继续使用该社交平台,而不是停止使用	深度访谈 Bhattacherjee（2011）
	我愿意继续该社交平台,而不是使用任何其他社交平台	
	我愿意登录该社交平台去查询旅游信息或知识	Chang 和 Chuang（2011）

续表

维度	测量题项	参考文献
内容提供	我愿意经常更新一些旅游动态,去提供旅游信息和知识	深度访谈 Zeithamal 等(2014)
	我愿意转发该社交平台其他用户发布的旅游信息、旅游攻略和图片等内容	
	我会对该社交平台其他用户提供的旅游内容进行评论或留言	
反馈	如果我在该社交平台上遇到问题,我会及时反馈给客服人员	深度访谈 Yi Y(2013)
	我会告知该社交平台的客服人员我的需求	
	如果我在该社交平台上得到优质的服务时,我会让该社交平台知道	

三、游客体验价值感知变量的定义及测量

如前一章所述,游客在社交平台上感知的体验价值涵盖了功能体验价值、情感体验价值和社交体验价值。下文将结合国内外已有的研究成果和实际研究需要,对这3个变量进行界定和测量。

功能体验价值是产品或服务自身的功能、实用性、服务传递质量、服务输出效率、服务流程流畅等方面的体验价值(张凤超、尤树洋,2009a)。这一体验价值主要依赖于其本身的特征(马颖杰、杨德锋,2014),即消费者在体验中所获得的基本价值(蒋婷、张峰,2013)。旅游产品是一种具有代表性的服务产品,它的功能体验价值体现在对旅游服务的功能和效用的主观认识上。于锦华、张建涛(2015)认为,"功能体验"是指游客在旅游活动中所获得的合理的消费价值,其价值主要体现在解决实际问题、满足特定需求等方面。在功能体验价值的量表中,Sweeney 和 Soutar(2001)所设计的功能价值被分为两个维度,即品质与经济,并分别设置6个与4个题项。Moliner 等(2007)将旅游产品的功能性价值分为四个方面,分别是:功能价值、专业服务功能价值、产品质量价值、经济价值。

根据以上量表的对比分析及旅游者体验价值特征,本研究将半结构式访谈与 Song 等(2005)所设计的量表相结合,加以修正,最后采用3个题项来衡量功能体验价值,如表4-4所示。

情感体验价值是消费者在购物或接受服务时的感受或感知状态所形成的复杂、微妙的情感(张凤超、尤树洋,2009a)。此体验价值是指消费者在服务交互过程中所产生的感受或情绪经验,并在服务交互过程中主动学习经验的价值(马颖杰、杨德锋,2014)。多数学者已发展或运用单一尺度量表来衡量情绪体验的价值。Moliner 等(2007)编制了5个题项的量表,EidR 和 Elgohary(2014)编制了4个题项的量表,Yen 和 Teng(2015)采用了4个题项的量表,蒋婷和张峰(2013)采用了8个题项的

量表，Prebensen 等人（2014b）采用了 4 个题项的量表，Song 等人（2005）采用了 3 个题项的量表，马颖杰和杨德锋（2014）则采用了 5 个题项的量表。以上学者所设计或采用的量表中，EidR 和 Elgohary（2015）的量表以游客（旅游者）为对象，并在实证分析中取得了良好的结果。因此，我们参考他们的研究结果，设计了一个由三个题项组成的单一维度量表来衡量情感体验的价值。如表 4-4 所示。

社交体验价值是指消费者在使用后对体验消费所产生的社交效用的认知，包括对体验消费的自我肯定，以及由体验消费引起的社会关系的变化。这种体验的价值主要表现为对社会关系、归属感、尊重感、实现自我的渴望（蒋婷、张峰，2013）。大部分的学者都是采用单一维度的量表来衡量社会体验的价值。Moliner 等（2007）编制了 4 个题项的量表，EidR 和 Elgohary（2014）编制了 4 个题项的量表，蒋婷和张峰（2013）采用了 4 个题项的量表，Prebensen 等（2014b）采用了 3 个题项的量表，Song 等（2005）采用了 3 个题项的量表，杨德锋（2014）采用了 5 个题项的量表，卜庆娟等（2016a）采用了 4 个题项的量表。同时，蒋婷、张峰（2014），Yen 和 Teng（2020）等的研究对题项进行了相应的修正，采用 4 个题项的量表对社交经验价值进行了测量。如表4-4所示。

表 4-4 体验价值感知的测量题项

维度	测量题项	参考文献
功能体验价值	我觉得通过该社交平台（微信、携程、知乎等）交流旅游信息或经验很方便	Song 等（2005）
	我觉得该社交平台提供了对我有用的旅游信息和服务	
	我觉得该社交平台功能齐全，服务合理	Lee 和 Ma（2010）
情感体验价值	在这个平台分享旅游经验或者知识时，获得的点赞和评论让我感到很开心	EidR 和 Elgohary（2014）Yen 和 Teng（2020）
	通过在线互动交流，我获得了精神享受	
	在创作与分享旅游信息或者经验的过程中，我感到很愉悦	
社交体验价值	当我在该社交平台上分享我的旅游经历或经验时，有许多人感兴趣	EidR 和 Elgohary（2014）Yen 和 Teng（2020）
	通过在该社交平台上提供旅游经验或知识，使我有一定的归属感	
	通过在该社交平台上提供旅游经验或知识，我扩大了自己的社会交际圈	

四、奖励变量的定义及测量

在游客持续使用行为、提供内容和回馈行为等方面，社交平台往往会提供一定的激励，从而可以直接或间接地推动旅游者的价值共创行为产生。因此，奖励是影响旅游者价值创造的外在因素，对旅游者产生价值行为具有一定的调节作用。这项研究参照了 Tedjamulia（2005）等的量表，在表 4-5 中设计了用于评价社交平台的奖励的测试题目，以检验奖励对游客价值共创的调节影响。

表 4-5 奖励的测量题项

维度	测量题项	参考文献
奖励	当通过该社交平台（微信、携程、知乎等）提供旅游信息或知识时，我希望能够增加积分奖励	Tedjamulia 等（2005）
	当我在该社交平台上提供旅游信息或知识时，希望能得到奖金、优惠券等回报	
	在该社交平台中我希望因为积分较高或等级排名靠前能获得更多特权	

五、互动变量的定义及测量

王永贵等（2013）发现，线上品牌社群中的消费者互动水平愈高，消费者彼此间的了解与帮助愈多，消费者愈能感受到成就感与自我满足感，消费者对互动过程与结果的掌控，进而产生愉快的体验。Prakash K.Chathoth 等（2014）的研究发现更深入和更有意义的消费者互动，会提高顾客参与感。因此，互动作为影响游客参与过程的重要外部因素，可能对游客参与价值创造的动机和体验价值感知方面起到调节效应。本研究参考王永贵和 Prakash K.Chathoth 等的测量量表，设计社交平台上互动的测量题项，如表 4-6 所示，以验证互动对游客参与价值创造的动机和体验价值感知方面的调节效应。

表 4-6 互动的测量题项

维度	测量题项	参考文献
互动	我使用该社交平台时比较活跃	Prakash K.Chathoth 等（2014）
	我经常通过该社交平台和其他成员进行互动交流	
	我在该社交平台上通过分享自己的美好或特别的旅游体验以供别人参考	
	我通过评论、提问、回复等方式与该社交平台上的其他旅游者进行交流	
	如果其他旅游者在该社交平台上向我提问，我会向其提供建议	王永贵等（2013）
	通过该社交平台和其他成员进行交流时，我与其他成员之间开展了深入讨论	
	在该社交平台上与其他成员进行关于旅游信息话题的沟通时，我花费了挺多时间	

第二节 初始问卷设计与修改

本研究通过问卷的形式获得了所需要的实证资料。调查问卷的设计，主要是咨询有经验的专业人士，并与旅游管理、信息系统管理等相关专业人士探讨，以保证调查问卷的设计可靠，使调查结果更具科学性，并能改善调查结果的效度与可信度。同时，为确保测试题与本研究所要考察的对象——游客相一致，对测验题项中的各个构成指标进行了微调，使其更接近于社交平台环境，而选择题则遵循了相互排斥与完整的原则。因为调查问卷的措辞要保持中立，所以向专家咨询之后，对其中的一些词语进行了修正和完善。

在问卷的结构设计上，包括前言部分、背景信息、问卷题项和感谢语四部分。前言主要介绍了此次调研的目的和内容，包括问卷的标题、问候语、说明等，让被访者安心填写问卷，并说明了游客在社交平台上的创造价值的行为，以便被访问者了解到所需的研究问题，并给出答案，增加调查的可信度。问卷首先对被访者的基本资料进行了调查，主要包括性别、学历、收入、使用社交平台的次数等，通过对这些数据的收集，可以得到用户的社交网站和用户的基本信息，从而为下一步的统计分析打下基础。第二部分是概念量表，这是调查问卷的核心内容，它包括游客参与社交平台价值创造的驱动因素、体验价值感知、互动、奖励和价值共创行为5个方面，涉及游客价值创造行为模式中的观察变量，这些变量的题项选择都使用著名的李克特7级量表，依次为"不同意"到"强烈同意"7个等级。在问卷调查的最后，是感谢的话。

为了让问卷简明、有效，我们向旅游管理学、信息系统学及统计学专业的教授、副教授发放初步问卷，让他们指出问卷含糊之处及逻辑上的错误，并将其整理成一份初步的问卷，供本研究之参考。

第三节 预调查与正式问卷的确定

通过预调查法，可以进一步改善量表的信度与效度，从而确保大样本调查后的资料品质。本研究的问卷的测验题目，虽大部分来自现有之研究，也由多位相关专业的教授及小组的评审，但因其与以往的测验题目所针对的研究目标不同，因此，为确保量表的信度与效度，本研究先进行问卷前测验，再利用SPSS26.0软件对所测之资料进行分析，再依此结果修改初步之问卷，以完成最后的问卷。

本阶段的工作时间为2021年6—7月，采用面对面访谈、问卷调查等形式，先发放250份问卷，以分享旅游经历、搜索资料的游客为主要对象，从调查对象的反馈中找出问题，并对其进行修改，以保证量表的正确性、科学性。

在预调查中，对初试问卷进行信度分析是一种有效的测验方式。可靠性主要是衡量测试题目的准确率和准确度，通常采用Cronbach's Alpha值（Cronbach's alpha）和修正后的单一项与总分数的相关性（CITC）。在权重方面，Cronbach's Alpha因子在0.6以上就可以被接受。Hartono（2003）等根据修正后的项目与总分的相关性指数，在CITC值低于0.35并且删除某个测量题项后量表的Cronbach's Alpha系数增大时，该测量题项被删除。

为了排除非纯因子性的题项，必须采用探索性因子分析，以评估测验题的单一维度。若发现有多个因子的因子载荷较大，应依据研究模式及相关理论而予以保留或删除；若某个变数的探索性因子分析结果出现多个因子时，应依据理论分析对其进行修正。在这方面，Lederer A L和Sethi V（1991）建议，所有题目的加载值应在0.5以上，如果题目中的全部因子都小于0.5，则取消该题项；如果题目中的两个或更多因子的加载数值大于0.5，则应删除该题项。因此，为了保证测试的品质和减少测试的复杂性，我们将会剔除所有的测试项目，包括在两个或多个公因子上的载荷大于0.5。另外，在进行因子分析前，必须先进行KMO（Kaiser-Meyer-Olkin）检验和Bartlett球形检验，以确定因素分析的适用性。通常认为，KMO值在0.6以上的情况下，可以进行因素分析；而在Bartlett模型中，则可以根据KMO值的大小来判定。

一、预调查样本统计

本阶段的调研收回有效问卷214份，问卷有效率为85.6%。如表4-7所示，预调查样本以女性居多，占比为52.4%；年龄主要集中于19~49岁，占比为86%，其中19~29岁比重最高，占了39.7%，30~39岁和40~49岁的占比分别为26.2%、20.1%；教育程度分布以本科以上为主，占比达45.8%，硕士及以上和大专及大专以下的占比分别居第二、三位；职业分布上，学生的占比最高，为32.7%，第二位的企业白领和第三位的教师的占比分别为18.8%、15.1%；月收入分布以1000~3000元为主，占比为39.3%，月收入数据估计是被调查者隐瞒或者低估了自己的真实收入。通过问卷调查平台提供的IP地址，调查的用户来自浙江、江苏、安徽、上海、湖北、贵州等地。

表 4-7 样本描述性统计

结构特征	分类	样本数	百分比 %
性别	男	102	47.6
	女	112	52.4
年龄	19 岁以下	5	2.4
	19~29 岁	85	39.7
	30~39 岁	56	26.2
	40~49 岁	43	20.1
	50~59 岁	25	11.7
	60 岁以上	0	0
教育程度	大专及大专以下	45	21
	本科	98	45.8
	硕士及以上	71	33.2
职业	学生	70	32.7
	企业白领	40	18.8
	公务员	27	9.3
	教师	32	15.1
	自主创业	28	13.1
	其他	17	7.9
收入	小于 1000 元	69	32.2
	1000~3000 元	84	39.3
	3001~5000 元	53	24.8
	5001~10 000 元	8	3.7
	10 000 元以上	0	0

二、预调查数据分析结果

本研究采用基于 Cronbach's Alpha 系数 >0.7、CITC>0.35 的标准差的描述统计方法，进行了数据的信度分析。

（一）社交平台的影响因素初始测量题项的调整

从表 4-8 可以看出，在 4 个测量问题项目中，社交平台易用性（SPEU）的 Cronbach's Alpha 值为 0.919，并且在各个测试项目中 CITC 都超过 0.35，这表明在社交平台的易用性测试题中，在测试中表现出了良好的内在一致性，并且可以很好地度量出易用性。社交平台有用性（SPU）4个测度项目的Cronbach's Alpha值为0.844，各测度项目的CITC值都超过0.35，表明社交平台上的有用量表项目内部一致性良好，并且对有用概念进行了测试。社交平台情感性（SPE）3个测验项目的Cronbach's Alpha值为0.892，各测验项目的CITC值都超过0.35，表明社交平台情感测验项目表现出良好的内在一致性。社交平台错失焦虑（SPFoMO）6个测验项目的Cronbach's Alpha值为0.941，在各个测验项目中的CITC都超过0.35，这表明社交平台上的错失焦虑测验项目内部一致性很好，并且对社交平台错失焦虑的维度进行了测试。

表4-8 社交平台的影响因素初始测量题项因子分析

测量题项	均值	标准差	CITC	删除项后的克隆巴赫Alpha	Cronbach's Alpha
SPEU1	5.13	1.296	0.823	0.892	0.919
SPEU2	5.1	1.296	0.86	0.879	
SPEU3	5.1	1.295	0.757	0.914	
SPEU4	5.11	1.249	0.816	0.894	
SPU1	5.42	1.214	0.501	0.873	0.844
SPU2	4.5	1.553	0.751	0.774	
SPU3	4.48	1.556	0.754	0.773	
SPU4	5.04	1.36	0.746	0.779	
SPE1	5.07	1.233	0.795	0.84	0.892
SPE2	5.02	1.296	0.825	0.812	
SPE3	4.99	1.291	0.745	0.883	
SPFoMO1	4.66	1.529	0.77	0.936	0.941
SPFoMO2	4.51	1.553	0.814	0.931	
SPFoMO3	4.36	1.637	0.855	0.926	
SPFoMO4	4.04	1.776	0.853	0.926	
SPFoMO5	4.29	1.744	0.867	0.924	
SPFoMO6	4.21	1.649	0.778	0.935	

对游客价值共创行为中社交平台的驱动因素变量测量题项进行探索性因子分析，KMO值为0.899，Bartlett球型检验卡方值为2523.768，显著性概率为0.000，说明适合进行探索性因子分析。进一步地，采用特征值大于1的标准，使用主成分分析方法提取因子，并进行凯撒正态化最优斜交，删除在所有公因子上的载荷低于0.5以及在两个

或两个以上公因子上的载荷超过 0.5 的题项，共提取 4 个公因子，SPEU1-SPEU4 聚集为第 1 个公因子，SPU1-SPU3 聚集为第 2 个公因子，SPE1-SPE3 聚集为第 3 个公因子，SPFoMO1-SPFoMO4 聚集为第 4 个公因子，4 个公因子累计解释方差达到 82.82，且除了 SPU3 题项为 0.688 外，其余所有题项的因子载荷都超过 0.7，未出现跨因子符合现象，具体结果如表 4-9 所示。该结果说明，游客价值创造行为的社交平台的驱动因素的测量题包括 4 个公因子，符合本研究的假定，即游客体验价值共创行为中源自于社交平台的驱动因素变量包括社交平台易用性、社交平台有用性、社交平台情感性和社交平台错失焦虑性。由此可以认为，游客价值共创行为源自社交平台的驱动因素变量的测量量表具有较好的结构效度，调整后测量题项均能够较好地解释潜在变量。

表 4-9 社交平台驱动因素变量的探索性因子分析

测量题项	成分				KMO	Sig	因子解释方差（%）	累计解释方差（%）
	1	2	3	4				
SPEU1		0.916						
SPEU2		0.921					50.791	50.791
SPEU3		0.756						
SPEU4		0.972						
SPU1				0.888				
SPU2				0.887	0.899	0.000	18.11	68.901
SPU3				0.688				
SPE1			0.885					
SPE2			0.846				7.869	76.77
SPE3			0.852					
SPFoMO1	0.825							
SPFoMO2	0.978						6.049	82.82
SPFoMO3	0.88							
SPFoMO4	0.887							
提取方法：主成分分析法								

（二）游客自身影响因素初始测量题项的调整

从表 4-10 可以看出，自我效能（TSE）3 个测量项目的 Cronbach's Alpha 值为

0.883，各个测量项目中的 CITC 都超过 0.35，这表明在自我效能测验中存在着良好的内在一致性，并且可以很好地衡量自我效能的维度。游客参与感（TE）3 个测量项目的 Cronbach's Alpha 值为 0.870，各测量项目的 CITC 都在 0.35 以上，这表明参与感测验项目的内部一致性很好，并且可以对参与感的维度进行度量。互惠和利他（TAR）4 个测验项目的 Cronbach's Alpha 值是 0.915，CITC 都超过 0.35，这表明互惠和利他测验项目的内在一致性更好，并且可以更好地衡量互惠与利他关系。

表 4-10 游客自身影响因素初始测量题项因子分析

测量题项	均值	标准差	CITC	删除项后的克隆巴赫 Alpha	Cronbach's Alpha
TSE1	3.97	1.601	0.76	0.845	
TSE2	4.22	1.472	0.824	0.781	0.883
TSE3	4.41	1.353	0.735	0.863	
TE1	4.56	1.283	0.712	0.851	
TE2	4.65	1.29	0.798	0.772	0.870
TE3	4.75	1.248	0.743	0.823	
TAR1	4.79	1.198	0.814	0.886	
TAR2	4.84	1.238	0.795	0.893	0.915
TAR3	4.78	1.213	0.819	0.884	
TAR4	4.79	1.214	0.792	0.894	

采用探索性因子分析方法对影响游客价值创造行为的变量进行了探索性因子分析，KMO 值和 Bartlett 球形检验卡方值分别为 0.91 和 3259.074，表明该方法适用于探索性因子分析。接着，采用特征值大于 1 的标准，使用主成分分析方法提取因子，并进行凯撒正态化最优斜交，删除在所有公因子上的载荷低于 0.5 以及在两个或两个以上公因子上的载荷超过 0.5 的题项，共提取 3 个公因子，TSE1-TSE3 聚集为第 1 个公因子，TE1-TE3 聚集为第 2 个公因子，TAR1-TAR4 聚集为第 3 个公因子，3 个公因子累计解释方差达到 80.2，且所有题项的因子载荷都超过 0.7，未出现跨因子符合现象，具体结果如表 4-11 所示。该结果显示，与研究模型里的假设是一样的，游客内在驱动因素变量的测量题项由 3 个公因子即自我效能感、参与感、利他和互惠组成。由此可以认为，游客内在驱动因素变量的测量量表具有较好的结构效度，调整后测量题项均能够较好地解释潜在变量。

表 4-11 游客驱动因素变量的探索性因子分析

测量题项	因子载荷			KMO	Sig.	因子解释方差（%）	累计解释方差（%）
	1	2	3				
TSE1		1.03					
TSE2		0.827				62.341	62.341
TSE3		0.721					
TE1			0.783				
TE2			0.974	0.91	0.000	12.094	74.435
TE3			0.747				
TAR1	0.731						
TAR2	0.947					5.765	80.2
TAR3	0.828						
TAR4	0.87						

（三）体验价值感知初始测量题项的调整

从表 4-12 可以看出，4 个测量项目的 Cronbach's Alpha 值为 0.913，各测量项目 CITC 大于 0.35，显示了功能体验价值感知（PFV）测验项目在内部的一致性，可以更好地衡量功能体验价值感知概念。情感体验价值感知（PEV）3 个测量题项的 Cronbach's Alpha 值为 0.912，每个测量题项的 CITC 均大于 0.35，说明情感体验价值感知测量题项之间具有较好的内部一致性，能够较好地测量情感体验价值感知概念。社交体验价值感知（PSV）5 个测试项目的 Cronbach's Alpha 值为 0.923，且各测度项目的 CITC 值都在 0.35 以上，这表明社交体验价值认知测验项目的内在一致性良好，可以对社交体验价值感知概念进行度量。

表 4-12 体验价值感知初始测量题项因子分析

测量题项	均值	标准差	CITC	删除项后的克隆巴赫 Alpha	Cronbach's Alpha
PFV1	5.03	1.175	0.795	0.889	
PFV2	5.08	1.178	0.799	0.887	0.913
PFV3	4.98	1.187	0.781	0.894	
PFV4	5.01	1.181	0.829	0.877	
PEV1	4.99	1.245	0.791	0.9	
PEV2	4.95	1.264	0.844	0.856	0.912
PEV3	4.89	1.224	0.835	0.864	

续表

测量题项	均值	标准差	CITC	删除项后的克隆巴赫 Alpha	Cronbach's Alpha
PSV1	4.99	1.191	0.828	0.9	0.923
PSV2	4.8	1.245	0.744	0.916	
PSV3	4.75	1.233	0.852	0.894	
PSV4	4.72	1.172	0.824	0.9	
PSV5	4.71	1.234	0.751	0.915	

对游客参与价值共创行为中体验价值感知变量测量题项进行探索性因子分析，KMO 值为 0.921，Bartlett 球形检验卡方值为 2109.948，显著性概率为 0.000，说明适合进行探索性因子分析。进一步地，采用特征值大于 1 的标准，使用主成分分析方法提取因子，并进行凯撒正态化最优斜交，删除所有公因子小于 0.5 和两个或更多公因子负载大于 0.5 的题项（PSV2 被删除），共提取 3 个公因子，PUV1-PUV4 为第 1 个公因子，PEV1-PEV3 为第 2 个公因子，PSV1-PSV5 为第 3 个公因子，3 个公因子累积解释变异数为 82.3%，全部题目的因子负荷均在 0.7 以上，没有跨因子发生，结果见表 4-13。本研究发现，游客参与价值创造活动的体验价值感知包含三个不同的公因子，这些因子符合本研究的假定，即游客的体验价值感知维度包含了功能体验价值感知维度、情感体验价值感知维度以及社交体验价值感知维度。由此可以认为，游客参与价值共创行为中体验价值感知变量的测量量表具有较好的结构效度，调整后测量题项均能够较好地解释潜在变量。

表 4-13 体验价值感知变量的探索性因子分析

测量题项	成分			KMO	Sig.	因子解释方差（%）	累计解释方差（%）
	1	2	3				
PUV1	0.894			0.921	0.000	65.694	65.694
PUV2	0.818						
PUV3	0.848						
PUV4	0.867						
PEV1			0.749			10.991	76.685
PEV2			0.898				
PEV3			0.856				
PSV1		0.653				5.615	82.3
PSV3		0.825					
PSV4		0.977					
PSV5		0.636					
提取方法：主成分分析法							
旋转方法：凯撒正态化最优斜交法							

（四）游客价值创造行为初始测量题项的调整

从表4-14可以看出，持续使用行为（CU）5个测验项目的Cronbach's Alpha值是0.864，而在各个测量项目中CITC都超过0.35，这表明在持续使用行为测试问题中，它们的内在一致性很好，可以对持续使用行为概念进行度量。内容提供行为（CP）3个测量问题中，Cronbach's Alpha值为0.887，在各测量项目中的CITC都超过0.35，这表明在内容提供行为测试问题中，表现出良好的内在一致性。3个测试项目的反馈行为（FB）的Cronbach's Alpha值为0.884，在各个测量项目中的CITC都超过0.35，这表明在反馈行为测量的问题中，它们的内在一致性很好，可以很好地衡量反馈行为概念。

表4-14 游客价值创造行为初始测量题项因子分析

测量题项	均值	标准差	CITC	删除项后的克隆巴赫Alpha	Cronbach's Alpha
CU1	5.09	1.139	0.715	0.825	0.864
CU2	4.64	1.328	0.634	0.846	
CU3	4.99	1.128	0.687	0.832	
CU4	4.71	1.245	0.689	0.83	
CU5	4.8	1.311	0.688	0.831	
CP1	4.59	1.307	0.761	0.856	0.887
CP2	4.6	1.359	0.816	0.807	
CP3	4.62	1.361	0.764	0.854	
FB1	4.73	1.318	0.774	0.835	0.884
FB2	4.78	1.276	0.783	0.826	
FB3	4.71	1.266	0.764	0.843	

采用探索性因子分析法，对游客参与价值创造行为变量的测量项目进行了探索性因子分析，KMO值和Bartlett球形检测卡方值分别为0.896和1594.035，表明可以进行探索性因子分析。然后，根据特征值大于1的准则，利用主成分分析法对各因子进行优化，剔除了所有公因子负载小于0.5、两个或多个公因子负载大于0.5的题项（CU5被删除），CU1-CU4为第一公因子，CP1-CP3为第二公因子，PB1-PB3为第三公因子，3公因子的累计解释变异数为75.467%，各题项的因子负荷均在0.7以上，没有跨因子符合的情况，结果见表4-15。本研究发现，游客参与价值创造行为的测量项目包含三个公因子，这三个公因子符合本研究模式的假定，即游客参与价值创造行为的持续使用行为、内容提供行为、反馈行为。结果表明，游客参与价值创造行为的量表结构效度较高，且对题项进行了修正。

表 4-15　游客参与价值共创行为变量的探索性因子分析

测量题项	成分			KMO	Sig.	因子解释方差（%）	累计解释方差（%）
	1	2	3				
CU1			0.894			57.952	57.952
CU2			0.724				
CU3			0.847				
CU4	0.778						
CP1	0.942			0.896	0.000	10.091	68.043
CP2	0.796						
CP3	0.73						
FB1		0.89					
FB2		0.923				7.424	75.467
FB3		0.769					
提取方法：主成分分析法							
旋转方法：凯撒正态化最优斜交法							

（五）互动初始量表的调整

如表 4-16 所示，互动 7 个测量题项的 Cronbach's Alpha 值为 0.944，每个测量题项的 CITC 均大于 0.35，说明互动测量题项之间具有较好的内部一致性，能够较好地测量互动概念。

表 4-16　互动初始测量题项因子分析

测量题项	均值	标准差	CITC	删除项后的克隆巴赫 Alpha	Cronbach's Alpha
IA1	4.52	1.397	0.779	0.938	
IA2	4.26	1.439	0.851	0.932	
IA3	4.48	1.349	0.883	0.929	
IA4	4.53	1.386	0.862	0.931	0.944
IA5	4.79	1.314	0.75	0.941	
IA6	4.51	1.363	0.814	0.935	
IA7	4.43	1.385	0.755	0.94	

采用探索性因子分析法对互动题项进行检测，发现 KMO 为 0.916，Bartlett 球形卡方值为 1333.514，0.000 的显著性，是较好的分析结果。在此基础上，利用主成分分析

法对各因子进行优化斜交,剔除了公因子上的负载量小于 0.7 的题项(剔除 IA5、IA6、IA7),共抽取 1 个公因子,其解释方差为 79.985%,各题项的因子负荷均在 0.7 以上,具体见表 4-17。研究表明,互动变量的测验题目包含 1 个公因子,符合本研究模式的假定。因此,可以得出互动量表的结构效度较高,且各测验项目都对潜在变数有很好的解释作用。

表 4-17 互动变量的探索性因子分析

测量题项	成分 1	KMO	Sig.	因子解释方差(%)	累计解释方差(%)
IA1	0.86	0.916	0.000	79.985	79.985
IA2	0.913				
IA3	0.927				
IA4	0.911				

提取方法:主成分分析法
旋转方法:凯撒正态化最优斜交法

(六)奖励初始量表的调整

从表 4-18 可以看出,在 3 个测量问题中,Cronbach's Alpha 值是 0.904,在各个测量项目中 CITC 都超过 0.35,这表明了奖励题项度的内在一致性,可以很好地衡量关联概念。

表 4-18 奖励初始测量题项因子分析

测量题项	均值	标准差	CITC	删除项后的克隆巴赫 Alpha	Cronbach's Alpha
RW1	4.94	1.163	0.817	0.855	0.904
RW2	4.91	1.247	0.783	0.884	
RW3	4.92	1.221	0.826	0.845	

采用探索性因子分析法,发现 KMO 和 Bartlett 球形检验分别为 0.75 和 409.591,显著性 0.000,表明适用于探索性因子分析。在此基础上,利用主成分分析法进行因子的抽取,剔除了公因子上的负载量小于 0.7 的题项,并抽取了 1 个公因子,其解释方差为 83.891%,各题项的因子负荷均高于 0.7,见表 4-19。研究表明,奖励的测验题目包含 1 个公因子,符合本研究模式的假定。因此,我们可以得出结论,奖励量表的结构效度较高,且各测验题目都对潜在变数有很好的诠释。

表 4-19 奖励变量的探索性因子分析

测量题项	成分 1	KMO	Sig.	因子解释方差（%）	累计解释方差（%）
RW1	0.92	0.75	0.000	83.891	83.891
RW2	0.902				
RW3	0.926				
提取方法：主成分分析法					
a 提取了 1 个成分					

在对预调查进行因子分析的基础上，剔除了个体测验项目，形成了最后的问卷，见附录 B。最后的问卷调查共有 81 个题项，其中有 8 个是客观的，而其他 73 个则是用来衡量模型所包含的 18 个概念。

第四节　正式调查问卷的发放与回收

本研究运用结构方程模型分析法（SEM）进行实证研究，需要考虑大量的样本（黄芳铭，2008），以确保参数估算的精确度。Anderson 和 Gerbing（1988）指出，在 SEM 分析中，100~150 个样品是最起码的。Boomsma 和 Hoogland（2001）认为，在样本量小于 200 的情况下，采用 SEM 法将会造成不合理的结果。而 Hu 等人（1992）的一项研究表明，5000 个样品仍然不够。Marsh 等人（1998）提出，若观察变量与因素之比为 3/4 时，样本数须大于 100；若比率大于 6，则样本数可减少到 50。Thompson（2000）根据研究模式中观察到的变量数目，建议抽样数目和观察变量的比例至少应该是 10∶1。在此基础上，本研究共收集 41 个观察变量，其中有效的抽样数为 410 个。而在 SEM 分析中，样本数量的多少会对模型的适应性有一定的影响，当样本数量越多时，模型的绝对拟合指数越低，被否决的概率越高。所以，在样本数量与模型适合性的选取上，必须做出取舍。Schumacker 和 Lomax（2016）发现，SEM 研究所使用的样本数量应该在 250~500 之间。因此，本研究选取 500 个样本作为样本，进行了一次大规模的问卷调查。

本研究是以个人的社交网络为基础，采用滚雪球式的方法进行抽样。之所以采用这种方式，是因为在中国的情况下，采用个人的社会关系进行问卷调查，能更好地获得被调查者的配合，从而确保问卷的填充性和回收率（Hitt 等，2004）。网上问卷是在网上进行的，所有的题目都是必需的，而且是不公开的，并且最大的答案是 500 个，收集到500个的时候，网站就会自动终止。

游客参与社交平台价值创造行为是基于社交平台和一定的社交网络服务使用过程，并非所有的游客都具有创造内容或推荐分享的经验和能力，只有那些在社交平台有过搜寻旅游信息或者在社交平台上分享过自己的旅游经历的、具有一定经验的游客，才会拥有价值创造的能力。尽管该问卷面向的是所有人，但是为了更全面、更真实地反映出游客在社交网站上的价值创造，调查表的第一项选择不包括那些在社交网站上没有搜索过或发布过旅游体验的人。具体的调查程序为：一是从朋友、同学、同事中寻找有过信息搜索经验或曾发表过旅游经历的人，请他们填写调查表；二是请朋友、同学、同事利用自己的人脉资源，寻找符合条件的人，并发送一份网上调查表，请他们帮忙填写。这种滚雪球式的问卷调查方法已被证明是一种更好的资料搜集方法（Hennig-Thurau等，2004；贾薇等，2011）。

本研究以社交平台为研究背景，选取具有代表性的使用社交平台的旅游者进行问卷调查，并进行了综合分析，最后选取微信、微博、马蜂窝等社交网站的用户，对其"提供内容""信息分享""评论""反馈""关注"等进行了分析。近年来，随着移动通信网络的迅速发展，社交平台的信息传播范围、可信度和互动性都在提高，其用户规模也在迅速增长，其主要用户群呈现出年轻化的特征。根据Sprout Social发布的《2020年社交平台报告》，44%的消费者通过社交平台发送私人信息或公开帖子与公司的客服联系[①]。Z代（58%）和千禧一代（60%）会比X代（37%）和"婴儿潮"（21%）更愿意在社交平台上寻找产品和服务。Z代（58%）和千禧一代（60%）的用户以26~35岁为主，占网民总人数的50.7%；大学生和公司员工是这两个群体中最大的两个群体，对移动终端的依赖性很强，并且他们都是受过良好教育的人，对新事物的适应能力很强。过去的经验表明，许多新事物的发展都是以年轻人为出发点，所以本研究选取了曾利用社交平台的青年游客作为主要调查对象。

本研究采用线上及线下同时发放问卷。网上发布的调查问卷主要是通过专业的问卷调查网站——问卷调查（https://www.wjx.cn/）进行，利用该平台的采样方式和服务功能，选取适当的样本对象进行调查。另外，通过微信、微博、知乎等网站进行问卷填写，完成了网上问卷的填写。线下调查主要在武汉、贵州、重庆等城市和地区的旅游景区采用面对面发放问卷的形式进行。本次问卷调查仅供学术研究使用，采用完全不记名的方式进行，对所收集信息也严格保密，消除了受访人员的顾虑，保证了数据的真实性和准确性。

大规模问卷发放的日期为2021年7月28日，问卷回收的截止日期为2021年8月15日，总共花费17天时间。在实际调查中，采用问卷调查和线下调查，共计500份调

---

① http://finance.sina.com.cn/tech/2021-05-24/doc-ikmxzfmm4239408.shtml.

查表。为确保获得足够的数据进行实证分析和模型测试，本次调查进行了问卷筛选过程，具体流程如下：(1) 在 200 秒内完成调查的调查表，被认为是不认真填写。剔除。(2) 在所有问题中，选择相同或规律选择的调查表，都被认为是无效的，需要排除。(3) 如果是同一个 IP 地址，并且大多数题目的答案都是相同的，那么，只留下一张调查表。按照以上的筛选原则，共获得 476 份有效的调查问卷，总有效率 95.2%，符合研究需要。

本章小结

本章对第 2 章提出的研究模型中的变量进行了操作性定义，其中包括社交平台游客参与价值共创行为的驱动因素、游客价值共创行为、游客体验价值感知以及互动和奖励等维度，参考有关文献，设计初步量表，以焦点团体访谈为基础，对初始量表进行探讨，并对其进行修正和改进。在 214 个预调查样本资料的基础上，分别对各个变量作了 CITC、信效度、单维性分析，剔除 CITC 值低于 0.4，并且删除 CITC 后 Cronbach's a 值上升超过 0.7 的问题，对各个变量进行了最后的测量，并编制了一套正式的调查问卷。最后，本研究还对正规调查问卷的发放与回收进行了说明。

第五章
社交平台游客参与价值共创机制实证分析

本章以正式调查所搜集的样本为基础,对本研究模型做了实证检验,其主要内容有:(1)对抽样中的人口变量做描述统计;(2)进行信度、效度分析;(3)检验相关研究的假设。在此基础上,利用探索性因子分析(EFA)对各个因素进行了单一维度的测试,并利用结构方程式模型的验证性因子分析(CFA)和潜在变量做路径分析,来检验所使用的测试题项的可靠性、有效性、适合度,并进一步验证了该研究的假设。

结构方程模型(SEM)是以统计分析技术为基础,将因素分析和路径分析相结合的一种新的统计方法。该方法的优点是考虑到了多个变量间的实际联系,并与传统的线性回归模型相比较,该方法具有更高的精度,而且不需要对控制变量进行特殊的影响。而且,这种方法不同于将测量误差包含在方程中的回归方程,可以有效地从关系式中剔除测量误差。近年来,这种方法被广泛地运用于教育学、心理学、管理学、社会学等各个方面(刘军等,2007)。因此,本章选取了这一研究方法,对研究模型进行实证分析。

第一节 测量模型数据分析

一、描述性统计分析

正式调查数据的性别分布,男、女比例分别是 50.2%、49.8%;年龄分布上主要以 19~49 岁为主,其中 19~29 岁占 41.4%,30~39 岁占 33.2%,40~49 岁占 15.3%,19 岁以下、50~59 岁、60 岁以上的占比分别为 6.1%、3.8%、0.2%,说明调查对象偏中青年化,该类群体拥有较为丰富的知识、技能及社交平台经验等,以及较高的参与社交平台价值共创的意愿,与本研究的主要研究对象较为吻合;教育程度分布上由大专及大专以下、本科、硕士研究生及以上组成，比例分别是 8.8%、56.5%、34.7%，说明调查对象学历层次较高，这符合本研究主要研究对象的特征；职业分布上，排在前三位的分别是白领、学生、教师，占比分别为 25.4%、24.6%、20.6%，公务员的占比达到了 9.2%；月收入分布上，相对较为均衡，小于 1000 元占比 20%，1001~3000 元、3001~5000 元、5001~10000 元占比分别为 22.1%、21.6%、22.5%，10000 元以上的占比为 13.9%。表 5-1 列出了正式调查样本的个人背景数据。

表 5-1 正式调查样本个人背景统计

结构特征	分类	样本数	百分比 %
性别	男	239	50.2
	女	237	49.8
年龄	19 岁以下	29	6.1
	19~29 岁	197	41.4
	30~39 岁	158	33.2
	40~49 岁	73	15.3
	50~59 岁	18	3.8
	60 岁以上	1	0.2
教育程度	大专及大专以下	42	8.8
	本科	269	56.5
	硕士研究生及以上	165	34.7
职业	学生	117	24.6
	企业白领	121	25.4
	公务员	44	9.2
	教师	98	20.6
	自主创业	22	4.6
	其他	74	15.5
收入	小于 1000 元	95	20
	1000~3000 元	105	22.1
	3001~5000 元	103	21.6
	5001~10000 元	107	22.5
	10000 元以上	66	13.9

二、信度检验

信度是指测量结果的一致性和稳定性，也就是不同的观测指标对同一变量的可信度。信度测试一般采用再测信度、复合信度、内部一致性等，并参考第四章所述的方法，采用 CITC、Cronbach's a 系数对正式量表进行信度测试。在 CITC 分析中，参考 Churchill（1979）的意见，如果某一题目的 CITC 数值小于 0.4，就需要对这一题目的保留或删除进行重新分析；根据 Devellis 等人（1991）所述，Cronbach's a 值小于 0.65 表示量表不行，而 Cronbach's a 值在 0.65~0.70 范围内，表示量表可以接受；a 值大于 0.80 表示量表的信度很好。

如表 5-2 所示，各个测验项目的 CITC 值在 0.685~0.867 之间，均在 0.4 以上，没有发现需要删除的题目，并且，在删除任何一道题后，所有的变量的系数 a 值都不会有明显的提高。每个变量的 Cronbach's a 值在 0.849~0.938 之间，而所有变量的 Cronbach's a 值均为 0.982，均超过了最低阈值 0.65。结果显示，所采用的测试题项具有很高的可信性。

表 5-2 正式调查样本的信度分析结果

测量量表	题项	CITC	克隆巴赫 Alpha
平台易用性	SPEU1-SPEU3	0.748-0.841	0.893
平台有用性	SPU1-SPU3	0.698-0.824	0.876
平台情感性	SPE1-SPE3	0.757-0.816	0.89
平台错失焦虑性	SPFoMO1-SPFoMO4	0.737-0.842	0.902
游客自我效能感	TSE1-TSE3	0.736-0.852	0.894
游客参与感	TE1-TE3	0.751-0.828	0.892
游客利他和互惠	TAR1-TAR5	0.772-0.836	0.929
功能体验价值感知	PFV1-PFV4	0.823-0.857	0.931
情感体验价值感知	PEV1-PEV3	0.814-0.862	0.919
社交体验价值感知	PSV1-PSV3	0.824-0.844	0.919
持续使用行为	CU1-CU3	0.685-0.785	0.849
内容提供行为	CP1-CP3	0.742-0.796	0.876
反馈行为	FB1-FB3	0.792-0.859	0.914
互动	IA1-IA4	0.833-0.863	0.938
奖励	RW1-RW3	0.820-0.837	0.914

三、效度检验

效度就是有效性，它是一种可以对目标对象进行精确测量的方法，测量结果与真实值越接近，其效度就越高。效度分析主要有三类：内容效度（content-related validity）、结构效度（construct-related validity）和校正效度（criterion-related validity）。内容效度通常是由专业人士来评定，而结构效度则是用聚合效度（convergent validity）和区别效度（discriminant validity）来衡量的。首先，本研究中所用的测量题项大多来源于国内外现有的研究结果，其有效性已经得到了有关研究的验证；其次，在以往的量表的基础上，结合研究的内容进行了综合和调整，并由多位旅游学、管理学领域的学者共同探讨，得出结论；再次，邀请了汉语语言学、英语等学科的博士、硕士生对测量题的翻译和表达进行修改，尽可能地增强语言表达的本地化和精确度；最后，通过预调查过程对测量项目进行了优化。通过以上方面的研究，本研究采用的测验量表在内容效度上有较好的效果。

Gerbing（1988）认为，单一维度的测试对于决定概念的测量是必要的。为了确定各个变量的单一维度，我们采用了正式调查的抽样资料，对各个变量进行了探索性因子分析，结果见表5-3。

表5-3 各变量的单维性检验结果

变量	题项	因子数	KMO	Sig.	累计方差解释率%
平台易用性	3	1	0.726	0.000	82.359
平台有用性	3	1	0.713	0.000	80.205
平台情感性	3	1	0.741	0.000	81.951
平台错失焦虑性	4	1	0.797	0.000	77.363
游客自我效能感	3	1	0.721	0.000	82.603
游客参与感	3	1	0.735	0.000	82.246
游客利他和互惠	5	1	0.877	0.000	77.897
功能体验价值感知	4	1	0.820	0.000	82.875
情感体验价值感知	3	1	0.754	0.000	86.074
社交体验价值感知	4	1	0.761	0.000	86.093
持续使用行为	3	1	0.704	0.000	76.902
内容提供行为	3	1	0.735	0.000	80.114
反馈行为	3	1	0.747	0.000	85.315

续表

变量	题项	因子数	KMO	Sig.	累计方差解释率 %
奖励	3	1	0.759	0.000	85.337
互动	4	1	0.851	0.000	84.267

由表5-3可知，所有变量的KMO值都在最低阈值0.50以上，并且进行了Bartlett球形检验，各个变量的测量项目都产生了一个独特的公因子，各个公因子的累积方差解释率都在65%以上。这表明，社交平台上的易用性、可用性、情感性、错失焦虑性，游客的自我效能、参与、利他和互惠因素，功能体验价值感知、情感体验价值感知、社交体验价值感知，持续使用行为、内容提供行为、反馈行为、奖励、互动等这些维度均为单一维度，各因子里的题项之间的关联度也很高。

采用最大似然方法，对正式调查样本资料和影响游客价值创造的驱动因素进行了验证性检验。在进行了参数估算后，还要进行适配度检验，以确定该模型和样本的匹配情况。Bagozzi和Yi（1988）提出，对假定模式和观察资料的拟合度应综合考量三种类型：基础适应性、整体适应性和内部适应性。基础适应性的测试方法是对测量误差和因素负荷进行数值的分析，从而确定模型的体系错误和识别问题。

（1）估算的参量不能有误差方差；（2）各参量之间的相互关系绝对不能过于相近；（3）各观察变项的因素负荷在0.50~0.95之间；（4）不能有过度的标准误差。关于模型内部适应性，Bagozzi和Yi（1988）提出了如下判定准则：单个观察变数的项目的可信性为0.50或更高；隐性变数的组合置信程度为0.60或更高；隐性变数的均值选取为0.50或更高；全部参数的估算均为显著（t绝对值超过1.96），标准化残差的绝对数低于2.58，校正指标低于3.84。总体适应性指数主要有：绝对拟合指数、相对拟合指数、简洁拟合指数。在这些指标中，最常见的是χ^2和残差均方根（RMR）、标准平均误差（SRMR）、近似误差均方（RMSEA）、拟合优度指标（GFI）以及校正拟合优度指标（AGFI）等；而相关拟合指标包括：CFI、规范拟合指标、NFI、非规范拟合指标、IFI等。

在实证方面，多数学者认为$\chi^2/df<3$是可以被采纳的，而有些学者则认为$\chi^2/df<5$可以被采纳。RMR指数受到仪器计量单元的极大的影响，目前多数采用SRMR指数，其数值在0~1之间。RMSEA一般被认为是最具适应性的指数（Marsh和Balla，1994），数值在0~1之间，数值愈低则表示该模型的适应性愈好。Hu和Bentley（1999）提出了0.06的可被接纳阈值，McDonald和Ho（2002）推荐阈值为0.05作为较佳的模型。大多数的研究者认为，当RMSEA>0.10时，该模型的适应性不理想；在0.08~0.10时，适应性较好；在0.05~0.08时，适应性较强；在0.05~0.08时，适应性较强（Browne和Cudeck，1992）。GFI、AGFI、CFI、NFI、NNFI、IFI等指数在0~1之间，说明该模型具有较好的适应性，常用的推荐判别准则是 0.90 以上；PGFI 和 PNFI 的指标值也是 0~1，最好是在 0.50 以上。在较少的样本量和较大的自由度条件下，NFI 在验证模型适应性方面存在着被估计的问题，而 NFI 则是将自由的因素纳入其中，因而被越来越多的研究者采用。

参考多数学者的实践，本研究对 χ^2/df、RMSEA、SRMR、AGFI、GFI、IFI、CFI、NNFI 等进行了拟合。应该指出，一般情况下，卡方值的显著概率值（p 值）也可以作为模型拟合的标准。

社交平台游客参与价值共创行为的驱动因素变量测量模型的拟合指标如表 5-4 所示，$\chi2/df$ =2.827，SRMR=0.058，RMSEA=0.070，GFI=0.926，AGFI=0.849，IFI=0.967，NFI=0.950，CFI=0.967，各项拟合指标均达到可接受标准，说明测量模型能较好地拟合样本数据。从表 5-4 显示的值可以看出，各测量题项在所测变量上的因子载荷都在 0.001 的水平上显著，在 Gerbing 和 Anderson（1988）中，该度量模型的聚合效度较好。陈晓萍等（2008）认为，建立的理论模型必须符合取样的资料，以衡量概念的有效性，而在被测的概念上，其因素负荷的大小必须是较高的，而对于随机错误的影响则是非常小的。关于因素负载应该达到多高，Joreskog 和 Sorbom（1989）认为，标准化系数应该超过 0.45 并且 p 值明显，这表明该方法具有很好的聚合效度。石贵成等（2005）发现，聚合效度可以用标准化系数和标准偏差之比来判定，而当标准偏差大于标准化系数 2 倍或更多时，该方法的聚合效度较高。根据 Joreskog 和 Sorbom（1989）的意见，游客体验价值共同创造行为的 15 个测试题项的标准化因子负载都超过 0.5~0.95，p 值表明了参数估算的较高水平。同时，在所有测试题的因素负荷下，标准偏差在 0.044~0.071 之间，两个比值比每一题都要低得多，参照石贵成等（2005）的意见，结果表明，该方法具有良好的综合效度。

另外，Fornell 和 Larcker（1981）建议用平均抽取变化量（AVE）来估算聚集效度，AVE 越大，随机测量误差就越低，而测试题中所包含的潜在变量就越多。Fornell 和 Larcker（1981）提出，如果 AVE 不能超过 0.5，那么这个量表的聚合效度就会被怀疑。从表 5-4 可以看出，社交平台的易用性、可用性、情感性、错失焦虑性、游客自我效能感、参与感、利他与互惠这 7 个潜变项的 AVE 值分别为 0.824、0.802、0.819、0.772、0.825、0.822、0.798，临界值都在 0.5 以上，结果表明，在测量模型中，由潜在变量所显示的变化量比由测量误差所能解释的变化要大得多，测量模型有较好的聚合效度。

表 5-4 社交平台游客参与价值共创行为的驱动因素变量验证性因子分析结果

变量	题项	因子载荷	S.E.	P 值	CR	AVE
平台易用性	SPEU1	0.844	0.47	***	0.933	0.824
	SPEU2	0.914	0.48	***		
	SPEU3	0.8233	—	—		
平台有用性	SPU1	0.857	0.062	***	0.924	0.802
	SPU2	0.881	0.062	***		
	SPU3	0.792	—	—		
平台情感性	SPE1	0.899	0.45	***	0.932	0.819
	SPE2	0.922	0.43	***		
	SPE3	0.895	—	—		
平台错失焦虑性	SPFoMO1	0.889	0.62	***	0.931	0.772
	SPFoMO2	0.89	0.63	***		
	SPFoMO3	0.908	—	—		
	SPFoMO4	0.827	0.61	***		
游客自我效能感	TSE1	0.876	0.63	***	0.934	0.825
	TSE2	0.909	0.59	***		
	TSE3	0.905	—	—		
游客参与感	TE1	0.816	0.47	***	0.933	0.822
	TE2	0.898	0.48	***		
	TE3	0.862	—	—		
游客利他和互惠	TAR1	0.835	0.047	**	0.941	0.798
	TAR2	0.875	0.045	***		
	TAR3	0.866	0.045	***		
	TAR4	0.860	0.047	—		
	TAR5	0.830	—	—		

x^2/df =2.827，SRMR=0.058，RMSEA=0.070，GFI=0.926，AGFI=0.849，IFI=0.967，NFI=0.950，CFI=0.967

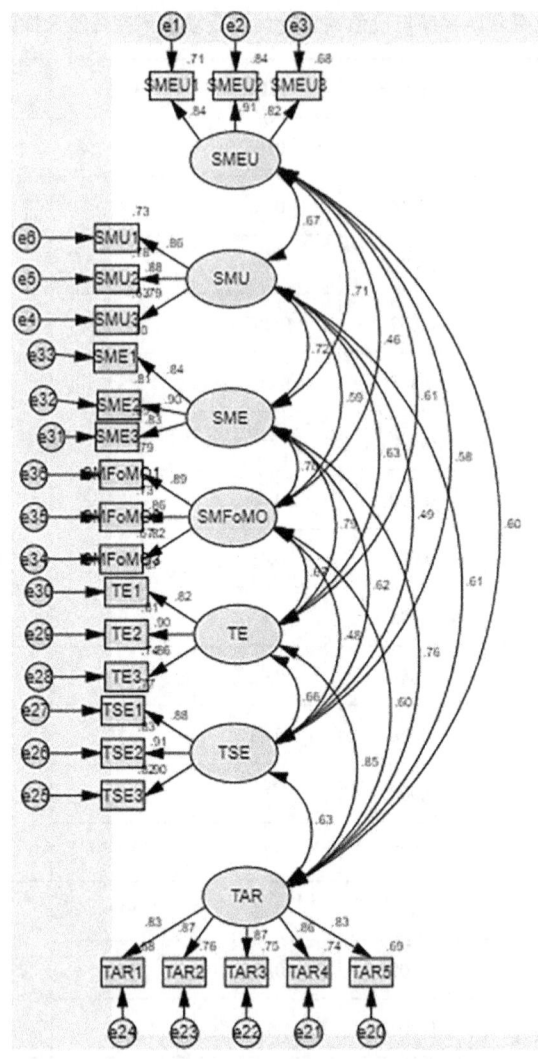

图 5-1 驱动因素测量模型因子载荷

体验价值感知测量模型的拟合指标如表 5-5 所示，$\chi^2/df=4.495$，SRMR=0.058，RMSEA=0.076，GFI=0.951，AGFI=0.908，IFI=0.979，NFI=0.973，CFI=0.979，各项拟合指标均达到可接受标准，说明测量模型能较好地拟合样本数据。如表 5-5 所示，每个测量题对被测变量的因素负载均在 0.001 的水平上显著，并且该测量模型的聚合效度很好。根据 Joreskog 和 Sorbom（1989）的意见，9 个测试题的标准化系数都在 0.5 以下，p 值表明了参数估计的较高水平。同时，标准偏差在 0.036~0.044 之间，参考石贵成等（2005）标准，该模型具有更好的聚合效度。另外，功能体验价值、情感体验价值、社交体验价值的 AVE 值为 0.829、0.861、0.861，都超过了临界值 0.5，这表明，在测量模型下，由潜在变量所暴露的变化量要比由测量误差所解释的要大得多，测量模型有很好的聚合效度。

表 5-5 体验价值感知变量验证性因子分析结果

变量	题项	因子载荷	S.E.	P值	CR	AVE
功能体验价值	PFV1	0.902	0.44	***	0.951	0.829
	PFV2	0.912	0.42	***		
	PFV3	0.904	—	—		
情感体验价值	PEV1	0.913	0.36	***	0.949	0.861
	PEV2	0.943	0.33	***		
	PEV3	0.927	—	—		
社交体验价值	PSV1	0.922	0.36	***	0.949	0.861
	PSV2	0.933	0.37	***		
	PSV3	0.928	—	—		

x^2/df =4.495, SRMR=0.058, RMSEA=0.076, GFI=0.951, AGFI=0.908, IFI=0.979, NFI=0.973, CFI=0.979

游客价值共创行为测量模型的拟合指标如表 5-6 所示, $\chi 2/df$=4.894, SRMR=0.064, RMSEA=0.071, GFI=0.946, AGFI=0.899, IFI=0.979, NFI=0.963, CFI=0.970, 各项拟合指标均达到可接受标准,说明测量模型能较好地拟合样本数据。如表 5-6 所示,每个测量题对被测变量的因素负载均在 0.001 的水平上显著,并且该度量模型的聚合效度很好(Gerbing 和 Anderson, 1988)。根据 Jöreskog 和 Sorbom(1989)的观点,9 个测试题的标准化系数都在 0.5 以下,p 值表明了参数估算的显著水平。同时,在标准偏差为 0.034~0.052 的情况下,两个比值均小于标准系数,参照石贵成等(2005)的意见,结果表明,该方法具有良好的聚合效度。另外,持续使用行为、内容提供行为、反馈行为三个潜变项的 AVE 值分别是 0.769、0.801、0.853,都超过了 0.5 的临界值,这表明,由观察变量所反映的变化量比由测量误差所能解释的变化量要大得多,测量模型有很好的聚合效度。

表 5-6 社交平台游客参与价值共创行为变量验证性因子分析结果

变量	题项	因子载荷	S.E.	P值	CR	AVE
持续使用行为	CU1	0.864	0.49	***	0.909	0.769
	CU2	0.855	—	—		
	CU3	0.911	0.52	***		
内容提供行为	CP1	0.888	0.5	***	0.924	0.801
	CP2	0.91	0.49	***		
	CP3	0.886	—	—		

续表

变量	题项	因子载荷	S.E.	P值	CR	AVE
反馈行为	FB1	0.922	0.34	***	0.946	0.853
	FB2	0.938	-	-		
	FB3	0.911	0.35	***		

x^2/df=4.894，SRMR=0.064，RMSEA=0.071，GFI=0.946，AGFI=0.899，IFI=0.979，NFI=0.963，CFI=0.970

表5-7 社交平台游客参与价值共创行为调节变量验证性因子分析结果

变量	题项	因子载荷	S.E.	P值	CR	AVE
互动	IA1	0.906	-	-	0.955	0.843
	IA2	0.926	0.034	***		
	IA3	0.926	0.037	***		
	IA4	0.913	0.037	***		
奖励	RW1	0.926	-	-	0.946	0.853
	RW2	0.928	0.04	***		
	RW3	0.918	0.041	***		

x^2/df=4.545，SRMR=0.061，RMSEA=0.069，GFI=0.974，AGFI=0.943，IFI=0.925，NFI=0.896，CFI=0.923

调节变量的互动和奖励测量模型的拟合指标如表5-7所示，χ2/df=4.545，SRMR=0.061，RMSEA=0.069，GFI=0.974，AGFI=0.943，IFI=0.925，NFI=0.896，CFI=0.923。所有拟合指标都符合可接受的标准，这表明该方法能够很好拟合样本资料。从表5-7可以看出，各测量题项在所测变量上的因子载荷都在0.001的水平上显著，根据Gerbing和Anderson（1988）的判断标准，测量模型具有良好的聚合效度。7个测量题项的标准化因子载荷值均大于0.5且小于0.95，且t值显示参数估计值达到显著水平，根据Jöreskog和Sorbom（1982）的意见，该度量模型在聚集效度方面表现出很好的一致性。同时，在标准偏差为0.034~0.041的情况下，两个比值均小于标准系数，参照石贵成等（2005）的意见，结果表明，该模型具有良好的聚合效度。此外，互动、奖励等两个潜变项的AVE值为0.843、0.853，都超过了0.5的临界值，表明该测验模型中由潜在变量所暴露的变化量要比被测误差所解释的变化量大得多，且测验模型的聚合效度较高。

Fornell和Larcker（1981）建议，可根据AVE的数值，以进一步观察到潜变项与其他相关变项的相关性，并将其与AVE的平方根进行比较，以此来判定该量表的区别效度。当一个潜在变量AVE的平方根比它与其他潜在变量的关系的绝对值大时，它就能区别出其他的潜在变量，并且在它们之间存在着高的区别效度。表5-8列出了各个变量的相关系数矩阵和 AVE（对角值）的平方根。结果表明，AVE 与其他变量的关系在 0.414~0.786 之间，AVE 的平方根在 0.877~0.928 之间，且 AVE 的开方比其他变量的开方要大得多。根据 Fornell 和 Larcker（1981）的观点，测量模型具有较好的区别效度。

表 5-8　相关系数矩阵和 AVE 值的平方根

	CU	TSE	PFV	SPFoMO	FB	TE	PEV	CP	TAR	SPEU	SPU	PSV
CU	0.895											
TSE	0.689	0.894										
PFV	0.583	0.684	0.91									
TE	0.68	0.786	0.661	0.907								
FB	0.693	0.54	0.591	0.549	0.924							
SPFoMO	0.593	0.694	0.611	0.707	0.455	0.905						
PEV	0.718	0.752	0.752	0.72	0.557	0.699	0.928					
CPB	0.718	0.677	0.702	0.663	0.612	0.639	0.716	0.877				
TAR	0.564	0.535	0.364	0.59	0.433	0.59	0.538	0.532	0.879			
PEU	0.414	0.547	0.657	0.547	0.418	0.65	0.553	0.564	0.383	0.907		
SPEU	0.506	0.562	0.583	0.574	0.432	0.664	0.595	0.56	0.507	0.632	0.895	
PSV	0.765	0.716	0.69	0.687	0.64	0.602	0.612	0.69	0.521	0.477	0.527	0.928

CU= 内容提供行为，CP= 持续使用行为，FB= 反馈行为，PSV= 社交体验价值，PEV= 情感体验价值，SPE= 社交平台情感性，PFV= 功能体验价值，TSE= 游客自我效能感，TE= 游客参与感，SPFo'MO= 社交平台错失焦虑性，TAR= 游客利他和互惠，SPEU= 社交平台易用性，SPU= 社交平台有用性

第二节　共同方法偏差检验

共同方法偏差（Common Method Variance，CMV）是由于相同的资料来源或评分者、同一测量环境、项目背景以及项目自身的特点，而导致的组合和效标变量的人为共变。共同方法的偏误有可能来自于社会称许性、宽恕效应、短暂的情绪状态和环境因素的测量（Podsakoff 等，2003）。在实验设计中，采用改进测试题项内容、匿名填答、测试题项的优化布局等措施，减少测量误差。然而，由于研究对象的同源性、项

目背景、测量环境等因素的影响，在某种程度上存在着共同的偏差。所以，对通用方法的偏差进行检验是十分必要的。本研究在周浩、龙立荣（2004）研究的基础上，运用 Harman 单因子检验，对共同方法偏差效果进行了分析。

这种检验方法的基本假定是：当共同方法存在较大的偏差时，在对观察变量进行因素分析时，可能会析出单一的因素，或者某个公因数能够解释大多数的变数。具体的测试方式为：将研究模式中有关的潜在变量全部纳入探索性因子分析，对非转动因子进行检验，并决定析出因子和解释力最大因子的方差解释率，以此来判定共同方法的偏误程度。另一种方法是使用验证性因子分析，将公因数设为 1，并依据分析结果判断是否有"仅仅一种因子可以解释一切变异"（Harris 和 Mossholder，1996）。

通过对 52 个观察变量进行探索性因子分析，发现 KMO=0.966，Sig.=0.000，未进行转动共获得 11 个公因子，累计方差解释率 71.755%，第一个因子的方差解释率为 24.08%，还不到平均变异的一半，说明共同方法偏差没有严重影响到整个研究模型。

第三节 结构方程模型分析与假设检验

从以上分析可以看出，本研究所测得的各项指标具有较好的信度与效度，适于做结构方程的进一步验证。最后，运用最大似然估计、最小二乘等最优化估计方法，通过 AMOS24.0 验证了模型的拟合指标及影响路径，验证了游客在社交平台上的价值创造行为驱动模式中的假定关系。

基于第三章所提出的研究假设，游客参与社交平台价值创造行为影响因素中的平台易用性、平台有用性、平台情感性、平台错失焦虑性、游客自我效能感、游客参与感、游客利他和互惠等 7 个潜在变量显著影响体验价值感知，体验价值感知对游客参与社交平台价值创造行为有显著影响，而互动程度对体验价值感知可能具有调节作用，企业奖励对价值创造行为也可能具有调节作用。因此，构建的游客参与社交平台价值创造行为结构模型将社交平台的易用性、平台有用性、平台情感性、平台错失焦虑性、游客自我效能感、游客参与感、游客互惠和利他等作为自变量，功能体验价值感知、情感体验价值感知、社交体验价值感知作为中介变量，游客参与价值创造行为中的持续使用行为、内容提供行为和反馈行为作为因变量，未将互动程度和奖励纳入结构模型是因为互动和奖励作为调节变量，后面将重新验证互动和奖励的调节效应，所以构成如图 5-2 所示的结构模型。

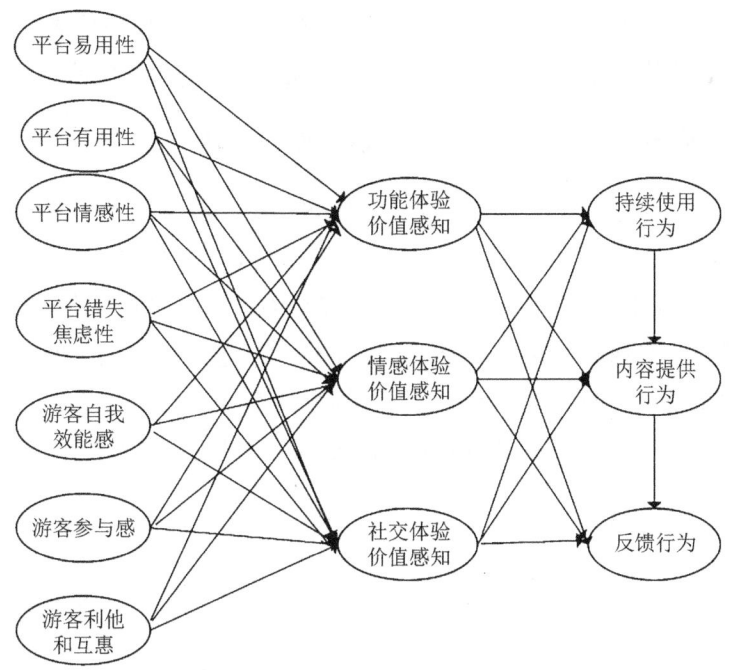

图 5-2 社交平台游客参与价值共创机制的结构方程图

一、模型拟合程度

通过对结构方程模型的分析，发现整个模型的卡方检验值（χ^2）是 2168.552，587 是自由度（df），卡方值和自由度的比值（χ^2/df）达到 3.694，并达到 Hair 等人（1998年）所推荐的低于 5 的条件。标准化残差均方（SRMR）的数值是 0.071，在阈值 0.08 以下。近似平均误差平均（RMSEA）值是 0.075，也低于多数学者推荐的 0.08。拟合指数（GFI）为 0.895，修正拟合指数（AGFI）为 0.854，比较拟合指数（IFI）为 0.904，CFI 为 0.904，其他指标均大于 0.90，而 AGFI 则低于 0.90，超过了 0.80。从整体上看，理论模型与样本数据的拟合情况较好，可以接受理论模型。

表 5-9 结构方程模型的拟合程度检验结果

χ^2	df	χ^2/df	SRMR	RMSEA	GFI	AGFI	IFI	CFI
2168.552	587	3.694	0.071	0.075	0.895	0.854	0.904	0.904

二、不同维度体验价值感知的结构模型分析

利用结构方程工具 AMOS24.0，分别拟合不同维度的感知体验价值结构模型，选

取最大似然法进行估算，图 5-3、5-4、5-5、5-6，从不同的体验价值维度，给出了游客参与社交平台价值创造行为驱动机制的结构模型拟合后路径系数值。

（一）功能体验价值感知维度的结构模型评价与检验

通过对结构模型的拟合，得到了 $\chi^2=1865.019$、$df=495$、$\chi^2/df=3.768$、$P<0.001$，RMSEA=0.075，符合小于 0.08 的标准。GFI=0.800，CFI=0.904，NFI=0.874，TLI=0.891，PNFI=0.771，SRMR=0.064，满足学者对结构模型拟合结果的评价标准。

结构模型的 AIC=2065.091，CAIC=2581.633，与饱和模型的 AIC=1190 接近，同时比独立模型的 AIC=14866.549 小，比饱和模型的 CAIC=4263.424 小，比独立模型的 CAIC=15042.173 小，结果证明功能体验价值感知维度结构模型的整体适配度可接受。

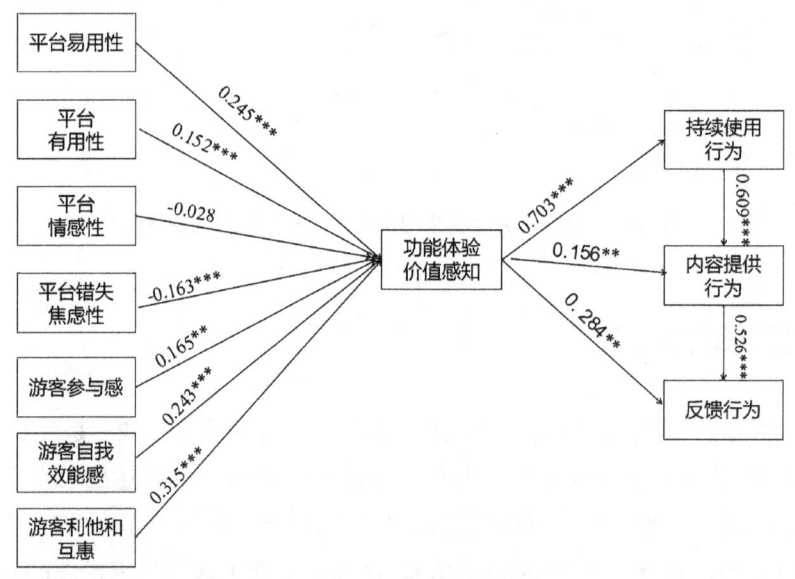

图 5-3 功能体验价值感知维度的结构模型路径系数与检验

从功能体验价值感知维度对游客参与社交平台价值创造行为的影响路径进行假设检验，结果从表 5-10 和图 5-3 可以分析功能体验价值感知维度结构模型的假设检验结果。

表 5-10 功能体验价值感知维度结构模型的假设检验结果

假设	路径关系	路径系数	T 值	是否成立
H1a	平台易用性 -> 功能体验价值感知	0.245	4.796	成立
H2a	平台有用性 -> 功能体验价值感知	0.152	3.799	成立
H3a	平台情感性 -> 功能体验价值感知	-0.028	0.164	不成立
H4a	平台错失焦虑性 -> 功能体验价值感知	-0.163	3.55	成立

续表

假设	路径关系	路径系数	T值	是否成立
H5a	游客自我效能感 -> 功能体验价值感知	0.243	2.123	成立
H6a	游客参与感 -> 功能体验价值感知	0.165	2.468	成立
H7a	游客利他和互惠 -> 功能体验价值感知	0.315	4.265	成立
H8a	功能体验价值感知 -> 内容提供行为	0.156	2.631	成立
H9a	功能体验价值感知 -> 反馈行为	0.284	4.396	不成立
H10a	功能体验价值感知 -> 持续使用行为	0.703	19.751	成立
H11	持续使用行为 -> 内容提供行为	0.609	10.641	成立
H12	内容提供行为 -> 反馈行为	0.526	8.932	成立

游客在参与社交平台价值共创时，社交平台驱动主要因素对功能体验价值感知的影响假设中，H1a、H2a 和 H4a 得到了支持。其中，平台易用性与功能体验价值之间感知的路径系数为 0.245，T 值为 4.796，大于 1.96，H1a 在显著性为 0.05 时成立，说明平台易用性对游客功能体验价值的感知具有显著的正相关。平台有用性与功能体验价值感知的路径系数为 0.152，T 值为 3.799，在 1.96 以上，H2a 在显著性为 0.05 时成立，说明平台有用性对游客的功能体验价值感知有显著的正相关。但是，平台情感性和功能体验价值感知的路径系数为 -0.028，T 值为 0.164，H3a 在 0.1 的显著性水平上并不成立，所以 H3a 并不存在。平台缺失焦虑性和功能体验价值感知的路径因子为 -0.163，T 值 3.55，在 1.96 以上，H4a 在显著水平为 0.05 时具有显著意义，因此平台错失焦虑性对游客功能价值感知是有显著负向影响的。

来自游客自身的驱动主要因素对功能体验价值感知的影响假设中，H5a、H6a、H7a 得到了支持。结果表明，自我效能与功能体验价值感知的路径值为 0.243，T 值 2.123，比 1.96 大，H5a 在 0.05 的显著性水平上发现自我效能对功能体验价值感知具有一定的正向作用。参与感和功能体验价值感知的路径值为 0.165，T 值 2.468，在 1.96 以上，H5a 在 0.05 的显著性水平上发现参与感对功能体验价值感知具有一定的正向影响。游客利他和互惠与功能体验价值感知的路径值是 0.315，T 值为 4.265，H6a 在 0.05 的显著性水平下发现利他和互惠对功能体验价值感知的影响是显著且正向的。

功能体验价值感知与内容提供行为之间的路径系数为 0.156，T 值为 2.631，0.001 的显著性水平下 H8a 成立，功能体验价值感知对内容提供行为的影响是显著且正向的。功能体验价值感知与反馈行为之间的路径系数为 0.284，T 值为 4.396，0.1 的显著性水平下 H9a 不成立，因此功能体验价值感知对反馈行为的影响是不显著的。功能体验价值感知与持续使用行为之间的路径系数为 0.703，T 值为 19.751，0.001 的显著性水平下 H10a 成立，因此功能体验价值感知对持续使用行为的影响是显著且正向的。持续使用行为与内容提供行为之间的路径系数为 0.609，T 值为 10.641，0.001 的显著性水平下 H11 成立，因此持续使用行为对内容提供行为的影响是显著且正向的。内容提供行为与反馈行为之间的路径系数为 0.526，T 值为 8.932，0.001 的显著性水平下 H12 成立，因此内容提供行为对反馈行为的影响是显著且正向的。

（二）情感体验感知价值维度的结构模型评价

通过对结构模型的拟合，得到了 χ2=1682.631、df=495、χ2/df=3.399、P<0.001，RMSEA=0.071，符合小于 0.08 的标准。GFI=0.815，CFI=0.917，NFI=0.887，TLI=0.906，PNFI=0.783，SRMR=0.049，满足学者对结构模型拟合结果的评价标准。

结构模型的 AIC=1882.631，CAIC=2399.173，与饱和模型的 AIC=1190 接近，同时比独立模型的 AIC=14866.549 小，比饱和模型的 CAIC=4263.424 小，比独立模型的 CAIC=15042.173 小，结果证明情感体验价值感知维度结构模型的整体适配度可接受。

从情感体验价值感知维度对社交平台游客参与价值共创行为的影响路径进行假设检验，结果显示在表 5-11 和图 5-4 中。

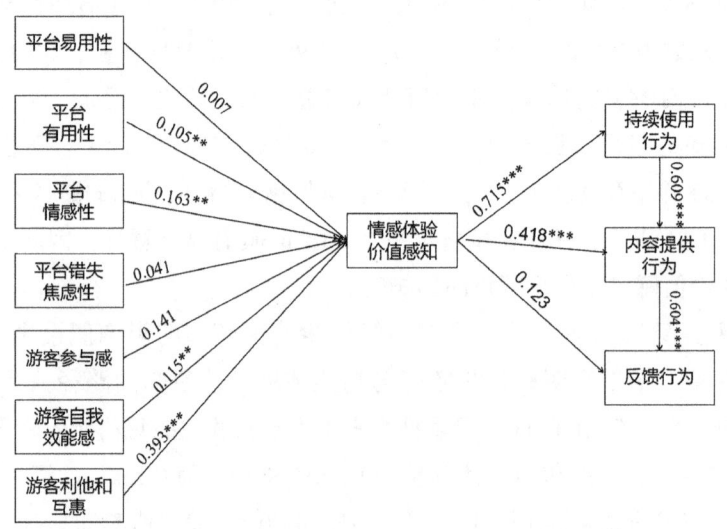

图 5-4　情感体验价值感知维度的结构模型路径系数与检验

表 5-11　情感体验价值感知维度结构模型的假设检验结果

假设	路径关系	系数	T 值	是否成立
H1b	平台易用性 -> 情感体验价值感知	0.007	0.93	不成立
H2b	平台有用性 -> 情感体验价值感知	0.105	1.512	不成立
H3b	平台情感性 -> 情感体验价值感知	0.163	2.898	成立
H4b	平台错失焦虑性 -> 情感体验价值感知	0.041	0.919	不成立

续表

假设	路径关系	系数	T值	是否成立
H5b	自我效能感 -> 情感体验价值感知	0.115	2.464	成立
H6b	参与感 -> 情感体验价值感知	0.141	1.914	不成立
H7b	利他和互惠 -> 情感体验价值感知	0.393	5.829	成立
H8b	情感体验价值感知 -> 内容提供行为	0.418	6.737	成立
H9b	情感体验价值感知 -> 反馈行为	0.123	1.803	成立
H10b	情感体验价值感知 -> 持续使用行为	0.715	23.644	不成立
H11	持续使用行为 -> 内容提供行为	0.609	10.552	成立
H12	内容提供行为 -> 反馈行为	0.604	10.065	成立

游客在参与社交平台价值共创时，社交平台驱动主要因素对情感体验价值感知的影响假设中，只有 H3b 得到了支持，H1b、H2b 和 H4b 都不成立。其中，平台易用性与情感体验价值感知之间的路径值为 0.007，T 值为 0.93，小于 1.96，在 0.05 的显著性水平下 H1b 不成立，因此平台易用性对情感体验价值感知没有显著正向影响。平台有用性与情感体验价值感知之间的路径值为 0.105，T 值为 1.512，小于 1.96，在 0.05 的显著性水平下 H2b 不成立，平台有用性对游客情感体验价值感知是没有显著正向影响的。但是平台情感性与情感体验价值感知之间的路径值是 0.163，T 值为 2.898，在 0.05 的显著性水平下 H3b 成立，平台情感性对游客情感体验价值感知的影响是显著且正向的，因此，H3b 成立。平台错失焦虑性与情感体验价值感知之间的路径系数为 0.041，T 值为 0.919，小于 1.96，H4b 在 0.05 的显著性水平下是不成立的，因此平台错失焦虑性对游客情感价值感知是没有显著影响的。

来自游客自身的主要驱动因素对情感体验价值感知的影响假设中，H6b 没有得到支持，而 H5b、H7b 得到了支持。其中，自我效能感与情感体验价值感知之间的路径值是 0.115，T 值 2.464，比标准值 1.96 大，在 0.05 的显著性水平下 H5b 是成立的，自我效能感对情感体验价值感知的影响是显著且正向的。参与感与情感体验价值感知之间的路径值为 0.141，T 值 1.914，比标准值 1.96 小，H6b 在 0.05 的显著性水平下是不成立的，因此参与感对游客情感体验价值感知是没有显著正向影响的。利他和互惠与情感体验价值感知之间的路径值为 0.393，T 值 5.829，在 0.05 的显著性水平下 H7b 是成立的，因此感知互惠和利他对感知情感价值的影响是显著且正向的。

情感体验价值感知与内容提供行为之间的路径值为 0.418，T 值 6.737，在 0.001 的显著性水平下 H8b 成立，情感体验价值感知对内容提供行为的影响是显著且正向的。情感体验价值感知与反馈行为之间的路径值为 0.123，T 值 1.803，在 0.05 的显著性水平下 H9b 成立，因此情感体验价值感知对反馈行为的影响是显著且正向。情感体验价值感知与持续使用行为之间的路径值为 0.715，T 值 23.644，在 0.05 的显著性水平下 H10b 不成立，因此情感体验价值感知对持续使用行为是没有显著正向影响的。持续使用行为与内容提供行为之间的路径值是 0.609，T 值 10.552，在 0.001 的显著性水平下 H11 成立，因此持续使用行为对内容提供行为的影响是显著且正向的。内容提供行为与反馈行为之间的路径值为 0.604，T 值 10.065，在 0.001 的显著性水平下 H12 成立，因此内容提供行为对反馈行为的影响是显著且正向的。

（三）社交体验价值感知维度的结构模型评价

通过对结构模型的拟合，得到了 χ2=1776.873、df=495、χ2/df=3.590、P<0.001，RMSEA=0.072，符合小于 0.08 的标准。GFI=0.811，CFI=0.911，NFI=0.881，TLI=0.899，PNFI=0.777，SRMR=0.049，RMSEA=0.074，满足学者对结构模型拟合结果的评价标准。

结构模型的 AIC=1976.873，CAIC= 2493.415，与饱和模型的 AIC=1190 接近，同时比独立模型的 AIC=14866.549 小，比饱和模型的 CAIC =4263.424 小，比独立模型的 CAIC=15042.173 小，结果证明社交体验价值感知维度结构模型的整体适配度可接受。

从社交体验价值感知维度对社交平台游客参与价值共创行为的影响路径进行假设检验，结果显示在表 5-12 和图 5-5 中。

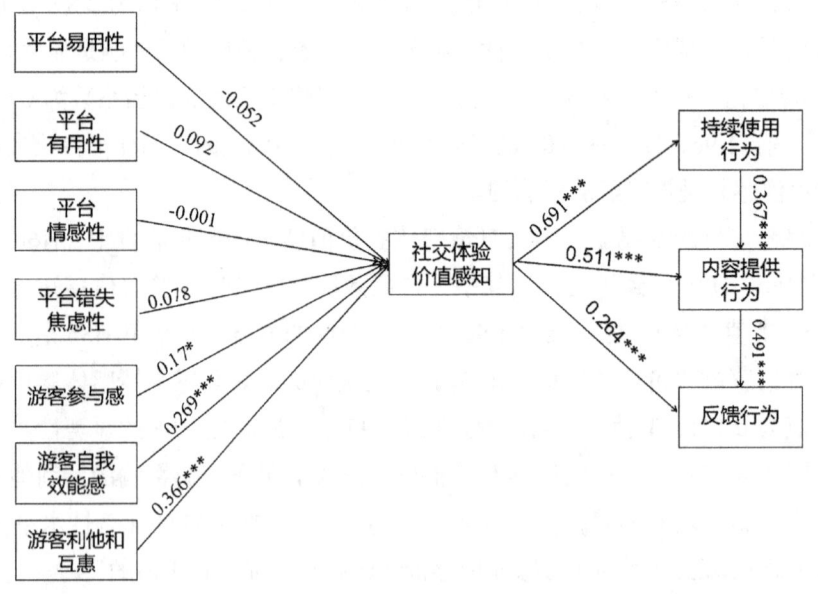

图 5-5 社交体验价值感知维度的结构模型路径系数与检验

游客在参与社交平台价值共创时，来自于社交平台驱动主要因素对社交体验价值感知的影响假设中，H1c、H2c、H3c 和 H4c 都没有得到支持。其中，易用性与社交体验价值感知之间的路径值为-0.052，T值为0.928，远远小于标准值1.96，在0.05的显著性水平下H1c不成立，因此易用性对社交体验价值感知是没有显著正向影响的。有用性与社交体验价值感知之间的路径系数为0.092，T值为1.564，小于1.96，H2c在0.05的显著性水平下不成立，因此有用性对游客社交体验价值感知是没有显著正向影响的。情感性与社交体验价值感知之间的路径系数为-0.001，T值为0.015，小于1.96，H3c在0.05的显著性水平下不成立，因此情感性对社交体验价值感知是没有显著正向影响的。错失焦虑性与社交体验价值感知之间的路径系数为0.078，T值为1.526，小于1.96，H4c在0.05的显著性水平下是不成立的，因此错失焦虑性对游客社交体验价值感知没有显著影响。

表5-12 社交体验价值感知维度结构模型的假设检验结果

假设	路径关系	系数	T值	是否成立
H1c	易用性 –> 社交体验价值感知	-0.052	0.928	不成立
H2c	有用性 –> 社交体验价值感知	0.092	1.564	不成立
H3c	情感性 –> 社交体验价值感知	-0.001	0.015	不成立
H4c	错失焦虑性 –> 社交体验价值感知	0.078	1.526	不成立
H5c	自我效能感 –> 社交体验价感知值	0.269	3.436	成立
H6c	参与感 –> 社交体验价值感知	0.17	2.014	成立
H7c	利他和互惠 –> 社交体验价值感知	0.366	4.289	成立
H8c	社交体验价值感知 –> 内容提供行为	0.511	9.883	成立
H9c	社交体验价值感知 –> 持续使用行为	0.691	18.57	成立
H10c	社交体验价值感知 –> 反馈行为	0.264	3.625	成立
H11	持续使用行为 –> 内容提供行为	0.367	6.973	成立
H12	内容提供行为 –> 反馈行为	0.491	7.336	成立

来自游客自身的驱动主要因素对社交体验价值感知的影响假设中，H5c、H6c、H7c都得到了支持。其中，自我效能感与社交体验价值感知之间的路径值是0.269，T值为3.436，远大于标准值1.96，在0.05的显著性水平下H5c是成立的，因此自我效能感对社交体验价值感知的影响是正向且显著的。参与感与社交体验价值感知之间的路径系数为0.17，T值为2.014，比标准值1.96大，在0.05的显著性水平下H6c是成立的，因此参与感对游客社交体验价值感知的影响是正向且显著的。利他和互惠与社交体验价值感知之间的路径系数为0.366，T值为4.289，远大于标准值1.96，在0.05的显著性水平下H7c是成立的，因此利他和互惠对社交体验价值感知的影响是正向且显著的。

社交体验价值感知与内容提供行为之间的路径系数为0.511，T值为9.883，在0.001的显著性水平下H8c成立，因此社交体验价值感知对内容提供行为的影响是正向且显著的。社交体验价值感知与持续使用行为之间的路径值为0.691，T值18.57，在0.001的显著性水平下H9c成立，因此社交体验价值感知对持续使用行为的影响是正向且显著的。社交体验价值感知与反馈行为之间的路径系数为0.264，T值为3.625，在0.001的显著性水平下H10c成立，因此社交体验价值感知对反馈行为的影响是正向且显著的。持续使用行为与内容提供行为之间的路径系数为0.367，T值为6.973，在0.001的显著性水平下H11成立，因此持续使用行为对内容提供行为的影响是正向且显著的。内容提供行为与反馈行为之间的路径系数为0.491，T值为7.336，在0.001的显著性水平下H12成立，因此内容提供行为对反馈行为的影响是正向且显著的。

三、体验价值感知的中介效应检验

根据上述中介效应假设检验结果，可以推测体验价值感知可能在价值共创驱动因素和价值共创行为之间起到了中介作用。当前，国内外学者在研究中介效果时，大多参考Baron和Kenny（1986）的回归分析方法，着重于以下两个方面：一是自变量的变动可以明显地解释因变量的变动；二是自变量的变动可以明显地解释中介变量的变动。但是这个方法却有许多争论，MacKinnon等人（2002）利用蒙特卡罗模型[①]测试Baron和Kenny（1986）的方法，结果表明，该方法的统计效率较低。为此，本研究以陈瑞、郑毓煌（2013）为例，运用Bootstrap检验对游客体验价值感知的中介效果进行了检验，选取了5000个样本，并在95%的置信区间观察检验的可信度范围是否包括0。由于本研究为体验价值感知在价值共创驱动因素和价值共创行为之间的中介效应，故利用SPSS26.0的Process插件中的Model4（简单中介模型）来进行分析。在Process中设定自变量为价值共创驱动因素，中介变量为体验价值感知，因变量为价值共创行为，从表5-13可以看到，在95%置信区间（LLCI=0.1354，ULCI=0.2109）中没有0，这表明体验价值感知具有很好的中介效果，并且中介效果的大小是0.1743；另外，在控制了中间变量体验价值感知后，自变量价值创造驱动因素对价值创造行为有明显的影响，区间（LLCI=0.1119，ULCI=0.1815）直接效果是0.1467，证明了体验价值感知在价值共创驱动因素对价值共创行为的影响中发挥了部分中介作用。

---

① 蒙特卡罗方法又称统计模拟法、随机抽样技术，是一种随机模拟方法，是以概率和统计理论方法为基础的一种计算方法，是使用随机数（或更常见的伪随机数）来解决很多计算问题的方法。

表 5-13 体验价值感知的中介效应检验结果

效应	Effect	se	t	p	LLCI	ULCI
总效应	0.3210	0.0117	27.3297	0.000	0.2979	0.3441
直接效应	0.1467	0.0177	8.2904	0.000	0.1119	0.1815
中介效应	0.1743	0.019	-	-	4.135	4.2109

自变量：价值共创驱动因素；中介变量：体验价值感知；因变量：价值共创行为

四、互动的调节效应检验

调节效应是通过调节变量作用于两个变量的相互影响关系而产生的，如本研究互动对游客参与社交平台的价值共创驱动因素与感知体验价值之间关系影响的检验模型，如图 5-6 所示。其中社交平台游客参与价值共创驱动因素是自变量，体验价值感知是因变量，互动作为调节变量调节两者之间的关系，如 H14。

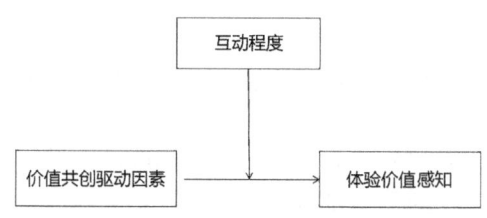

图 5-6 互动调节效应检验模型图

（一）互动对社交平台易用性与游客功能体验价值感知关系的调节作用

本研究将社交平台易用性作为自变量，游客功能体验价值感知为因变量，互动为调节变量，将社交平台易用性和调节变量的交互项纳入层次性回归模型分析，检验是否有调节效应，结果显示如表 5-14。

表 5-14 互动调节效应分析（非标准化）（N=476）

自变量	M1			M2		
	B	SE	T	B	SE	T
截距	20.305	0.137	148.392***	20.284	0.144	140.835***
SPE	0.27	0.029	9.389***	0.266	0.03	9.005***
IA	0.663	0.043	15.427***	0.668	0.044	15.16***
SPE*IA				0.003	0.007	0.457
R^2	0.721			0.722		

续表

自变量	M1			M2		
	B	SE	T	B	SE	T
F	257.035***			171.14***		
△R²	0.001					
△F	0.209					
f²	0.002					

注：SPE 为社交平台易用性，IA 为互动，因变量为功能体验价值感知；**p＜0.01，***p＜0.001。

从表 5-14 中结果可见，在加入交互项 SPE*IA（社交平台易用性*互动）后，其调节的判定系数 R² 上升 0.001，为 0.722，因此互动与社交平台易用性的交互项对功能体验价值感知的作用不显著，系数 B 为 0.003，T 值为 0.457，在 p＜0.05 水平下是不显著的，表明互动对"社交平台易用性－功能体验价值感知"没有调节作用。即随着互动程度的增加，社交平台易用性对游客社交平台功能体验价值感知没有影响，假设 H14a 没有得到验证。

（二）互动对社交平台有用性与游客功能体验价值感知关系的调节作用

本研究将社交平台有用性作为自变量，游客功能体验价值感知为因变量，互动为调节变量，将社交平台有用性和调节变量的交互项纳入层次性回归模型分析，检验是否有调节效应，结果显示如表 5-15。

表 5-15 互动调节效应分析（非标准化）（N=476）

自变量	M1			M2		
	B	SE	T	B	SE	T
截距	20.305	0.152	133.824***	20.185	0.163	123.527***
SPU	0.27	0.034	7.998**	0.262	0.034	7.716***
IA	0.473	0.046	10.259***	0.49	0.047	10.468***
SPU*IA				0.012	0.006	1.98*
R²	0.411			0.415		
F	164.89***			111.812***		
△R²	0.005					
△F	3.744					
f²	0.011					

注：SPU 为社交平台有用性，IA 为互动，因变量为功能体验价值感知；**p＜0.01，***p＜0.001。

从表 5-15 中结果可见，在加入交互项 SPU*IA（社交平台有用性 * 互动）后，调节的判定系数 R^2 上升 0.005，变为 0.415，互动与社交平台有用性的交互项对功能体验价值感知的调节影响显著，系数 B 是 0.012，T 值 1.98，表明互动程度对"社交平台有用性 – 功能体验价值感知"具有调节作用，假设 H14b 得到验证。互动程度每增加一个单位，社交平台有用性对游客功能体验价值感知提升的作用增加 0.012 单位。

为了更好反映出互动在社交平台有用性 – 功能体验价值感知关系中的调节效果，我们将调节变量与自变量低一个标准差作取值，并将其代入回归方程中，以结果为依据，绘制调节效果图（温中麟等，2012；Hayes，2013），如图 5-7。

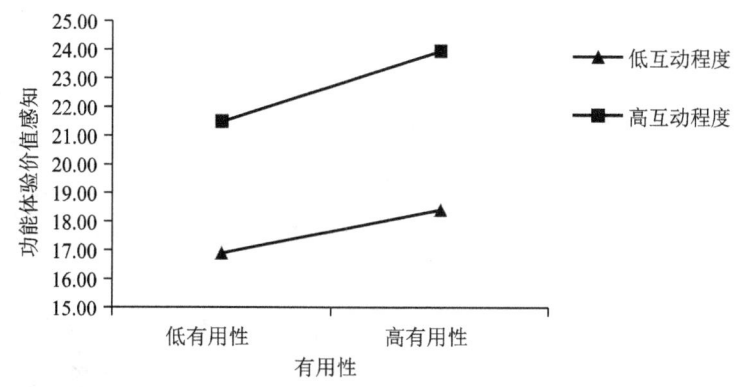

图 5-7　不同互动程度情境下社交平台有用性对游客功能体验价值感知的影响

从图 5-7 中可以看出，三角形线指代的低互动程度和长方形线指代的高互动程度的斜率并不相同，说明互动在社交平台有用性与游客功能体验价值感知关系之间存在调节效应，同等社交平台有用性水平下，高互动程度对于游客功能体验价值感知的效果大于低互动程度，即随着互动程度的增加，社交平台有用性对游客功能体验价值感知提升的影响增加，假设 H14b 得到验证。

（三）互动对社交平台情感性与游客功能体验价值感知关系的调节作用

本研究将社交平台情感性作为自变量，游客功能体验价值感知为因变量，互动为调节变量，将社交平台情感性和调节变量的交互项纳入层次性回归模型分析，检验是否有调节效应，结果显示如表 5-16。

表 5-16　互动调节效应分析（非标准化）（N=476）

自变量	M1			M2		
	B	SE	T	B	SE	T
截距	20.305	0.148	136.936***	20.339	0.16	127.252***
SPET	0.245	0.033	7.336***	0.247	0.034	7.342***

续表

自变量	M1			M2		
	B	SE	T	B	SE	T
IA	0.579	0.05	11.509***	0.574	0.051	11.257***
SPET*IA				−0.004	0.007	−0.572
R^2	0.437			0.438		
F	183.775***			122.452***		
△R^2	0.001					
△F	0.328					
f^2	0.002					

注：SPET 为社交平台情感性，IA 为互动，因变量为功能体验价值感知；**p < 0.01，***p < 0.001。

在表 5-16 中结果里，加入交互项 SPET*IA（社交平台情感性 * 互动）后，调节的判定系数 R^2 上升 0.001，变为 0.438，因此互动程度与社交平台情感性的交互项对功能体验价值感知的作用不显著，系数 B 为 −0.004，T 值为 −0.572，在 p < 0.05 水平下是不显著的，表明互动对"社交平台情感性 − 功能体验价值感知"没有调节作用。即随着互动程度的增加，社交平台情感性对游客功能体验价值感知没有影响，假设 H14c 没有得到验证。

（四）互动对社交平台错失焦虑性与游客功能体验价值感知关系的调节作用

本研究将社交平台错失焦虑性作为自变量，游客功能体验价值感知为因变量，互动为调节变量，将社交平台错失焦虑性和调节变量的交互项纳入层次性回归模型分析，检验是否有调节效应，结果显示如表 5-17。

表 5-17 互动调节效应分析（非标准化）（N=476）

自变量	M1			M2		
	B	SE	T	B	SE	T
截距	20.305	0.167	121.716***	20.037	0.178	112.84***
SPFoMO	0.078	0.034	2.311**	0.082	0.033	2.45**
IA	0.394	0.038	10.377***	0.401	0.037	10.708***
SPFoMO*IA				0.017	0.004	3.966***
R^2	0.288			0.311		
F	95.542***			70.92***		
△R^2	0.023					

续表

自变量	M1			M2		
	B	SE	T	B	SE	T
△F	15.727					
f²	0.032					
注：SPFoMO 为社交平台错失焦虑性，IA 为互动，因变量为功能体验价值感知；**p＜0.01，***p＜0.001。						

表 5-17 结果中，在加入交互项 SPFoMO*IA（社交平台错失焦虑性 * 互动）后，其调节的判定系数 R^2 上升 0.023，变为 0.311，因此互动与社交平台错失焦虑性的交互项对功能体验价值感知的作用显著，系数 B 是 0.017，T 值是 3.966，在 p＜0.001 水平下是显著的，表明互动程度对"社交平台错失焦虑性 - 功能体验价值感知"具有调节作用，假设 H14d 得到验证。互动程度每增加一个单位，社交平台错失焦虑性对游客功能体验价值感知提升的作用增加 0.017 单位。

为了更好反映出互动在社交平台错失焦虑性 - 功能体验价值感知关系中的调节效果，我们将调节变量与自变量的低一个标准差作取值，并将其代入回归方程中，以结果为依据，绘制调节效果图（温忠麟等，2012；Hayes，2013），如图 5-8。

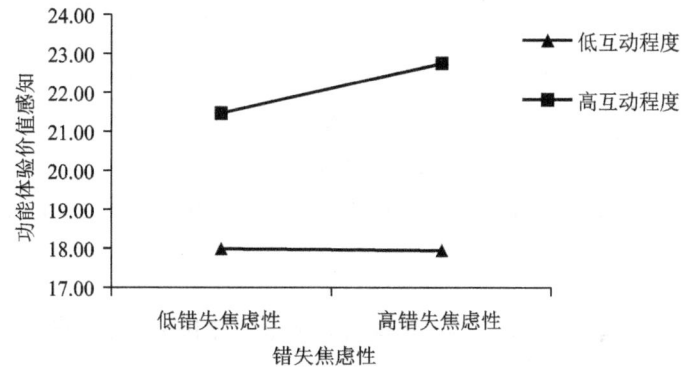

图 5-8 不同互动程度情境下社交平台错失焦虑性对游客功能体验价值感知的影响

从图 5-8 中可以看出，三角形线指代的低互动程度和长方形线指代的高互动程度的斜率并不相同，说明互动在社交平台错失焦虑性与游客功能体验价值感知关系之间存在调节效应，同等社交平台错失焦虑性水平下，高互动程度对于游客功能体验价值感知的效果大于低互动程度，即随着互动程度的增加，社交平台错失焦虑性对游客功能体验价值感知提升的影响增加，假设 H14d 得到验证。

（五）互动对游客自我效能感与游客功能体验价值感知关系的调节作用

本研究将游客自我效能感作为自变量，游客功能体验价值感知为因变量，互动程度为调节变量,将游客自我效能感和调节变量的交互项纳入层次性回归模型分析,检验是否有调节效应,结果显示如表5-18。

表5-18 互动调节效应分析(非标准化)(N=476)

自变量	M1			M2		
	B	SE	T	B	SE	T
截距	20.305	0.157	129.166***	20.241	0.169	119.52***
TSE	0.301	0.035	8.587***	0.3	0.035	8.569***
IA	0.352	0.043	8.105***	0.348	0.044	7.962***
TSE*IA				0.006	0.006	1.007
R^2	0.368			0.369		
F	137.436***			91.965***		
$\triangle R^2$	0.001					
$\triangle F$	1.014					
f^2	0.002					

注:TSE为游客自我效能感,IA为互动,因变量为功能体验价值感知;**$p<0.01$,***$p<0.001$。

表5-18结果中,加入交互项TSE*IA(游客自我效能感*互动)后,其调节的判定系数R^2上升0.001,变为0.369,因此互动与游客自我效能感的交互项对功能体验价值感知的作用不显著,回归系数B=0.006,T值是1.007,在$p<0.05$水平下是不显著的,表明互动对"游客自我效能感-功能体验价值感知"没有调节作用。即随着互动程度的增加,游客自我效能感对游客社交平台功能体验价值感知没有影响,假设H14e没有得到验证。

(六)互动对游客参与感与游客功能体验价值感知关系的调节作用

本研究将游客参与感作为自变量,游客功能体验价值感知为因变量,互动程度为调节变量,将游客参与感和调节变量的交互项纳入层次性回归模型分析,检验是否有调节效应,结果显示如表5-19。

表5-19 互动调节效应分析(非标准化)(N=476)

自变量	M1			M2		
	B	SE	T	B	SE	T
截距	20.305	0.145	140.411***	20.14	0.157	128.366***
TE	0.173	0.035	4.962***	0.167	0.035	4.799***
IA	0.657	0.051	2.789***	0.673	0.051	13.088***

续表

自变量	M1			M2		
	B	SE	T	B	SE	T
TE*IA				0.015	0.006	2.618***
R^2	0.465			0.473		
F	205.376***			140.897***		
$\triangle R^2$	0.008					
$\triangle F$	6.855					
f^2	0.02					

注：TE 为游客参与感，IA 为互动，因变量为功能体验价值感知；**$p < 0.01$，***$p < 0.001$。

在表 5-19 结果中，在加入交互项 TE*IA（游客参与感*互动）后，其调节的判定系数 R^2 上升 0.008，变为 0.473，因此互动程度与游客参与感的交互项对功能体验价值感知的作用显著，回归系数 B=0.015，T 值是 2.618，在 $p < 0.001$ 水平下是显著的，表明互动程度对"游客参与感-功能体验价值感知"具有调节作用，假设 H14f 得到验证。互动程度每增加一个单位，游客参与感对游客功能体验价值感知提升的作用增加 0.017 单位。

为了更好反映出互动在游客参与感和功能体验价值感知关系中的调节效果，我们将调节变量与自变量的低一个标准差作取值，并将其代入回归方程中，以结果为依据，绘制调节效果图（温中麟等，2012；Hayes，2013），如图 5-9 所示。

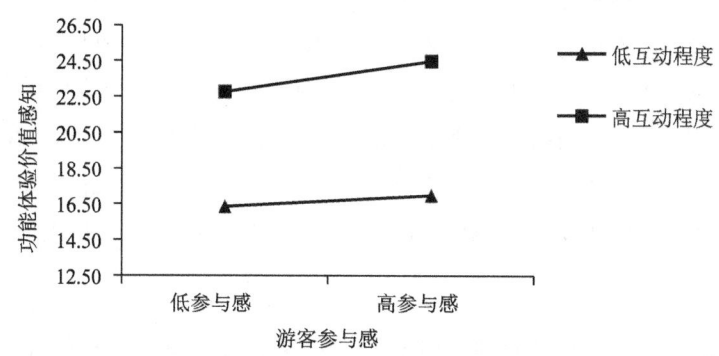

图 5-9 不同互动程度情境下游客参与感对游客功能体验价值感知的影响

从图 5-9 中可以看出，三角形线指代的低互动程度和长方形线指代的高互动程度的斜率并不相同，说明互动在游客参与感与游客功能体验价值感知关系之间存在调节效应，同等游客参与感水平下，高互动程度对于游客功能体验价值感知的效果大于低互动程度，即随着互动程度的增加，游客参与感对游客功能体验价值感知提升的影响增加，假设 H14f 得到验证。

（七）互动对游客利他和互惠与游客功能体验价值感知关系的调节作用

本研究将游客利他和互惠因素作为自变量，游客功能体验价值感知为因变量，互动为调节变量，将游客利他和互惠与调节变量的交互项纳入层次性回归模型分析，检验是否有调节效应，结果显示如表 5-20。

表 5-20 互动调节效应分析（非标准化）（N=476）

自变量	M1			M2		
	B	SE	T	B	SE	T
截距	20.305	0.139	145.903***	20.283	0.152	133.349***
TAR	0.127	0.034	3.694***	0.126	0.035	3.656***
IA	0.481	0.033	14.64***	0.482	0.033	14.604***
TAR*IA				0.001	0.004	0.358
R^2	0.503			0.504		
F	240.623***			160.163***		
△R^2	0.001					
△F	0.128					
f^2	0.002					

注：TAR 为游客利他和互惠，IA 为互动，因变量为功能体验价值感知；**p＜0.01，***p＜0.001。

从表 5-20 中结果可见，在加入交互项 TAR*IA（游客利他和互惠*互动）之后，其调节的判定系数 R^2 变为 0.504，上升 0.001，因此互动与游客利他和互惠的交互项对功能体验价值感知的作用不显著，回归系数 B 为 0.001，T 值为 0.358，在 p＜0.05 水平下是不显著的，表明互动程度对"游客利他和互惠-功能体验价值感知"没有调节作用。即随着互动程度的增加，游客利他和互惠对游客功能体验价值感知没有影响，假设 H14g 没有得到验证。

（八）互动对社交平台易用性与游客情感体验价值感知关系的调节作用

本研究将社交平台易用性作为自变量，游客情感体验价值感知为因变量，互动程度为调节变量，将社交平台易用性和调节变量的交互项纳入层次性回归模型分析，检验是否有调节效应，结果显示如表 5-21。

表 5-21 互动调节效应分析（非标准化）（N=476）

自变量	M1			M2		
	B	SE	T	B	SE	T
截距	15	0.111	135.264***	15.008	0.117	128.553***
SPE	0.309	0.023	13.258***	0.31	0.024	12.92***
IA	0.367	0.035	10.545***	0.366	0.036	10.247***
SPE*IA				−0.001	0.005	−0.226
R^2	0.494			0.495		
F	231.756***			154.211***		
△R^2	0.001					
△F	0.051					
f^2	0.001					

注：SPE 为社交平台易用性，IA 为互动，因变量为情感体验价值感知；**$p<0.01$，***$p<0.001$。

从表 5-21 中结果可见，在加入交互项 SPE*IA（社交平台易用性 * 互动）之后，其调节的判定系数 R^2 变为 0.495，上升 0.001，因此互动与社交平台易用性的交互项对情感体验价值感知的作用不显著，回归系数 B 为 −0.001，T 值为 −0.226，在 $p<0.05$ 水平下是不显著的，表明互动程度对"社交平台易用性 – 情感体验价值感知"没有调节作用。即随着互动程度的增加，社交平台易用性对游客情感体验价值感知没有影响，假设 H14h 没有得到验证。

（九）互动对社交平台有用性与游客情感体验价值感知关系的调节作用

本研究将社交平台有用性作为自变量，游客情感体验价值感知为因变量，互动为调节变量，将社交平台有用性和调节变量的交互项纳入层次性回归模型分析，验证是否有调节效应，结果显示在表 5-22 中。

表 5-22 互动调节效应分析（非标准化）（N=476）

自变量	M1			M2		
	B	SE	T	B	SE	T
截距	15	0.112	133.993***	14.831	0.119	124.346***
SPU	0.28	0.025	11.261***	0.269	0.025	10.857***
IA	0.34	0.034	10.013***	0.365	0.034	10.688***
SPU*IA				0.018	0.005	3.76***
R^2	0.485			0.5		

续表

自变量	M1			M2		
	B	SE	T	B	SE	T
F	222.999***			157.508***		
△R²	0.015					
△F	14.138					
f²	0.029					

注：SPU 为社交平台有用性，IA 为互动，因变量为情感体验价值感知；**p < 0.01，***p < 0.001。

从表 5-22 中结果可见，在加入交互项 SPU*IA（社交平台有用性 * 互动）之后，其调节的判定系数 R^2 变为 0.5，上升 0.015，因此互动程度与社交平台有用性的交互项对情感体验价值感知的作用显著，回归系数 B 为 0.018，T 值为 3.76，在 p < 0.001 水平下是显著的，表明互动程度对"社交平台有用性 - 情感体验价值感知"具有调节作用，假设 H14i 得到验证。互动每增加一个单位，社交平台有用性对游客情感体验价值感知提升的作用增加 0.018 单位。

为了更好反映出互动对社交平台有用性 - 情感体验价值感知关系的调节效果，我们将调节变量与自变量的低一个标准差作取值，并将其代入回归方程中，以结果为依据，绘制调节效果图（温中麟等，2012；Hayes，2013），如图 5-10 所示。

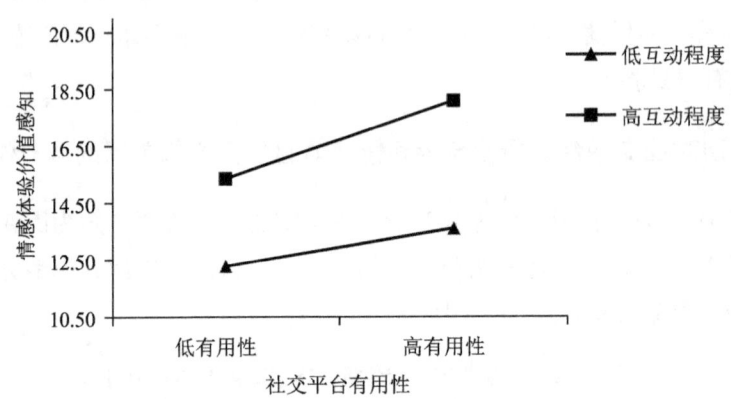

图 5-10　不同互动程度情境下社交平台有用性对游客情感体验价值感知的影响

从图 5-10 中可以看出，三角形线指代的低互动程度和长方形线指代的高互动程度的斜率并不相同，说明互动在社交平台有用性与游客情感体验价值感知关系之间存在调节效应，在同等社交平台有用性水平下，高互动程度对于游客情感体验价值感知的效果大于低互动程度，即随着互动程度的增加，社交平台有用性对游客情感体验价值感知提升的影响增加，假设 H14i 得到验证。

(十)互动对社交平台情感性与游客情感体验价值感知关系的调节作用

本研究将社交平台情感性作为自变量,游客情感体验价值感知为因变量,互动为调节变量,将社交平台情感性和调节变量的交互项纳入层次性回归模型分析,验证是否有调节效应,结果显示在表5-23中。

表5-23 互动调节效应分析(非标准化)(N=476)

自变量	M1			M2		
	B	SE	T	B	SE	T
截距	15	0.101	148.007***	14.996	0.109	137.23***
SPET	0.228	0.023	10.014***	0.228	0.023	9.902***
IA	0.517	0.034	15.048***	0.518	0.035	14.85***
SPET*IA				0.001	0.005	0.092
R^2	0.577			0.578		
F	324.138***			215.642***		
△R^2	0.001					
△F	0.009					
f^2	0.002					

注:SPET为社交平台情感性,IA为互动,因变量为情感价值感知;**$p<0.01$,***$p<0.001$。

从表5-23中结果可见,在加入交互项SPET*IA(社交平台情感性*互动)之后,其调节的判定系数R^2变为0.578,上升0.001,因此互动程度与社交平台情感性的交互项对情感体验价值感知的作用不显著,回归系数B为0.001,T值为0.092,在$p<0.05$水平下是不显著的,表明互动对"社交平台情感性-情感体验价值感知"没有调节作用。即随着互动程度的增加,社交平台情感性对游客情感体验价值感知没有影响,假设H14j没有得到验证。

(十一)互动对社交平台错失焦虑性与游客情感体验价值感知关系的调节作用

本研究将社交平台错失焦虑性作为自变量,游客情感体验价值感知为因变量,互动为调节变量,将社交平台错失焦虑性和调节变量的交互项纳入层次性回归模型分析,验证是否有调节效应,结果显示在表5-24中。

表 5-24　互动调节效应分析（非标准化）（N=476）

自变量	M1			M2		
	B	SE	T	B	SE	T
截距	15	0.118	127.534***	14.888	0.127	117.657***
SPFoMO	0.307	0.027	11.473***	0.31	0.027	11.622***
IA	0.163	0.024	6.806***	0.164	0.024	6.898***
SPFoMO*IA				0.007	0.003	2.34*
R^2	0.432			0.439		
F	179.766***			122.802***		
$\triangle R^2$	0.007					
$\triangle F$	5.473					
f^2	0.016					

注：SPFoMO 为社交平台错失焦虑性，IA 为互动，因变量为情感体验价值感知；**p < 0.01，***p < 0.001。

从表 5-24 中结果可见，在加入交互项 SPFoMO*IA（社交平台错失焦虑性 * 互动）之后，其调节的判定系数 R^2 变为 0.439，上升 0.007，因此互动程度与社交平台错失焦虑性的交互项对情感体验价值感知的作用显著，回归系数 B 为 0.007，T 值为 2.34，在 p < 0.05 水平下是显著的，表明互动程度对"社交平台错失焦虑性－情感体验价值感知"具有调节作用，假设 H14k 得到验证。互动程度每增加一个单位，社交平台错失焦虑性对游客情感体验价值感知提升的作用增加 0.007 单位。

为了更好反映出互动对社交平台错失焦虑性－情感体验价值感知关系的调节效果，我们将调节变量与自变量的低一个标准差作取值，并将其代入回归方程中，以结果为依据，绘制调节效果图（温忠麟等，2012；Hayes，2013），如图 5-11 所示。

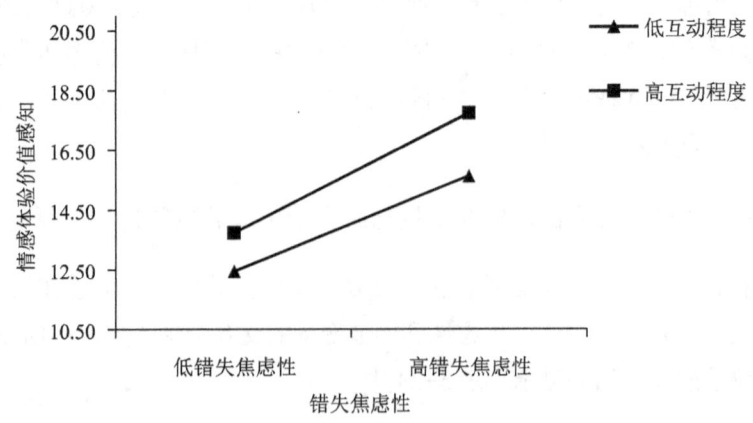

图 5-11　不同互动程度情境下社交平台错失焦虑性对游客情感体验价值感知的影响

从图 5-11 中可以看出，三角形线指代的低互动程度和长方形线指代的高互动程度的斜率并不相同，说明互动在社交平台错失焦虑性与游客情感体验价值感知关系之间存在调节效应，同等社交平台错失焦虑性水平下，高互动程度对于游客情感体验价值感知的效果大于低互动程度，即随着互动程度的增加，社交平台错失焦虑性对游客情感体验价值感知提升的影响增加，假设 H14k 得到验证。

（十二）互动对游客自我效能感与游客情感体验价值感知关系的调节作用

本研究将游客自我效能感作为自变量，游客情感体验价值感知为因变量，互动程度为调节变量，将游客自我效能感和调节变量的交互项纳入层次性回归模型分析，验证是否有调节效应，结果显示在表 5-25 中。

表 5-25 互动调节效应分析（非标准化）（N=476）

自变量	M1			M2		
	B	SE	T	B	SE	T
截距	15	0.117	127.928***	15.084	0.126	119.687***
TSE	0.313	0.026	11.974***	0.313	0.026	12.03***
IA	0.228	0.032	7.039***	0.234	0.032	7.2***
TSE*IA				-0.008	0.004	-1.792
R^2	0.435			0.439		
F	182.343***			123.2***		
△R^2	0.004					
△F	3.21					
f^2	0.008					

注：TSE 为游客自我效能感，IA 为互动，因变量为情感体验价值感知；**p＜0.01，***p＜0.001。

从表 5-25 中结果可见，在加入交互项 TSE*IA（游客自我效能感*互动）之后，其调节的判定系数 R^2 变为 0.439，上升 0.004，因此互动程度与游客自我效能感的交互项对情感体验价值感知的作用不显著，回归系数 B 为 -0.008，T 值为 -1.792，在 $p＜0.05$ 水平下是不显著的，表明互动对"游客自我效能感-情感体验价值感知"没有调节作用。即随着互动程度的增加，游客自我效能感对游客情感体验价值感知没有影响，假设 H14l 没有得到验证。

（十三）互动对游客参与感与游客情感体验价值感知关系的调节作用

本研究将游客参与感作为自变量，游客情感体验价值感知为因变量，互动为调节变量，将游客参与感和调节变量的交互项纳入层次性回归模型分析，验证是否有调节效应，结果显示在表5-26中。

表5-26 互动调节效应分析（非标准化）（N=476）

自变量	M1			M2		
	B	SE	T	B	SE	T
截距	15	0.102	146.582***	14.973	0.112	133.945***
TE	0.188	0.025	7.586***	0.187	0.025	7.521***
IA	0.53	0.036	14.596***	0.533	0.037	14.553***
TE*IA				0.002	0.004	0.594
R^2	0.569			0.57		
F	313.397***			208.763***		
ΔR^2	0.001					
ΔF	0.353					
f^2	0.002					

注：TE为游客参与感，IA为互动，因变量为情感体验价值感知；**p < 0.01，***p < 0.001。

从表5-26中结果可见，在加入交互项TE*IA（游客参与感*互动）之后，其调节的判定系数R^2变为0.57，上升0.001，因此互动程度与游客参与感的交互项对情感体验价值感知的作用不显著，回归系数B为0.002，T值为0.594，在$p < 0.05$水平下是不显著的，表明互动对"游客参与感-情感体验价值感知"没有调节作用。即随着互动程度的增加，游客参与感对游客情感体验价值感知没有影响，假设H14m没有得到验证。

（十四）互动对游客利他与互惠与游客情感体验价值感知关系的调节作用

本研究将游客利他与互惠作为自变量，游客情感体验价值感知为因变量，互动为调节变量，将游客利他与互惠和调节变量的交互项纳入层次性回归模型分析，验证是否有调节效应，结果显示在表5-27中。

表5-27 互动调节效应分析（非标准化）（N=476）

自变量	M1			M2		
	B	SE	T	B	SE	T
截距	15	0.096	156.269***	14.96	0.105	142.711***
TAR	0.145	0.024	6.096***	0.143	0.024	6.013***
IA	0.397	0.023	17.513***	0.399	0.023	17.529***
TAR*IA				0.002	0.002	0.96
R^2	0.622			0.623		

续表

自变量	M1			M2		
	B	SE	T	B	SE	T
F	388.476***			259.248***		
△R²	0.001					
△F	0.921					
f²	0.002					

注：TAR为游客利他与互惠，IA为互动，因变量为情感体验价值感知；**$p < 0.01$，***$p < 0.001$。

从表5-27中结果可见，在加入交互项TAR*IA（游客利他与互惠*互动）之后，其调节的判定系数R^2变为0.623，上升0.001，因此交互项对情感体验价值感知的作用不显著，回归系数B为0.002，T值为0.96，在$p < 0.05$水平下是不显著的，表明互动对"利他与互惠-情感体验价值感知"没有调节作用。即随着互动程度的增加，游客利他与互惠对游客情感体验价值感知没有影响，假设H14n没有得到验证。

（十五）互动对社交平台易用性与游客社交体验价值感知关系的调节作用

本研究将社交平台易用性作为自变量，游客社交体验价值感知为因变量，互动程度为调节变量，将社交平台易用性和调节变量的交互项纳入层次性回归模型分析，验证是否有调节效应，结果显示在表5-28中。

表5-28 互动调节效应分析（非标准化）（N=476）

自变量	M1			M2		
	B	SE	T	B	SE	T
截距	14.515	0.103	141.539***	14.488	0.108	134.281***
SPE	0.435	0.022	20.218***	0.431	0.022	19.445***
IA	0.228	0.032	7.087***	0.234	0.033	7.09***
SPE*IA				0.004	0.005	0.789
R²	0.586			0.587		
F	334.332***			222.918***		
△R²	0.001					
△F	0.623					
f²	0.002					

注：SPE为社交平台易用性，IA为互动，因变量为社交体验价值感知；**$p < 0.01$，***$p < 0.001$。

从表5-28中结果可见，在加入交互项SPE*IA（社交平台易用性*互动）之后，

其调节的判定系数 R^2 变为 0.587，上升 0.001，因此交互项对社交体验价值感知的作用不显著，回归系数 B 为 0.004，T 值为 0.789，在 $p < 0.05$ 水平下是不显著的，表明互动程度对"社交平台易用性－社交体验价值感知"没有调节作用。即随着互动程度的增加，社交平台易用性对游客社交体验价值感知没有影响，假设 H14o 没有得到验证。

（十六）互动对社交平台有用性与游客社交体验价值感知关系的调节作用

本研究将社交平台有用性作为自变量，游客社交体验价值感知为因变量，互动程度为调节变量，将社交平台有用性和调节变量的交互项纳入层次性回归模型分析，验证是否有调节效应，结果显示在表 5-29 中。

表 5-29 互动调节效应分析（非标准化）（N=476）

自变量	M1			M2		
	B	SE	T	B	SE	T
截距	14.515	0.104	139.925***	14.434	0.112	129.187***
SPU	0.424	0.023	18.356***	0.418	0.023	18.025***
IA	0.195	0.032	6.193***	0.207	0.032	6.461***
SPU*IA				0.008	0.004	1.971*
R^2	0.576			0.581		
F	321.388***			216.649***		
△R^2	0.005					
△F	3.615					
f^2	0.011					

注：SPU 为社交平台有用性，IA 为互动，因变量为社交体验价值感知；**$p < 0.01$，***$p < 0.001$。

从表 5-29 中结果可见，在加入交互项 SPU*IA（社交平台有用性*互动）之后，其调节的判定系数 R^2 变为 0.581，上升 0.005，因此互动程度与社交平台有用性的交互项对社交体验价值感知的作用显著，回归系数 B 为 0.008，T 值为 1.971，在 $p < 0.05$ 水平下是显著的，表明互动程度对"社交平台有用性－社交体验价值感知"具有调节作用，假设 H14p 得到验证。互动程度每增加一个单位，社交平台有用性对游客社交体验价值感知提升的作用增加 0.007 单位。

为了更好反映出互动对社交平台有用性－社交体验价值感知关系的调节效果，我们将调节变量与自变量的低一个标准差作取值，并将其代入回归方程中，以结果为依据，绘制调节效果图（温忠麟等，2012；Hayes，2013），如图 5-12 所示。

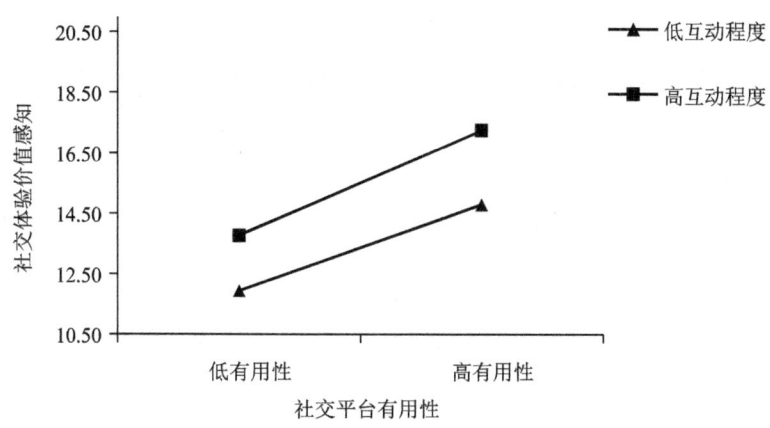

图 5-12　不同互动程度情境下社交平台有用性对社交体验价值感知的影响

从图 5-12 中可以看出，三角形线指代的低互动程度和长方形线指代的高互动程度的斜率并不相同，说明互动在社交平台有用性与游客社交体验价值感知关系之间存在调节效应，同等社交平台有用性水平下，高互动程度对于游客社交体验价值感知的效果大于低互动程度。即随着互动程度的增加，社交平台有用性对游客社交体验价值感知提升的影响增加，假设 H14p 得到验证。

（十七）互动对社交平台情感性与游客社交体验价值感知关系的调节作用

本研究将社交平台情感性作为自变量，游客社交体验价值感知为因变量，互动为调节变量，将社交平台情感性和调节变量的交互项纳入层次性回归模型分析，验证是否有调节效应，结果显示在表 5-30 中。

表 5-30　互动调节效应分析（非标准化）（N=476）

自变量	M1			M2		
	B	SE	T	B	SE	T
截距	14.515	0.099	146.131***	14.547	0.107	135.924***
SPET	0.389	0.022	17.411***	0.392	0.023	17.358***
IA	0.31	0.034	9.204***	0.306	0.034	8.948***
SPET*IA				−0.004	0.004	−0.819
R^2	0.611			0.612		
F	371.97***			248.031***		
△R^2	0.001					
△F	0.672					
f^2	0.002					

注：SPET 为社交平台情感性，IA 为互动，因变量为社交体验价值感知；**$p < 0.01$，***$p < 0.001$。

从表 5-30 中结果可见，在加入交互项 SPET*IA（社交平台情感性 * 互动）之后，其调节的判定系数 R^2 变为 0.612，上升 0.001，因此互动程度与社交平台情感性的交互项对社交体验价值感知的作用不显著，回归系数 B 为 -0.004，T 值为 -0.819，在 $p<0.05$ 水平下是不显著的，表明互动对"社交平台情感性 - 社交体验价值感知"没有调节作用。即随着互动程度的增加，社交平台情感性对游客社交体验价值感知没有影响，假设 H14q 没有得到验证。

（十八）互动对社交平台错失焦虑性与游客社交体验价值感知关系的调节作用

本研究将社交平台错失焦虑性作为自变量，游客社交体验价值感知为因变量，互动为调节变量，将社交平台错失焦虑性和调节变量的交互项纳入层次性回归模型分析，验证是否有调节效应，结果显示在表 5-31 中。

表 5-31 互动调节效应分析（非标准化）（N=476）

自变量	M1			M2		
	B	SE	T	B	SE	T
截距	14.515	0.105	137.813***	14.422	0.113	127.171***
SPFoMO	0.433	0.024	18.071***	0.436	0.024	18.22***
IA	0.103	0.021	4.799***	0.104	0.021	4.873***
SPFoMO*IA				0.006	0.003	2.157*
R^2	0.563			0.567		
F	304.674***			206.236***		
$\triangle R^2$	0.004					
$\triangle F$	4.653					
f^2	0.008					

注：SPFoMO 为社交平台错失焦虑性，IA 为互动，因变量为社交体验价值感知；**$p<0.01$，***$p<0.001$。

从表 5-31 中结果可见，在加入交互项 SPFoMO*IA（社交平台错失焦虑性 * 互动）之后，其调节的判定系数 R^2 变为 0.567，上升 0.004，因此互动程度与社交平台错失焦虑性的交互项对社交体验价值感知的作用显著，回归系数 B 为 0.006，T 值为 2.157，在 $p<0.05$ 水平下是显著的，表明互动对"社交平台错失焦虑性 - 社交体验价值感知"具有调节作用，假设 H14r 得到验证。互动程度每增加一个单位，社交平台错失焦虑性对游客社交体验价值感知提升的作用增加 0.006 单位。

为了更好反映出互动对社交平台错失焦虑性 - 社交体验价值感知关系的调节效果，我们将调节变量与自变量的低一个标准差作取值，并将其代入回归方程中，以结果为依据，绘制调节效果图（温中麟等，2012；Hayes，2013），如图 5-13 所示。

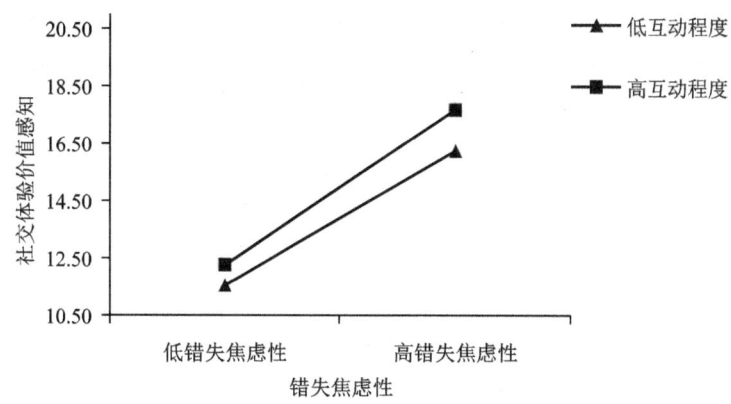

图 5-13 不同互动情境下社交平台错失焦虑性对游客社交体验价值感知的影响

从图 5-13 中可以看出，三角形线指代的低互动程度和长方形线指代的高互动程度的斜率并不相同，说明互动在社交平台错失焦虑性与游客社交体验价值感知关系之间存在调节效应，在同等社交平台错失焦虑性水平下，高互动程度对于游客社交体验价值感知的效果大于低互动程度，即随着互动程度的增加，社交平台错失焦虑性对游客社交体验价值感知提升的影响增加，假设 H14r 得到验证。

（十九）互动对游客自我效能感与社交体验价值感知关系的调节作用

本研究将游客自我效能感作为自变量，游客社交体验价值感知为因变量，互动为调节变量，将游客自我效能感和调节变量的交互项纳入层次性回归模型分析，验证是否有调节效应，结果显示在表 5-32 中。

表 5-32 互动调节效应分析（非标准化）（N=476）

自变量	M1			M2		
	B	SE	T	B	SE	T
截距	14.515	0.103	141.379***	14.484	0.111	130.891***
TSE	0.415	0.023	18.159***	0.415	0.023	18.135***
IA	0.199	0.028	7.003***	0.197	0.029	6.889***
TSE*IA				0.003	0.004	0.74
R^2	0.585			0.586		
F	333.043***			221.999***		
△R^2	0.001					
△F	0.548					
f^2	0.002					

注：TSE 为游客自我效能感，IA 为互动，因变量为社交体验价值感知；**p < 0.01，***p < 0.001。

从表 5-32 中结果可见，在加入交互项 TSE*IA（游客自我效能感 * 互动）之后，其调节的判定系数 R^2 变为 0.586，上升 0.001，因此互动程度与游客自我效能感的交互项对社交体验价值感知的作用不显著，回归系数 B 为 0.003，T 值为 0.74，在 $p < 0.05$ 水平下是不显著的，表明互动对"游客自我效能感 - 社交体验价值感知"没有调节作用。即随着互动程度的增加，游客自我效能感对游客社交体验价值感知没有影响，假设 H14s 没有得到验证。

（二十）互动对游客参与感与社交体验价值感知关系的调节作用

本研究将游客参与感作为自变量，游客社交体验价值感知为因变量，互动为调节变量，将游客参与感和调节变量的交互项纳入层次性回归模型分析，验证是否有调节效应，结果显示在表 5-33 中。

表 5-33 互动调节效应分析（非标准化）（N=476）

自变量	M1			M2		
	B	SE	T	B	SE	T
截距	14.515	0.096	151.158***	14.458	0.105	138.046***
TE	0.34	0.023	14.646***	0.338	0.023	14.529***
IA	0.379	0.034	11.124***	0.385	0.034	11.216***
TE*IA				0.005	0.004	1.355
R^2	0.637			0.638		
F	414.554***			277.469***		
$\triangle R^2$	0.001					
$\triangle F$	1.836					
f^2	0.002					

注：TE 为游客参与感，IA 为互动，因变量为社交体验价值感知；**$p < 0.01$，***$p < 0.001$。

从表 5-33 中结果可见，在加入交互项 TE*IA（游客参与感 * 互动）之后，其调节的判定系数 R^2 变为 0.638，上升 0.001，因此互动与游客参与感的交互项对社交体验价值感知的作用不显著，回归系数 B 为 0.005，T 值为 1.355，在 $p < 0.05$ 水平下是不显著的，表明互动对"游客参与感 - 社交体验价值感知"没有调节作用。即随着互动程度的增加，游客参与感对游客社交体验价值感知没有影响，假设 H14t 没有得到验证。

（二十一）互动对游客利他和互惠与社交体验价值感知关系的调节作用

本研究将游客利他和互惠作为自变量，游客社交体验价值感知为因变量，互动为调节变量,将游客利他和互惠与调节变量的交互项纳入层次性回归模型分析,验证是否有调节效应,结果显示在表 5-34 中。

表 5-34 互动调节效应分析(非标准化)(N=476)

自变量	M1			M2		
	B	SE	T	B	SE	T
截距	14.515	0.094	155.14***	14.53	0.102	142.094***
TAR	0.315	0.023	13.594***	0.315	0.023	13.574***
IA	0.276	0.022	12.474***	0.275	0.022	12.385***
TAR*IA				−0.001	0.002	−0.37
R^2	0.655			0.656		
F	449.312***			299.041***		
△R^2	0.001					
△F	0.137					
f^2	0.002					

注:TAR 为游客利他和互惠,IA 为互动,因变量为社交体验价值感知;**p < 0.01,***p < 0.001。

从表 5-34 中结果可见,在加入交互项 TAR*IA(游客利他和互惠 * 互动)之后,其调节的判定系数 R^2 变为 0.656,上升 0.001,因此互动与游客利他和互惠的交互项对社交体验价值感知的作用不显著,回归系数 B 为 −0.001,T 值为 −0.37,在 p < 0.05 水平下是不显著的,表明互动对"游客利他和互惠 - 社交体验价值感知"没有调节作用。即随着互动程度的增加,游客利他和互惠对游客社交体验价值感知没有影响,假设 H14u 没有得到验证。

表 5-35 互动的调节效应假设检验结果

假设	调节路径关系	交互项系数	T 值	是否成立
H14a	易用性 -> 功能体验价值感知	0.003	0.457	不成立
H14b	有用性 -> 功能体验价值感知	0.012	1.98*	成立
H14c	情感性 -> 功能体验价值感知	−0.004	−0.572	不成立
H14d	错失焦虑性 -> 功能体验价值感知	0.017	3.966	成立
H14e	自我效能感 -> 功能体验价值感知	0.006	1.007	不成立
H14f	参与感 -> 功能体验价值感知	0.015	2.618***	成立
H14g	利他和互惠 -> 功能体验价值感知	0.001	0.358	不成立
H14h	易用性 -> 情感体验价值感知	−0.001	−0.226	不成立

续表

假设	调节路径关系	交互项系数	T值	是否成立
H14i	有用性 -> 情感体验价值感知	0.018	3.76***	成立
H14j	情感性 -> 情感体验价值感知	0.001	0.092	不成立
H14k	错失焦虑性 -> 情感体验价值感知	0.007	2.34*	成立
H14l	自我效能感 -> 情感体验价值感知	−0.008	−1.792	不成立
H14m	参与感 -> 情感体验价值感知	0.002	0.594	不成立
H14n	利他和互惠 -> 情感体验价值感知	0.002	0.96	不成立
H14o	易用性 -> 社交体验价值感知	0.004	0.789	不成立
H14p	有用性 -> 社交体验价值感知	0.008	1.971*	成立
H14q	情感性 -> 社交体验价值感知	−0.004	−0.819	不成立
H14r	错失焦虑性 -> 社交体验价值感知	0.006	2.157*	成立
H14s	自我效能感 -> 社交体验价值感知	0.003	0.74	不成立
H14t	参与感 -> 社交体验价值感知	0.005	1.355	不成立
H14u	利他和互惠 -> 社交体验价值感知	−0.001	−0.37	不成立

互动通常被认为是用户参与社交平台价值创造的显著特征之一，是一种可以衡量用户间交互质量的新型价值。在社交平台上，用户与平台企业的互动以及用户与潜在用户的互动，已经有了很好的市场营销效果。综合以上分析，发现：

（1）互动对社交平台有用性、社交平台错失焦虑性、游客参与感和游客功能体验价值感知之间的关系具有正向调节作用。社交平台游客参与价值共创行为的结构模型假设检验中，情感体验价值感知、社交体验价值感知对游客持续使用社交平台行为影响显著，虽然游客与潜在游客的互动、游客与社交平台的互动没有显著影响社交平台易用性、社交平台情感性、游客参与感、游客自我效能感、游客利他和互惠与游客功能体验价值感知之间的关系，但是一定程度上对游客参与社交平台的价值共创行为意愿有影响作用。

（2）互动对社交平台有用性、社交平台错失焦虑性和游客情感体验价值感知之间的关系具有正向调节作用。之前的研究表明，更多的互动，会形成一种主动参与式的用户-企业伙伴关系，从而促进用户的体验价值感知（Itani O S 等，2019）。因此，拥有良好互动关系的社交平台能够调节社交平台有用性、社交平台错失焦虑性和游客情感体验价值感知之间的关系。

（3）互动对社交平台有用性、社交平台错失焦虑性和游客社交体验价值感知之间的关系具有正向调节作用。

当然，其他互动的调节作用不显著的原因有可能是：

(1）随着 Web 2.0 和新媒体技术的发展，虽然社交平台网站为用户互动提供了多种互动功能，如评论、点赞/踩、收藏、分享、发送弹幕、互动问答等功能，但是在具体的互动过程中，由于不同旅游社交平台的产品和服务不同，所以其设置的互动功能也会不一样。

（2）未对互动属性进行内涵细分。互动可以用来描述用户的交互行为，也可以用来表示系统的特性。在资讯科技时代，社交平台的技术或架构特性，会影响使用者的互动频率与行为模式。不同的平台，用户的评论区域也会有一些特点，例如，每一次评论的最大数量和评论的顺序，各平台都会设置不同的设置。另外，在评论区，提供商采用了不同的策略，如在用户的讨论范围内进行调整、用户是否需要登记评论等。

（3）互动还可以被认为是社交平台上的使用者沟通的显著特点。学术界常常把社交平台的使用者与系统的互动和用户与潜在用户的互动区别开来。Ziegele（2018）的研究侧重于用户之间的互动，并探讨用户所传送的信息间的联结程度，发现用户信息是针对先前用户所发出的信息，而信息间的联结，则是用户与用户之间的互动过程。

（4）不同的游客感知不同。从上述研究结果可以看出，不论是对于社交平台还是游客自身的动机，都需要游客产生相应的体验价值感知，而不同类型的游客，由于其使用社交平台的需求不一样，从而导致其在社交平台上的体验感知不同，所以对于平台的互动感知也有所差异。也就是说，为了使技术结构能够完全地用于与其他使用者进行互动活动（通信技术的特点），使用者需要在社交平台环境中察觉到信息系统所提供的互动可能性（信息系统的特性）。

五、奖励的调节效应检验

调节作用是通过调节变量对两个变量之间关系进行调节影响的机制，比如本研究中的奖励维度就是对游客体验价值感知和社交平台游客参与价值共创行为之间关系具有调节影响的调节模型，如图 5-14 所示。模型中体验价值感知是自变量，游客参与价值共创行为是因变量，奖励就是两者之间关系的调节变量，如 H15。即在不同的奖励情境中，游客参与价值创造的行为不同，体验价值感知和游客参与价值共创行为之间的关系可能也是不同的。

本研究中的奖励（调节变量）和体验价值感知（自变量）均为连续变量，在对其进行调节效果分析时，首先将体验价值感知的三个维度与奖励进行去中心化处理，排除数量级（观察变量）影响，然后计算它们的乘项乘积，产生乘积变量 PFV*RW、PEV*RW、PSV*RW、ERV*RW；接着，将自变量 PFV、PEV、PSV 和调节变量 RW 作为因变量，验证它们对持续使用行为、内容提供行为和反馈行为的影响效果，对不同的体验价值感知的变量做回归分析，得出回归系数；最后，把奖励 RW 与体验价值感知不同维度的乘积项引入回归方程里,检验奖励调节效应的显著性。

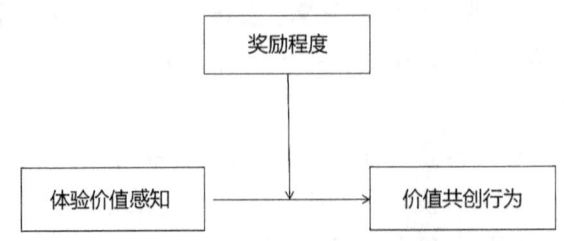

图 5-14 奖励程度调节效应检验模型

本节验证了奖励在功能体验价值感知、情感体验价值感知、社交体验价值感知三个方面与游客价值共创行为之间关系上的调节效应,如图 5-14 所示。

(一)奖励对游客功能体验价值感知与游客持续使用行为关系的调节作用

本研究将游客功能体验价值感知作为自变量,游客持续使用行为作为因变量,奖励为调节变量,将游客功能体验价值感知和调节变量的交互项纳入层次性回归模型分析,验证是否有调节效应,结果显示在表 5-36 中。

表 5-36 奖励调节效应分析(非标准化)(N=476)

自变量	M1			M2		
	B	SE	T	B	SE	T
截距	14.855	0.102	145.513***	14.819	0.114	129.936***
PFV	0.325	0.038	8.563***	0.327	0.038	8.589***
RW	0.368	0.031	11.797***	0.369	0.031	11.809***
PFV*RW				0.004	0.005	0.715
R^2	0.556			0.557		
F	296.375***			197.549***		
$\triangle R^2$	0.001					
$\triangle F$	0.511					
f^2	0.002					

注:PFV 为游客功能体验价值感知,RW 为奖励,因变量为持续使用行为;**$p < 0.01$,***$p < 0.001$。

在表 5-36 结果中,加入交互项 PFV*RW(游客功能体验价值感知 * 奖励),调节的判定系数 R^2 上升 0.001,变为 0.557,因此,奖励程度与游客功能体验价值感知的交互项对游客持续使用行为的作用不显著,回归系数 B 值是 0.004,T 值为 0.715,在 $p < 0.05$ 水平下是不显著的,表明奖励对"游客功能体验价值感知 - 持续使用行为"没

有调节作用。即随着奖励程度的增加，游客功能体验价值感知对游客持续使用行为的作用没有影响，假设 H15a 没有得到验证。

（二）奖励对游客功能体验价值感知与游客内容提供行为关系的调节作用

本研究将游客功能体验价值感知作为自变量，游客内容提供行为作为因变量，奖励为调节变量，将游客功能体验价值感知和调节变量的交互项纳入层次性回归模型分析，验证是否有调节效应，结果显示在表 5-37 中。

表 5-37 奖励调节效应分析（非标准化）（N=476）

自变量	M1			M2		
	B	SE	T	B	SE	T
截距	13.981	0.13	107.521	13.794	0.144	95.76***
PFV	0.382	0.048	7.917	0.394	0.048	8.198***
RW	0.297	0.04	7.486	0.301	0.039	7.64***
PFV*RW				0.019	0.006	2.918**
R^2	0.416			0.427		
F	168.734***			117.115***		
$\triangle R^2$	0.011					
$\triangle F$	8.516					
f^2	0.017					

注：PFV 为功能体验价值感知，RW 为奖励，因变量为内容提供行为；**p < 0.01，***p < 0.001。

在表 5-37 结果中，加入交互项 PFV*RW（游客功能体验价值感知 * 奖励），其调节的判定系数 R^2 上升 0.011，为 0.427，因此奖励与游客功能体验价值感知的交互项对游客内容提供行为的作用显著，回归系数 B 值是 0.019，T 值为 2.918，在 p < 0.01 水平下是显著的，表明奖励对"游客功能体验价值感知 - 内容提供行为"具有调节作用，假设 H15b 得到验证。奖励程度每增加一个单位，游客功能体验价值感知对内容提供行为提升的作用增加 0.019 单位。

为了更好反映出奖励对游客功能体验价值感知 - 内容提供行为关系的调整效果，我们将调节变量与自变量的低一个标准差作取值，并将其代入回归方程中，以结果为依据，绘制调节效果图（温中麟等，2012；Hayes，2013），如图 5-15 所示。

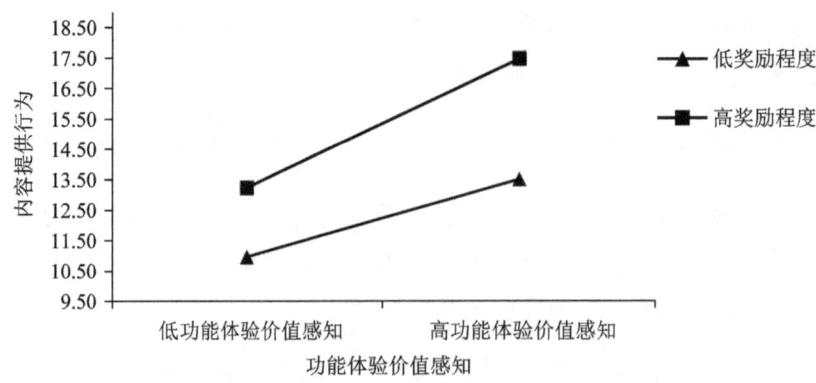

图 5-15　不同奖励程度情境下游客功能体验价值感知对内容提供行为的影响

从图 5-15 中可以看出，三角形线指代的低奖励程度和长方形线指代的高奖励程度的斜率并不相同，说明奖励在游客功能体验价值感知与内容提供行为关系之间存在调节效应，同等功能体验价值感知水平下，高奖励程度对于游客内容提供行为的效果大于低奖励程度，即随着奖励程度的增加，游客功能体验价值感知对游客内容提供行为提升的影响增加，假设 H15b 得到验证。

（三）奖励对游客功能体验价值感知与游客反馈行为关系的调节作用

本研究将游客功能体验价值感知作为自变量，游客反馈行为作为因变量，奖励为调节变量，将游客功能体验价值感知和调节变量的交互项纳入层次性回归模型分析，验证是否有调节效应，结果显示在表 5-38 中。

表 5-38　奖励调节效应分析（非标准化）（N=476）

自变量	M1			M2		
	B	SE	T	B	SE	T
截距	14.216	0.129	110.342***	14.139	0.144	98.332***
PFV	0.497	0.048	10.388***	0.502	0.048	10.459***
RW	0.264	0.039	6.699***	0.265	0.039	6.74***
PFV*RW				0.008	0.006	1.217
R^2	0.47			0.472		
F	209.672***			140.417***		
△R^2	0.002					
△F	1.481					
f^2	0.004					

注：PFV 为功能体验价值感知，RW 为奖励，因变量为反馈行为；**$p < 0.01$，***$p < 0.001$。

在表 5-38 中，加入交互项 PFV*RW（游客功能体验价值感知 * 奖励），其调节的判定系数 R^2 上升 0.002 变为 0.472，因此奖励程度与游客功能体验价值感知的交互项对游客反馈行为的作用不显著，回归系数 B 值是 0.008，T 值为 1.217，在 $p < 0.05$ 水平下是不显著的，表明奖励程度对"游客功能体验价值感知 - 反馈行为"没有调节作用。即随着奖励程度的增加，游客功能体验价值感知对游客反馈行为的作用没有影响，假设 H15c 没有得到验证。

（四）奖励对游客情感体验价值感知与游客持续使用行为关系的调节作用

本研究将游客情感体验价值感知作为自变量，游客持续使用行为作为因变量，奖励为调节变量，将游客情感体验价值感知和调节变量的交互项纳入层次性回归模型分析，验证是否有调节效应，结果显示在表 5-39 中。

表 5-39 奖励调节效应分析（非标准化）（N=476）

自变量	M1			M2		
	B	SE	T	B	SE	T
截距	14.855	0.099	149.955***	14.9	0.109	137.209***
PEV	0.493	0.037	13.309***	0.493	0.037	13.313***
RW	0.324	0.036	9.127***	0.321	0.036	9.021***
PEV*RW				-0.006	0.006	-1.008
R^2	0.582			0.583		
F	329.411***			19.953***		
$\triangle R^2$	0.001					
$\triangle F$	1.015					
f^2	0.002					
注：PEV 为情感体验价值感知，RW 为奖励，因变量为持续使用行为；**$p < 0.01$，***$p < 0.001$。						

表 5-39 中，加入交互项 PEV*RW（游客情感体验价值感知 * 奖励），其调节的判定系数 R^2 上升 0.001，为 0.583，因此奖励与游客情感体验价值感知的交互项对游客持续使用行为的作用不显著，回归系数 B 是 -0.006，T 值为 -1.008，在 $p < 0.05$ 水平下是不显著的，表明奖励程度对"游客情感体验价值感知 - 持续使用行为"没有调节作用。即随着奖励程度的增加，游客情感体验价值感知对游客持续使用行为的作用没有影响，假设 H15d 没有得到验证。

(五)奖励对游客情感体验价值感知与游客内容提供行为关系的调节作用

本研究将游客情感体验价值感知作为自变量,游客内容提供行为作为因变量,奖励为调节变量,将游客情感体验价值感知和调节变量的交互项纳入层次性回归模型分析,验证是否有调节效应,结果显示在表5-40中。

表5-40 奖励调节效应分析(非标准化)(N=476)

自变量	M1			M2		
	B	SE	T	B	SE	T
截距	13.981	0.114	122.421***	13.843	0.124	111.313***
PEV	0.249	0.041	6.095***	0.258	0.041	6.329***
RW	0.622	0.043	14.588***	0.622	0.042	14.676***
PEV*RW				0.019	0.007	2.716**
R^2	0.55			0.557		
F	288.822***			0.557***		
$\triangle R^2$	0.007					
$\triangle F$	7.378					
f^2	0.016					

注:PEV为情感体验价值感知,RW为奖励,因变量为内容提供行为;**$p < 0.01$,***$p < 0.001$。

从表5-40中结果可见,在加入交互项PEV*RW(游客情感体验价值感知*奖励)之后,调节了的判定系数R^2上升0.007,为0.557,因此奖励程度与游客情感体验价值感知的交互项对游客内容提供行为的作用显著,回归系数B为0.019,T值为2.716,在$p < 0.01$水平下是显著的,表明奖励对"游客情感体验价值感知-内容提供行为"具有调节作用,假设H15e得到验证。奖励程度每增加一个单位,游客情感体验价值感知对内容提供行为提升的作用增加0.019单位。

为了更好反映出奖励对游客情感体验价值感知-内容提供行为关系的调整效果,我们将调节变量与自变量的低一个标准差作取值,并将其代入回归方程中,以结果为依据,绘制调节效果图(温中麟等,2012;Hayes,2013),如图5-16。

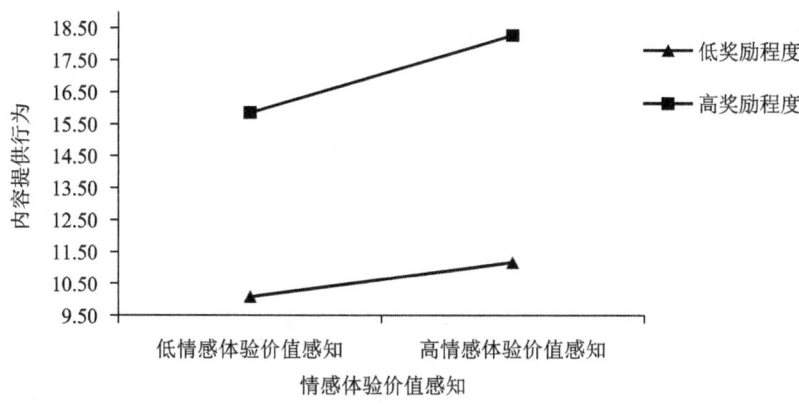

图 5-16　不同奖励程度情境下游客情感体验价值感知对内容提供行为的影响

从图 5-16 中可以看出,三角形线指代的低奖励程度和长方形线指代的高奖励程度的斜率并不相同,说明奖励在游客情感体验价值感知与内容提供行为关系之间存在调节效应,在同等情感体验价值水平下,高奖励程度对于游客内容提供行为的效果大于低奖励程度,即随着奖励程度的增加,游客情感体验价值感知对游客内容提供行为提升的影响增加,假设 H15e 得到验证。

(六)奖励对游客情感体验价值感知与游客反馈行为关系的调节作用

本研究将游客情感体验价值感知作为自变量,游客反馈行为作为因变量,奖励为调节变量,将游客情感体验价值感知和调节变量的交互项纳入层次性回归模型分析,验证是否有调节效应,结果显示在表 5-41 中。

表 5-41　奖励调节效应分析(非标准化)(N=476)

自变量	M1			M2		
	B	SE	T	B	SE	T
截距	14.216	0.13	109.272***	14.141	0.143	99.222***
PEV	0.535	0.047	11.483***	0.54	0.047	11.557***
RW	0.287	0.049	5.906***	0.287	0.049	5.905***
PEV*RW				0.01	0.008	1.293
R^2	0.459			0.461		
F	201.06***			134.788***		
△R^2	0.002					
△F	1.673					
f^2	0.004					
注:PEV 为情感体验价值感知,RW 为奖励,因变量为反馈行为;**$p < 0.01$,***$p < 0.001$。						

表 5-41 中，加入交互项 PEV*RW（游客情感体验价值感知 * 奖励）后，调节了的判定系数 R^2 上升 0.002，为 0.461，因此奖励程度与游客情感体验价值感知的交互项对游客反馈行为的作用不显著，回归系数 B 是 0.01，T 值为 1.293，在 $p < 0.05$ 水平下是不显著的，表明奖励程度对"游客情感体验价值感知 – 反馈行为"没有调节作用。即随着奖励程度的增加，游客情感体验价值感知对游客反馈行为的作用没有影响，假设 H15f 没有得到验证。

（七）奖励对游客社交体验价值感知与游客持续使用行为关系的调节作用

本研究将游客社交体验价值感知作为自变量，游客持续使用行为作为因变量，奖励为调节变量，将游客社交体验价值感知和调节变量的交互项纳入层次性回归模型分析，验证是否有调节效应，结果显示在表 5-42 中。

表 5-42 奖励调节效应分析（非标准化）（N=476）

自变量	M1			M2		
	B	SE	T	B	SE	T
截距	14.855	0.102	145.187***	14.798	0.113	131.1***
PSV	0.337	0.037	8.988***	0.344	0.038	9.066***
RW	0.447	0.038	11.681***	0.442	0.038	11.504***
PSV*RW				0.007	0.006	1.188
R^2	0.554			0.555		
F	293.993***			196.636***		
△R^2	0.001					
△F	1.412					
f^2	0.002					

注：PSV 为社交体验价值感知，RW 为奖励，因变量为持续使用行为；**$p < 0.01$，***$p < 0.001$。

表 5-42 中，加入交互项 PSV*RW（游客社交体验价值感知 * 奖励）后，调节了的判定系数 R2 上升 0.001，为 0.555，因此奖励与游客社交体验价值感知的交互项对游客持续使用行为的作用不显著，回归系数 B 为 0.007，T 值为 1.188，在 $p < 0.05$ 水平下是不显著的，表明奖励对"游客社交体验价值感知 – 持续使用行为"没有调节作用。即随着奖励程度的增加，游客社交体验价值感知对游客持续使用行为的作用没有影响，假设 H15g 没有得到验证。

（八）奖励对游客社交体验价值感知与游客内容提供行为关系的调节作用

本研究将游客社交体验价值感知作为自变量，游客内容提供行为作为因变量，奖励为调节变量，将游客社交体验价值感知和调节变量的交互项纳入层次性回归模型分析，验证是否有调节效应，结果显示在表5-43中。

表5-43 奖励调节效应分析（非标准化）（N=476）

自变量	M1			M2		
	B	SE	T	B	SE	T
截距	13.981	0.107	130.168***	13.84	0.118	117.614***
PSV	0.182	0.039	4.636***	0.2	0.04	5.066***
RW	0.698	0.04	17.388***	0.686	0.04	17.138***
PSV*RW				0.018	0.006	2.841**
R^2	0.602			0.609		
F	357.413***			244.53***		
$\triangle R^2$	0.007					
$\triangle F$	8.074					
f^2	0.016					

注：PSV为社交体验价值感知，RW为奖励，因变量为内容提供行为；**p < 0.01，***p < 0.001。

在表5-43中，加入交互项PSV*RW（游客社交体验价值感知*奖励）后，调节了的判定系数R^2上升0.007，变为0.609，因此奖励与游客社交体验价值感知的交互项对游客内容提供行为的作用显著，回归系数B是0.018，T值为2.841，在p < 0.01水平下是显著的，表明奖励对"游客社交体验价值感知-内容提供行为"具有调节作用，假设H15h得到验证。奖励程度每增加一个单位，游客社交体验价值感知对内容提供行为提升的作用增加0.018单位。

为了更好反映出奖励对游客社交体验价值感知-内容提供行为关系的调整效果，我们将调节变量与自变量的低一个标准差作取值，并将其代入回归方程中，以结果为依据，绘制调节效果图（温中麟等，2012；Hayes，2013），如图5-17。

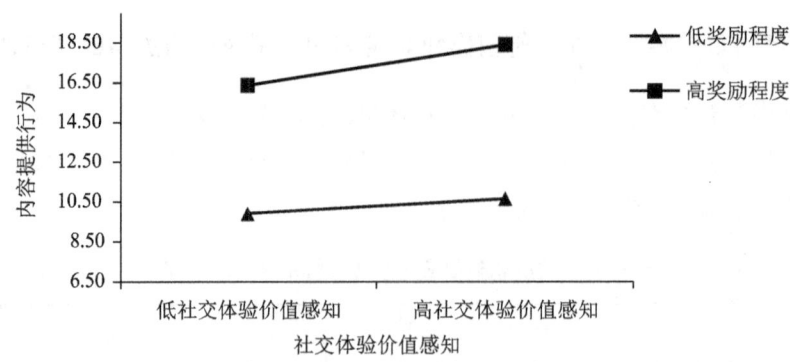

图 5-17　不同奖励程度情境下游客社交体验价值感知对内容提供行为的影响

从图 5-17 中可以看出，三角形线指代的低奖励程度和长方形线指代的高奖励程度的斜率并不相同，说明奖励在游客社交体验价值感知与游客内容提供行为关系之间存在调节效应，在同等社交体验价值感知水平下，高奖励程度对于游客内容提供行为的效果大于低奖励程度，即随着奖励程度的增加，游客社交体验价值感知对游客内容提供行为提升的影响增加，假设 H15h 得到验证。

（九）奖励对游客社交体验价值感知与游客反馈行为关系的调节作用

本研究将游客社交体验价值感知作为自变量，游客反馈行为作为因变量，奖励为调节变量，将游客社交体验价值感知和调节变量的交互项纳入层次性回归模型分析，验证是否有调节效应，结果显示在表 5-44 中。

表 5-44　奖励调节效应分析（非标准化）（N=476）

自变量	M1			M2		
	B	SE	T	B	SE	T
截距	14.216	0.124	114.257***	14.131	0.137	103.027***
PSV	0.442	0.046	9.711***	0.453	0.046	9.832***
RW	0.422	0.047	9.07***	0.415	0.047	8.885***
PSV*RW				0.011	0.007	1.466
R^2	0.506			0.508		
F	241.888***			162.366***		
△R^2	0.002					
△F	2.149					
f^2	0.004					

注：PSV 为社交体验价值感知，RW 为奖励，因变量为反馈行为；**$p < 0.01$，***$p < 0.001$。

在表 5-44 中，加入交互项 PSV*RW（游客社交体验价值感知 * 奖励），其调节的判定系数 R^2 上升 0.002，变为 0.508，因此奖励与游客社交体验价值感知的交互项对游客反馈行为的作用不显著，回归系数 B 是 0.011，T 值为 1.466，在 $p < 0.05$ 水平下是不显著的，表明奖励对"游客社交体验价值感知 – 反馈行为"没有调节作用。即随着奖励程度的增加，游客社交体验价值感知对游客反馈行为的作用没有影响，假设 H15i 没有得到验证。

综合以上分析，发现：

（1）奖励对游客功能体验价值感知、情感体验价值感知、社交体验价值感知与游客社交平台内容提供行为之间的关系具有轻度正向调节作用。社交平台游客参与价值共创行为的结构模型假设检验中，情感体验价值感知、社交体验价值感知对游客持续使用行为影响显著，虽然社交平台服务/内容提供商提供的奖励没有显著影响游客参与信息创造和分享信息的行为，但是一定程度上对游客参与社交平台的价值共创中的内容提供行为有一定的影响作用。

表 5-45 奖励的调节效应假设验证结果

假设	调节路径关系	交互项系数	T 值	是否成立
H15a	功能体验价值感知 -> 持续使用行为	0.004	0.715	不成立
H15b	功能体验价值感知 -> 内容提供行为	0.019	2.918**	成立
H15c	功能体验价值感知 -> 反馈行为	0.008	1.217	不成立
H15d	情感体验价值感知 -> 持续使用行为	−0.006	−1.008	不成立
H15e	情感体验价值感知 -> 内容提供行为	0.019	2.716**	成立
H15f	情感体验价值感知 -> 反馈行为	0.01	1.293	不成立
H15g	社交体验价值感知 -> 持续使用行为	0.007	1.188	不成立
H15h	社交体验价值感知 -> 内容提供行为	0.018	2.841**	成立
H15i	社交体验价值感知 -> 反馈行为	0.011	1.466	不成立

（2）奖励对情感体验价值感知与游客的内容提供行为之间的关系具有轻微正向调节作用，并且这种影响作用非常小。估计是因为情感价值感知维度的结构模型假设检验中，情感体验价值感知对内容提供行为并没有显著的影响，所以奖励在两者之间的轻度正向调节效应无法改变游客情感价值感知对游客的内容提供行为的影响过程。

（3）奖励对功能体验价值感知和游客参与社交平台的价值共创行为之间的关系没有明显调节作用，或者所提供的奖励未能实现对不同参与动机用户有针对性的激励，从而使得奖励没有对社交平台用户的创造价值行为产生明显的影响。

奖励对社交平台游客参与价值共创行为的影响不显著的原因有理可据，有学者在类似领域的研究结果为本研究的结论提供了有力的佐证，例如在 Sun Y 等（2012）的研究中显示交易型的虚拟社区的用户只有在体验很好的情况下，外部动机才能对持续参与意图产生影响。但是如果体验度很低时，即使外部奖励很高，用户可能仍然不会持续参与。也就是说，奖励虽然会对游客的价值共创行为有影响，但是前提是其体验价值很高时才会产生作用。

当然，调节作用不显著应该也有其他原因，即：

（1）没有对奖励的内涵进行细分。在社交平台中，不同的社交平台设置的奖励内容形式有很多种，例如服务权限开放、积分等级等；不仅如此，还可以分为精神激励（荣誉的排名）、物质激励（兑换优惠券）等，不同内涵的奖励的影响作用可能不同。

（2）当前社交平台中，奖励措施制度不是很健全，大部分采用的都是事后奖励的方式，比如马蜂窝需要游客进行内容提供后才会对其进行等级评定的奖励，而采用事前奖励或补贴的方法可能更有利于激发中国情境下的社交平台的用户创造价值活动。

六、社交平台游客参与价值共创的路径分析

综合考虑各种驱动因素和体验价值感知影响社交平台游客参与价值共创的过程以及互动、奖励的调节作用，本研究得出了社交平台游客参与价值共创的影响路径，如图 5-18 所示。

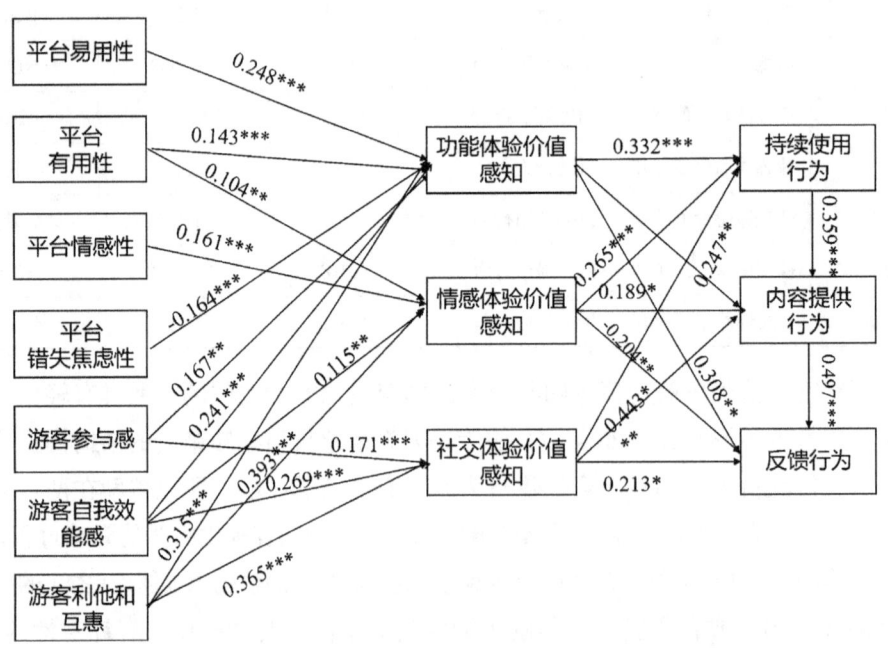

图 5-18 社交平台游客参与价值共创机制影响路径

总体来看，图 5-18 中各种驱动因素对体验价值感知不同维度的影响有明显差异，体验价值感知在游客价值共创行为的驱动因素和价值共创行为之间的关系中起了一定的中介作用，而且对游客在社交平台的持续使用行为、内容提供行为、反馈行为的影响路径不同。

（一）基于功能体验价值感知的游客价值共创行为影响路径

图 5-18 中，基于功能体验价值感知形成了游客参与价值共创行为的影响路径：社交平台易用性、社交平台有用性、社交平台错失焦虑性、游客参与感、游客自我效能感、游客利他和互惠→功能体验价值感知→持续使用行为→内容提供行为→反馈行为。

其中，社交平台易用性、社交平台有用性、社交平台错失焦虑性、游客参与感、游客自我效能感、游客利他和互惠直接影响游客对社交平台的功能体验价值的感知。H Zhang 等（2018）验证了来自于社交平台上旅游目的地信息的有用性和易用性对游客持续在该社交平台进行信息搜寻的行为有显著的积极影响，Nieves J 等（2018）认为家庭设备的可用性所提供的感知易用性和感知有用性不仅有利于处理社交平台，而且清楚地有助于游客利用这些技术来准备家庭旅行。因此，社交平台易用性和有用性对游客功能体验价值感知的影响路径得到了有力支持。根据社会影响理论，随着社交网络的发展，用户对其他人、对特定平台的态度和行为的影响被放大，他们的社交网络通过更容易、更快和更好的工具如社交平台来交流、寻求知识和激励他人，参与感强的用户更愿意去使用这些信息技术，进而也越容易感知到其功能体验价值（Itani O S et.al, 2019）。

对于一些特殊的，特别是较为成熟的社交平台，在不同的社交平台上，游客大多拥有丰富的技术、产品知识和先见性，他们了解自己的需求和社交平台上的其他使用者的需要，并具有很强的认知力。有些社交平台的主要特点就是让游客建立起一种关系，如果访客们在"社交关系"中进行频繁的交流，那么他们就可以互相帮助，这样的话，他们就可以很方便地加入到社交平台上，这种互动与帮助会让使用者感到参与社交平台服务非常有用或便捷。因此，利他与互惠因素对游客感知社交平台的功能体验价值具有一定的影响。

功能体验价值感知对游客的持续使用行为有一定的影响，而持续使用行为对游客的内容提供行为也有一定的影响，内容提供行为又继续对反馈行为产生影响。这也许是因为，对于大多数的游客来说，他们的网络阅历已经变得更加丰富，他们中的大多数都是受过高等教育的年轻人。但由于使用者的参与感强关系、利他及互惠的特点，让旅游者在选择服务时会比较慎重，只有亲身体验、使用服务，对信息内容、商品或服务的信息有了一个可信赖的认识后，才会使用这个平台与其他使用者进行互动与分享，协助其他使用者购买服务，以提高其知识的效用，从而提高体验价值。游客参与社交平台持续使用行为对其内容提供行为形成了一种重要的行为示范，从而促进信息内容/服务的进一步扩散。而且，游客在进行内容提供行为时，肯定会遇上一些问题，进而向社交平台进行意见反馈，因此促进反馈行为的增加。

（二）基于情感体验价值感知的游客价值共创行为影响路径

图 5-18 中，基于情感体验价值感知形成了游客创造价值行为的影响路径：社交平台有用性、社交平台情感性、游客自我效能感、游客利他和互惠→情感体验价值感知→持续使用行为→内容提供行为→反馈行为，奖励在情感体验价值感知与内容提供行为之间具有一定的正向调节作用。

在社交平台上，游客的情感体验价值感知是影响其持续使用、提供内容、反馈等行为的关键。游客持续使用行为、内容提供行为、回馈行为都类似于参与方式、参与程度。Rodie（2000）发现，参与产品创新可以让使用者体验到更加开心、愉悦的心情，进而感知到情感价值，从而更加正向主动地参与到创新和服务过程中去。同时，游客参与社交平台的信息分享可以满足其他游客的信息交流需要，也可以让游客通过网络认识到自己所提供的内容并进行口碑传播，从而满足游客的参与感和娱乐感。所以社交平台的情感性、游客自我效能感对游客感知社交平台的情感体验价值有显著正向影响。Jia 等人（2010）的一项研究还表明，在社交平台中，使用者和社群内容之间有一种互惠的关系，它对每一个使用者都是有利的，同时也是对自己有利的，是使用者不断分享资讯的动力。

情感体验价值感知会显著正向影响游客的持续使用行为，而持续使用行为又进一步影响内容提供行为。Hosany S（2020）的研究表明，游客在旅游过程中的情感会产生带量的重复行为，推动游客行为的主要因素是感知到乐趣、愉悦等情感。

（三）基于社交体验价值感知的游客价值共创行为影响路径

图 5-18 中，基于社交体验价值感知，社交平台游客参与价值共创行为的影响路径有三条：游客参与感、游客自我效能感、游客利他与互惠影响游客的社交体验价值感知，进而影响游客持续使用行为、内容提供行为、反馈行为，奖励轻微对社交体验价值感知与内容提供行为之间的关系进行正向调节。

当代人越来越注重塑造社会形象，社交平台已不再是单纯的沟通交流的场所，而更像是形象展示的平台——游客通过"分享旅游体验"实现个人价值观、态度的分享与传递，对外建立个人品牌形象，同时实现信息交流互通。在旅行中可以拍摄视频、照片分享到社交平台上，做一个美好的记录。例如像马蜂窝的一位游客所描述的那样："这是一次独特的旅游经历，敢于带妈妈去旅行，应该是很多人想做却不敢做的事吧。但我做到了，虽然其中遇到很多不确定和意外，但两人合力都能够克服。"通过社交平台，游客与其他用户之间快速建立了一个互动通道，将自己的旅游经历分享给了一些不相识的人，通过别人的肯定和鼓励，增加了参与感。而且通过展现自己的游记，不仅展现自己独自带妈妈旅行的经历，而且通过大量文字的真实描述和图片的整理，使自我效能感得到提升，也从而显著正向影响游客对社交体验价值的感知。游客利他和互惠因素也是正向影响游客社交体验价值感知的方面，从质性分析中也可以看出，不论是强关系，还是弱关系的社交平台，大部分游客发布旅游经历都是希望能够帮助到潜在游客，并且，他们之前在制订属于自己的旅行计划时，也参考了别人的旅游经历，觉得这是一件很有意义的事情，所以游客利他和互惠因素也正向影响游客社交体验价值感知。

游客社交体验价值感知对其持续使用行为有正向影响作用，而游客持续使用行为又能继续正向促进他的内容提供行为。社交体验价值感知还对游客内容提供行为有显著正向影响。Lee C S（2012）在他的研究中表明，社交满足感是促使用户分享新闻的另一个显著因素。这意味着，用户会认为他们是通过分享新闻而与一个虚拟社区联系在一起的，这符合"期望社会化"的观念，即人们可以通过与别人分享自己的意见和信息而得到社交的满足（Krishnatray、Singh、Raghavan & Varma，2009）。特别是，使用者分享的知识、经验可能会成为建立潜在的社交网络的基础。社交平台的游客以社会交往、情感交流为主。网络技术的发展，使旅游者不仅想要与别人分享自己的体验，更想从别人的体验中获得所需要的产品和服务信息及知识。在互相推荐和共享时，访问者更易被外部因素所左右，而在依赖于他人和社交平台的情况下，他们会积极地为他人提供更多有价值的信息，以协助他人迅速地寻找到适合自己的产品或服务。

奖励在社交体验价值感知与内容提供行为之间的关系上具有一定的正向调节作用。Cruz C 等（2017）的研究发现，游戏的参与者在 Meta-Game 奖励系统推广不同方式玩游戏的情况下，通过向主办方提供有关游戏的积极反馈，以提高自我效能感和社会地位。研究结果表明玩家可能会将这些奖励系统视为一种内在的激励。Massaro M（2019）等的研究表明，互惠可以改善关系性交易的表现，并且在每次达成互惠后，都会让两个人感到满意，进而加强他们之间的合作。社交平台在服务中提供适当的奖励，如马蜂窝给予蜂首的荣誉、星际游记等级的评定等，一定程度上将会影响游客的内容提供行为。因此，为了奖励、加强参与感和巩固社交网络关系，游客会更愿意提供信息和知识，与社交平台其他用户交流信息。

游客社交体验价值感知对其反馈行为有显著正向影响。在 Palomino-Manjon（2018）的研究中发现，Facebook 与顾客彼此建立了正向的互动关系，顾客通过 Facebook 结识了很多志同道合的朋友，展现了自己的身份和才能，有了良好的社交体验，因此，也会将自己的良好体验反馈给 Facebook。而且基于内容生成的社交平台，会大量依靠用户的内容提供，而游客在内容提供的过程中，也会遇上各种问题和困惑，如前面的质性分析的研究中显示,游客在马蜂窝上遇到星级游记的评定过程时,出现了很多问题,而游客也会立即把问题反馈给社交平台。因此,游客感受到社交体验价值高的社交平台,会更愿意产生反馈行为。

表5-46 研究假设验证汇总结果

假设	研究假设	是否成立
H1a	平台易用性对功能体验价值感知有显著正向影响	成立
H1b	平台易用性对情感体验价值感知有显著正向影响	不成立
H1c	平台易用性对社交体验价值感知有显著正向影响	不成立
H2a	平台有用性对功能体验价值感知有显著正向影响	成立
H2b	平台有用性对情感体验价值感知有显著正向影响	不成立
H2c	平台有用性对社交体验价值感知有显著正向影响	不成立
H3a	平台情感性对功能体验价值感知有显著正向影响	不成立
H3b	平台情感性对情感体验价值感知有显著正向影响	成立
H3c	平台情感性对社交体验价值感知有显著正向影响	不成立
H4a	平台错失焦虑性对功能体验价值感知有显著负向影响	成立
H4b	平台错失焦虑性对情感体验价值感知有显著负向影响	不成立
H4c	平台错失焦虑性对社交体验价值感知有显著负向影响	不成立
H5a	游客自我效能感对功能体验价值感知有显著正向影响	成立
H5b	游客自我效能感对情感体验价值感知有显著正向影响	成立
H5c	游客自我效能感对社交体验价值感知有显著正向影响	成立
H6a	游客参与感对功能体验价值感知有显著正向影响	成立
H6b	游客参与感对情感体验价值感知有显著正向影响	不成立
H6c	游客参与感对社交体验价值感知有显著正向影响	成立
H7a	游客利他和互惠对功能体验价值感知有显著正向影响	成立
H7b	游客利他和互惠对情感体验价值感知有显著正向影响	成立
H7c	游客利他和互惠对社交体验价值感知有显著正向影响	成立
H8a	游客功能体验价值感知对其内容提供行为有显著正向影响	成立
H8b	游客情感体验价值感知对其内容提供行为有显著正向影响	成立
H8c	游客社交体验价值感知对其内容提供行为有显著正向影响	成立
H9a	游客功能体验价值感知对其反馈行为有显著正向影响	成立
H9b	游客情感体验价值感知对其反馈行为有显著正向影响	不成立
H9c	游客社交体验价值感知对持续使用行为有显著正向影响	成立

续表

假设	研究假设	是否成立
H10a	游客功能体验价值感知对其持续使用行为有显著正向影响	成立
H10b	游客情感体验价值感知对其持续使用行为有显著正向影响	成立
H10c	游客社交体验价值感知对其反馈行为有显著正向影响	成立
H11	游客持续使用行为对其内容提供行为有显著正向影响	成立
H12	游客内容提供行为对其反馈行为有显著正向影响	成立
H13	体验价值感知的中介作用	成立
H14	互动的调节作用	部分成立
H15	奖励的调节作用	部分成立

本章小结

本章以第四章所建立的模型为基础，根据所提出的研究假设，设计了有关概念的测量题和问卷表，并利用统计分析、因子分析、结构方程式分析等资料分析方法，来验证所建立的模型。所得研究假设验证结果如表5-46所示，实证分析的主要结论：（1）平台易用性、平台有用性、游客自我效能感、游客参与感及游客利他与互惠因素对其功能体验价值感知有显著正向影响，而平台错失焦虑性对其功能体验价值感知有显著消极影响；平台情感性、平台有用性、游客自我效能感、游客利他和互惠对情感体验价值感知有显著正向影响；游客自我效能感、游客参与感及游客利他与互惠因素对社交体验价值感知有显著正向影响。（2）功能体验价值感知直接显著正向影响持续使用和反馈行为，但对内容提供行为没有直接影响；情感体验价值感知同时直接显著正向影响持续使用、内容提供行为和反馈行为；社交体验价值感知同时直接显著正向影响持续使用、内容提供行为和反馈行为；情感体验价值感知、社交体验价值感知均通过对持续使用行为的显著正向影响然后影响内容提供行为又影响反馈行为。（3）互动对平台有用性、平台错失焦虑性、游客参与感与功能体验价值感知之间的关系具有一定的正向调节作用；互动对平台有用性与情感体验价值感知之间的关系具有一定的正向调节作用；奖励只对功能体验价值感知、情感体验价值感知和社交体验价值感知与内容提供行为之间的关系具有一定正向调节作用。

第六章
研究结论与展望

在社交平台上,游客不仅可以获取专业的旅游信息,同时,他们还可以创建并共享自己的旅游经验,每一个游客都是社交平台的服务或内容的消费节点,同时也是一个潜在的信息和内容创造的节点,也就是说社交平台的每一位用户都可能成为社交平台的价值创造者。为此,把握社交平台游客参与价值共创的行为特征及其相关的影响因素,充分发挥游客的创造性,成为社交平台环境下迫切需要解决的管理问题。

本研究基于体验价值感知视角,探索了社交平台情景下游客价值共创行为的维度结构,在此基础上,构建了社交平台游客参与价值共创过程机制,并对其进行了实证分析。本研究从理论和实证两个方面对以下问题进行了探讨:(1)社交平台游客参与价值共创行为的维度结构是怎样的?(2)社交平台游客参与价值共创的驱动因素有哪些?它们对游客体验价值的感知是什么样的影响?(3)游客体验价值的感知对其价值共创行为的影响是怎样的?体验价值感知在游客参与的价值共创的驱动因素与其价值共创行为之间是否具有中介作用?(4)互动和奖励在社交平台游客参与价值共创的前因与体验价值感知、体验价值感知与行为结果的关系上的调节作用是怎样的?在前面分析的基础上,本章对以上的研究结论进行了全面的整理和探讨,给出了一些启示和建议,并指出了研究的不足之处和今后的研究方向。

第一节 研究结论

一、揭示了社交平台游客参与价值共创行为的维度结构

本研究综合国内外文献,通过深度访谈和网络文本统计了将近10万字的原始资料,通过质性分析发现,社交平台游客参与价值共创行为是价值创造主体在旅游活动的各

个阶段进行资源的交换、整合和利用,通过互动和共享实现的,从而产生出不同的价值共创行为。在社交平台上,游客参与价值创造的互动主体有两种:一种是本地的支持力量,另一种是衍生的支持。前者包括社交平台,后者包括社交平台的潜在用户等。游客与不同对象的互动方式、内容及其对社交平台价值共创的影响都存在差别。在旅游前、中、后三个阶段,游客参与社交平台上的价值创造行为表现出了显著的多元化和动态性。因此,在社交平台上,游客参与价值共创行为呈现出多维的特点,主要由持续使用行为、内容提供行为和反馈行为三个维度构成,由此形成了游客价值共创行为初始测量量表。

二、剖析了社交平台游客参与价值共创的驱动因素及其作用路径

本研究依据服务主导逻辑理论、价值共创理论和游客与技术接触的相关理论,提出社交平台游客参与价值共创的驱动因素主要来自于社交平台的外在驱动因素:平台易用性、平台有用性、平台情感性、平台错失焦虑性和游客自身的内部驱动因素:自我效能感、参与感、利他和互惠。

本研究的实证研究结果表明,来自于社交平台的外部驱动因素和来自于游客自身的内在驱动因素对游客体验价值感知都具有显著的影响;平台易用性、平台有用性、游客的自我效能感、游客参与感、游客利他和互惠对功能体验价值的感知是正向影响,而平台错失焦虑性对功能体验价值的感知是负向影响($\beta=-0.164$,$p<0.001$);平台有用性、平台情感性、游客自我效能感、游客利他和互惠对情感体验价值感知是正向影响;游客参与感、自我效能感、利他和互惠对游客社交体验价值感知的影响是显著且正向的。对游客功能体验价值感知产生显著影响的因素中,游客利他和互惠的动机作用最为重要($\beta=0.315$,$p<0.001$),平台易用性的作用次之($\beta=0.248$,$p<0.001$),游客的自我效能感的作用居第三位($\beta=0.241$,$p<0.001$),平台有用性的作用居最后($\beta=0.143$,$p<0.001$)。对游客情感体验价值的感知产生显著影响的因素中,游客利他和互惠的动机作用最为突出($\beta=0.393$,$p<0.001$),平台情感性的作用次之($\beta=0.161$,$p<0.005$),自我效能感的作用居第三位($\beta=0.115$,$p<0.001$),平台有用性的作用居最后($\beta=0.104$,$p<0.005$)。对游客社交体验价值的感知产生显著影响的因素中,游客利他和互惠的动机作用最为重要($\beta=0.365$,$p<0.001$),游客的自我效能感、平台易用性的作用次之($\beta=0.269$,$p<0.001$),游客参与感的作用居第三位($\beta=0.171$,$p<0.001$),平台有用性的作用居最后($\beta=0.143$,$p<0.001$)。该结果说明,游客体验价值的感知有来自于社交平台和游客自身因素的影响。因此,社交平台因根据游客的心理需求设置对应的核心功能,以提高游客体验价值感知效果。

三、明确了社交平台游客参与价值共创的内在机制

社交平台上游客参与价值共创是游客和社交平台进行资源、价值整合的过程，通过与企业和其成员之间的互动和对话，从而实现社交平台企业的价值增值。在这一过程中，一方面，游客将个人的时间、精力、知识等投入到社交平台上，使其在社交平台上获得快乐和满足，从而增强了对平台和自身旅游体验的掌控；另一方面，游客的自我效能感、参与感和利他与互惠的动机在创造过程中对社交平台体验价值感知产生影响，最后决定是否产生价值共创行为。因此，游客对社交平台体验价值感知能够促进游客价值共创行为的全面增值。

本研究的实证研究结果显示，游客体验价值的感知对游客价值共创行为的影响是正向且显著的；一方面，游客在社交平台的功能体验价值感知对持续使用行为（$\beta=0.332$，$p<0.001$）和反馈行为（$\beta=0.308$，$p<0.005$）产生正向影响；游客在社交平台的情感体验价值感知会正向影响其持续使用行为（$\beta=0.265$，$p<0.001$）、内容提供行为（$\beta=0.189$，$p<0.01$），但对反馈行为是负向影响（$\beta=-0.204$，$p<0.005$）；游客在社交平台的社交体验价值感知会正向影响持续使用行为（$\beta=0.247$，$p<0.005$）、内容提供行为（$\beta=0.443$，$p<0.001$）和反馈行为（$\beta=-0.213$，$p<0.01$）。也就是说，游客功能体验价值感知、情感体验价值感知和社交体验价值感知都会提高游客持续使用行为；游客情感体验价值感知和社交体验价值感知实现游客内容提供行为的增值；游客功能体验价值感知和社交体验价值感知都会增加游客反馈行为，情感体验价值感知都会减少游客反馈行为。因此社交平台应提供给游客不同的体验价值，以促使游客产生不同的价值共创行为。

四、检验了体验价值感知在价值共创机制中具有一定的中介作用

价值共创是顾客自主性参与活动（Heinonen 和 Strandvik，2015）。游客作为社交平台价值共创的主导者，其目标是能在社交平台上感知到对应的体验价值。在社交平台游客参与价值共创活动中，如果目标得以实现，游客内心将会产生愉悦和满足感，形成价值共创行为；相反，如果游客的体验与期望相差很大，就会使其产生心理上的失落感和不满，从而无法实现共同的价值创造。也就是说，来自于社交平台的外部驱动因素和来自于游客自身的内部驱动因素对游客参与社交平台的价值共创行为产生正向影响的前提是，游客在社交平台上能够感知到体验价值。因此，直接决定游客参与社交平台的价值共创的并非直接来自于各种驱动因素，而是价值共创驱动因素作用下的感知的体验价值，即体验价值感知在价值共创驱动因素与价值共创行为之间中介效

应显著。

五、验证了社交平台游客参与价值共创的边界条件

游客参与社交平台价值共创效应不仅取决于游客的参与意愿（参与感）以及对自己参与能力的自信程度（即自我效能感），还取决于游客参与社交平台价值共创过程中社交平台的特性：互动。互动是社交平台价值共创的行为轨迹（Gronroos 和 Voima，2013）。移动互联时代崛起的新旅游者，技术平台所具备的特性通常会对他们产生深远的影响。研究结果证明，当游客在社交平台上的互动过程越多，越容易感知到社交平台的功能体验价值。此外，由于社交平台游客参与价值共创的过程还有社交方面的动机，所以，当游客与潜在游客的互动活动越多时，其在该社交平台上的社交体验价值感知就会越高。

此外，奖励对游客的体验价值感知与内容提供的行为之间关系具有调节作用，这一点与 Munar A M（2014）的研究是一致的。因此社交平台可通过在线设计诱导的奖励和排名专业知识和价值的技术来增加游客主动分享经验的行为。明确的奖励制度能够促进用户的持续参与意愿（Sun 等，2012）。

第二节　理论贡献和管理启示

一、理论贡献

本研究在三个方面做出了重要的贡献。

（一）基于价值创造理论揭示了社交平台游客参与价值共创的内涵

社交平台游客参与价值共创行为是指游客通过社交平台进行的持续使用、评论、推荐、内容提供、反馈等参与行为。体验价值感知是指在与社交平台、其他潜在旅游者的交互作用下，产生的对旅游商品或服务的认识和偏爱，是在服务过程中，人们对旅游商品或服务的功能效用、内在愉悦、社交等心理需要得到了充分满足的反映。本研究对游客参与社交平台的价值创造行为表现、特征和结构维度进行了深入的分析。已有的研究强调社交平台企业与用户的价值共创行为，将两者的价值创造行为混为一谈，本研究立足于游客自身提出社交平台游客参与价值共创行为概念。游客的价值创造行为不仅是个人的深度参与，也将直接影响到社交平台公司对使用者的激励。而以

往对游客参与社交平台价值创造的研究，则把游客参与社交平台的价值创造活动拓展到了创造者、领导者的层面，从而使游客参与社交平台的价值创造活动对推动社交平台的发展具有重要意义。

（二）建立了一个基于体验价值感知的社交平台游客参与价值共创的理论模型

基于对使用满足理论的理解和对顾客体验价值的认识，本研究中将体验价值感知划分为功能体验价值感知、情感体验价值感知、社交体验价值感知维度，以驱动因素—情感认知—行为结果为主线，从社交平台外部驱动因素和游客自身内部驱动因素两方面构建了驱动因素、体验价值感知和游客价值共创行为之间的研究模型，对旅游者价值共创的行为机理进行了深入的探讨，从而使人们从一个全新的视角来探讨其过程机理。理论研究和实证研究均显示，从不同角度探讨游客参与社交平台价值创造的机理，可以更好地解释游客参与社交平台价值创造的行为规律，是具有一定可行性的，能够更加全面地揭示游客创造价值行为的影响因素。

（三）揭示了社交平台上游客主动参与内容提供行为的激励机制

社交平台应尽可能地提高游客内容提供的行为，帮助商家通过内容找到目标客群，实现精准获客，在需求多元化、消费体验链条不断延长的新旅游市场占得先机。根据激励的机制过程来看，社交平台应建立内容生产激励机制，鼓励游客参与内容提供过程，包括游记、视频、攻略的撰写和制作，并根据酒店、自由行、跟团游等不同行业的内容生产要点等，帮助商家产出目的地和产品相关的优质内容，通过内容给用户"种草"。在未来，"内容找人"显示出商业价值，如今一些用户产生了另一种需求：单纯地逛平台。他们本身没有旅行计划，但在逛平台的过程中，或许被哪一篇文章、哪一个视频所记录的目的地吸引，从而产生旅游决策。例如：马蜂窝在短内容上的布局，有助于刺激用户"决策外的需求"的产生。新体验经济时代，内容即服务。未来，社交平台还将继续与平台合作伙伴共建内容生态，为用户提供更加优质的内容与消费服务，并通过内容全面提升旅游产业效率，推进产业高质量发展。

游客主动参与社交平台内容提供行为是游客价值创造行为的一种主要行为表现，本研究考虑了奖励、互动的重要影响，探索了来自社交平台对游客内容提供行为的激励作用过程。本研究发现，以利他及互惠为动机的旅游者会积极地参与内容提供，而利他与互惠动机的存在，则无法如企业奖惩制度、绩效考核制度等明晰，社交平台游客参与价值共创的特点是游客和社交平台、游客与潜在游客之间的反复互动，这种互动程度的增强加强了游客利他和互惠动机与社交平台的体验价值感知之间的关系。奖励会调节游客体验价值感知和内容提供之间的关系，也就是说，当来自于社交平台、旅游服务/内容提供商的奖励程度越高，游客越会在社交平台上进行内容提供行为。在分享旅游体验的过程中，获得额外回报和获得赞美等外在激励机制扮演了重要的角色。在实际生活中，大多虚拟社区会向分享参与者提供声誉激励机制、提高等级以及获得更高权限等物质奖励，以此调动游客内容提供的正向性。本研究从奖励和互动角度对社交平台上的游客内容提供行为进行激励，不仅贴合社交平台情境中的实际，而且为产品/服务的扩散研究提供新的理论视角。

二、管理启示

在社交平台上，游客积极参与的价值共创是其竞争优势和创造价值的主要源泉。本研究通过对社交平台上的游客参与价值共创的研究，可以得到一定的理论指导，并对其他社交平台和他们的服务/产品的参与提供有益的参考。

（一）社交平台应该建立一个更好的用户体验环境，以激励游客参与价值共创行为

首先平台的易用性具有显著的影响，强烈影响游客的体验价值的感知和后续行为。因此，目的地应该不断提高其平台的设计质量，以提高游客的操作技能，进而提高游客在社交平台上的体验价值感知。更重要的是，研究证明了社交平台的有用性、情感性是会影响游客对社交平台的情感体验价值感知的，因此，社交平台应提高其平台的有用性，包括信息可靠性及满足游客搜索信息的需求、方便分享旅游经历的需求，以提升游客对社交平台的情感体验价值。显然，平台互动引发的情感体验是连接游客平台体验和参与价值共创的桥梁。美学上令人愉悦和值得信赖的平台可能会带来用户的正向情绪反应以及他们与目的地互动的意图，为了激发潜在游客的正向情绪反应，社交平台应提供美观、有用的在线互动环境。社交平台情感维度对于引发正向情绪反应比感知易用性甚至交互性更重要。

在本研究中，社交平台游客参与价值共创机制实证研究表明，平台易用性、平台有用性、平台情感性是影响社交平台游客参与价值共创行为的基础条件，也是社交平台游客参与价值共创行为发生的重要情境。平台应在优化算法等方面改进平台的信息品质，确保平台信息的使用价值。此外，平台还应加入多种技术模式，提升游客的自我效能感和参与感，从而提升游客的体验价值，促使游客产生价值共创的行为。随着社交平台游客参与价值共创的深度和广度不断扩大，社交平台应从"为用户创造价值"这一传统理念发展到重视激励"用户积极参与价值创造"，建立引导游客积极参与创造价值的机制，并通过多种手段为游客创造价值创造环境，增强游客对社交平台上的情感以及自我效能感、参与感、利他和互惠等的感受，提高与不同主体交互过程中的体验认知，以留住和吸引更多的用户，从而扩大游客创造价值的活动的广度和深度。

（二）游客在价值共创中扮演的角色意义重大，社交平台管理者应为其提供参与价值共创的机会

在加强平台交互技术的同时，社交平台的管理者可以将更多的资源分配给用户，以满足不同的交流需要，实时发布交互信息，创造一个良好的社交环境，增加用户与外部世界的联系。通过合理的技术资源分配，可以使用户的互动得到最大程度地提升，从而使其对平台的价值产生认知，并在平台上有内容提供、反馈等方面积极的行为。社交平台管理者还应打造利于线上线下互动的社区文化，为游客的共同价值创造提供良好的平台。线上线下互补的平台有助于提升用户在社交平台的体验价值感知。社交平台上游客的交流不仅是信息交流、知识交流的过程，同时也是游客在活动中进行情感交流的过程。过去的研究和实践都忽略了线上互动在社交平台的发展中所起到的重要作用，应注重线上互动的组织与管理，平台管理者应采取各种手段来支持和鼓励游客在线上互动。例如，社交平台应设立独立的版块讨论和发布线下活动内容，将优秀活动置顶，并定期对以往活动进行回顾，给予发起者和参与者虚拟积分或者其他形式的奖励，吸引更广泛的社交平台成员的发起和参与活动。

（三）社交平台管理者应促进社交平台成员全方位体验价值感知的提升

了解共同创造游客体验的主要前提对目的地管理和旅游企业是有用的，它避免了Caceres（2010）所说的"价值共同破坏"。研究人员认为，如果共同创造价值的过程没有得到充分的管理，宝贵的资源可能会被不适当地使用，从而阻碍游客和目的地的期望都得到满足，那么，就会产生价值共同破坏，价值的共同破坏可能会导致游客的不满，并对目的地的形象产生负面影响（Chathoth et al., 2014a）。因此，对游客的需求和期望的更深入的了解可以帮助他们设计并提供更充分的共同创造水平。一些旅游者可能不愿意参与共同创造过程，因为他们没有意识到自己积极参与体验的好处，或者可能不想直接与服务提供者互动。类似地，Caru & Cova（2015）强调，消费者可能对共同创造有不同的偏好，需要不同的参与环境。游客有不同的需求和期望可能与如年龄、文化水平和消费行为有关。因此，管理者们需要使用新的方法来针对他们的客户，而不是仅仅关注由地理和人口统计特征驱动的传统细分方法。本研究的结果有助于开发体验共同创造管理系统。类似的系统，可以让目的地管理者和旅游服务提供者更多地了解游客所需的共同创造程度，并为他们提供积极参与、互动和分享的途径，确保高水平的旅游体验感知。针对社交平台成员价值共创行为的不同的驱动因素，关注用户对于不同类型利益的诉求。社交平台的内容在很大程度上取决于用户的主动参与的结果。因此，激励游客参与平台一直是营销人员的主要问题之一。然而，正如研究所表明的，并不是所有的动机类型在提高营销结果方面都同样有效的。如前所述，

游客参与社交平台的价值共创还受到内在的参与动机的驱使,而不是被控制的因素参与到社交平台的价值共创过程中。因此,管理者不仅仅是简单提供那些被视为控制的外部奖励,如有形礼物和/或折扣,以鼓励用户发布评论,而是努力在他们的平台中引入类似于游戏化的激励过程,让参与本身成为一种奖励。社交平台成员的体验是多层次、多方位的,从使用满足理论角度来看,社交平台必须满足游客的基本的搜索信息、分享自己的旅游经历、展现自己的心理的需求,让游客体验到有功能和社交价值。要发展自主动机,关注情感的体验价值需求。社交平台作为以旅游为主题、兼具兴趣型和关系型虚拟社区特点的非交易型虚拟社区,平台设计应该包括与成就和进展相关的元素,例如马蜂窝的星级游记、成为蜂首等挑战,因为这些挑战为用户提供了明确的目标,给他们一种使命感,并强调他们的行动的重要性。这些挑战可以具体体现在越来越困难的级别挑战上,并根据用户的表现进行调整。除此之外,也建议平台建立识别元素,如徽章或奖章等奖励措施,奖励对游客的功能体验价值感知、情感体验价值感知和社交体验价值感知与其内容提供行为之间的关系具有正向调节作用,利用这些视觉元素和简单地描述评论者的成就,以及排行榜/排名,这样游客就可以将自己的表现与他人进行比较,从而增强他们的成就感,进而激励游客进行游记的撰写和分享的内容提供行为。不仅如此,社交平台的管理者既要满足社交平台成员追求功能价值的需要,也要满足游客情感和社交价值追求的需求,全面提升社交平台成员的体验价值感知,增强游客对社交平台的情感,促进游客对其他成员和对社交平台的价值共创行为,为社交平台的健康可持续发展创造有利的环境。

(四)社交平台管理者应建立促进游客 – 潜在游客之间以及游客 – 社交平台之间的互动的技术环境

在非交易型社交平台,平台的用户成员既是利益的获得者,也是价值的共创者,社交平台用户的价值共创行为既指向其他平台用户,也指向社交平台本身。游客在社交平台所获得的不同类型感知体验会导致不同价值共创行为,社交平台管理者应设计社交平台,强化游客 – 潜在游客之间、游客 – 社交平台之间的良性互动。本研究的研究结论已显示,互动对平台有用性、平台错失焦虑性、游客参与感与功能体验价值感知之间的关系具有正向调节作用,也对平台有用性与情感体验价值感知之间的关系具有正向调节作用。因此,社交平台应加强其互动功能的建设。一是可以利用互动增强游客的功能体验价值感知和情感体验价值感知;二是当社交平台有一些负面因素影响时,比如错失焦虑性和信息过载等,互动的功能也可以缓解这其中的负面影响。社交平台除了应该建立与参与感、自我效能感有关的机制外,还应建立包括增加评论者沉浸感的机制,例如,可以让游客设定个性化的私人空间,让游客能够更好地展现自己,提供更多的信息,帮助别人,提高自己的权限,满足自己的自尊心;而对与社交平台的合作,则要加强游客的情绪体验，比如，社交平台的活动，要有更多的趣味性和意外，要给游客发帖子和回复，要给他们提供一定的奖励，让他们可以在社交平台上得到更多的反馈，鼓励用户强化对社交平台的各种反馈机制等，打造互动程度高的社交平台氛围。

（五）社交平台应加强核心功能和服务的构建

从基本功能来看，所有的社交平台的基本功能没有什么太大的差别，都可以提供给游客不同的旅行服务，比如住宿、目的地、交通、美食的功能，但是核心功能的侧重点不同，例如，马蜂窝更加侧重于给用户提供一个旅行前的准备、旅行中的服务以及旅行后的分享这样一个平台，更加适用于大部分普通用户，而其他的社交平台如穷游更加侧重于给用户提供一个非常专业的旅行锦囊，比较适合于资深的旅行爱好者。基于期望确认理论和使用满足理论，社交平台应尽可能提供超越游客预期和认知的产品和服务，让游客感知到更多的功能体验价值和情感体验价值，并主动在社交平台分享信息和主动创造内容。当社交平台已经超过了用户的期待预期，就能增加游客主动分享的可能性，这是优质产品的必要条件。那些可以引发游客进行主动分享的点就藏在无数细节当中，一个功能，一个内容，一篇文章，一幅图片，一个精心策划的活动，都拥有被分享的潜力。同时，也间接让品牌或产品在社交平台上得到了二次以上的宣传曝光，顺便降低了营销传播成本。另外，社交平台应减少能引致游客错失焦虑的功能，只有当游客不产生负面情绪时，游客才能更好地感知到平台的核心功能。

第三节 研究局限和未来展望

本研究以社交平台为研究场景，基于服务逻辑理论、人与信息技术接触的相关理论、使用满足理论等管理学、心理学的方法和理论，从游客体验价值感知视角，对游客主动参与社交平台价值创造行为进行了系统研究。本研究对于旅游场景中信息技术的运用，无论是在理论上还是在实践上，都有着很大的参考价值。但由于受时间及自身能力等因素的限制，本研究还存在一定的局限性。

一、研究局限

（一）研究背景较广泛

本研究从广义上定义了社交平台游客参与价值共创行为，在调查中也以有社交平台使用经验的游客为样本,并没有对特定的社交平台进行详细、深入的研究。为使得研究结果具有代表性,未来的研究测试可能会将构建的研究模型应用于具体社交平台,检测不同社交平台游客参与价值共创过程的机制是否有不一样的结论。

(二)实证研究有待完善

在社交平台游客参与价值共创机制研究过程中,仅是在社交平台上对游客的价值共创行为进行了初步的探讨,并在此基础上进行了改进。在调查问卷的设计中,尽管采用了大量的深入访谈,并从大量的相关理论中汲取了一些成熟的题目,但是由于网络环境的新奇性,仍然有大量的自主开发的问卷题,其代表性有待于进一步优化。在研究中发现,一些指标比古典文献中的结果要差一些,并且无法从总体体验价值感知中得到满意的体验值。这是因为本研究的样本大多来源于静态的旅游者,并且考虑到研究问题的扩展性,因此必须收集游客的动态行为资料,以满足游客参与社交平台的价值创造的随机性和动态性。

(三)研究存在一定主观性

本研究运用问卷调查法,对游客在社交平台上的价值共创行为进行了调查,比较主观,应在此基础上,将来引进眼动仪、脑电核磁共振等生理测试仪器,对游客参与社交平台的价值共创各种表现行为采用描述和数理统计相结合的方法,对发生时的客观生理学资料进行测试,以便得出更加科学、稳定的结果。

二、未来展望

本研究只是对社交平台游客参与价值共创领域中的一些基本问题的初步研究。随着游客主动参与价值创造行为的日趋频繁和影响越来越广泛,今后游客参与价值创造行为研究可关注以下几个方面:

1.社交平台游客参与价值共创行为是一个动态过程。本研究从游客体验价值感知视角,对游客主动参与社交平台价值创造活动进行系统研究,最后,得到了几个有价值的结论。然而,随着互联网技术社会化平台自身的商业模式不断地创新,在实际生活中,也会有其他参与方进行合作和竞争。未来的研究可以从社交平台价值链演进的动态过程特点出发,探讨多参与主体之间的价值关系的动态演化。

2.本研究采用问卷调查的方式获取横截面的数据,通过持续使用、内容提供和反馈三种行为表现来研究游客参与社交平台的价值创造行为。但是,在某些情况下,社交网站的用户表现出了评论、习惯浏览等特征,并且在持续使用、提供内容和反馈的情况下,用户的转化比例也存在着差异。在后续的研究中,也可以尝试采用纵向、细化的行为试验，以更直观、更精确的方式衡量游客在社交平台上的价值创造行为，从而使得本研究的结果更加具有现实的意义。

3. 不同的旅游者群体，其价值创造活动的要素也是不同的。虽然现有的研究中存在着很多的变数，但是还存在着很多未被研究的因素。今后可以对旅游者进行有针对性的分门别类，并结合其他可能的影响因素，完善整个旅游行为系统。

4. 本研究探索到了对社交平台游客参与价值共创的正向影响因素，如平台的易用性、平台的情感性及游客自身的参与感、自我效能感和利他与互惠的因素，也探索到了负面的影响因素：平台所引致的错失焦虑性。但是由于研究范围有限，所以未来集中于社交平台游客参与价值共创前因的负面影响因素的研究，可能有助于更完整地了解社交平台游客参与价值共创的全面情况。

5. 近年来，行为经济学、实验经济学等新兴学科的出现，引起了许多学者的广泛兴趣。本研究仅选取社交平台中的访问者及他们的价值创造行为作为研究对象，而事实上，在此基础上，社交平台及其他参与者在创造价值时的策略行为及管理也会随之展开。

最后，虽然本研究应用了服务主导逻辑理论、价值共创理论和人与技术接触的相关理论构建了社交平台游客参与价值共创的研究框架，但未来的研究可能使用其他框架，以加深对社交平台游客参与价值共创机制的理解。

参考文献

中文文献

［1］卜庆娟，金永生，李朝辉.互动一定创造价值吗？——顾客价值共创互动行为对顾客价值的影响［J］.外国经济与管理，2016，38（09）：21-37+50.

［2］陈朵灵.社交媒体营销对旅游者决策行为的影响研究［D］.宁波大学，2017.

［3］陈静茜，吴卉，段小霞.异质想象与旅游凝视：旅游评价网站的视觉再现信度——以 TripAdvisor 的中外游客摄影图片为例［J］.辽宁大学学报（哲学社会科学版），2020，48（06）：122-129.DOI：10.16197/j.cnki.lnupse.2020.06.010.

［4］陈明红，漆贤军，李妍慧.基于 TAM 与 TTF 整合模型的移动搜索行为影响因素研究［J］.情报杂志，2014（06）：179-186.

［5］陈晓萍，徐淑英，樊景立.组织与管理研究的实证方法（第 2 版）［M］.北京：北京大学出版社，2008.

［6］陈晓磬，章海宏.社交媒体的旅游应用研究现状及评述［J］.旅游学刊，2015，30（008）：35-43.

［7］程德年，周永博，魏向东.微电影与宣传片：旅游形象视频表征内容分析与结构研究［J］.旅游学刊，2015，30（10）：109-121.

［8］褚燕，黄丽华.影响员工接受移动商务应用因素研究［J］.研究与发展管理，2007（01）：72-78.

［9］邓朝华.移动服务用户接受行为及满意度研究［M］.北京：科学出版社，2012.

［10］邓强.虚拟品牌社区体验对顾客价值共创意愿的影响研究［D］.山西财经大学，2018.

［11］樊友猛.旅游具身体验研究进展与展望［J］.旅游科学，2020，34（01）：1-19.

［12］范岚.微信用户持续使用意愿影响因素研究［J］.现代商贸工业，2013（20）：

88-90.

[13] 范秀成, 罗海成. 基于顾客感知价值的服务企业竞争力探析 [J]. 南开管理评论, 2003, 6 (6): 41-45.

[14] 范秀成, 张彤宇. 顾客参与对服务企业绩效的影响 [J]. 当代财经, 2004 (08): 69-73.

[15] 冯捷蕴. 北京旅游目的地形象的感知——中西方旅游者博客的多维话语分析 [J]. 旅游学刊, 2011, 26 (09): 19-28.

[16] 甘春梅, 梁栩彬, 李婷婷. 使用与满足视角下社交网络用户行为研究综述: 基于国外 54 篇实证研究文献的内容分析 [J]. 图书情报工作, 2018, 62 (7): 10.

[17] 甘春梅. 社交平台使用动机与功能使用的关系研究: 以微信为例 [J]. 图书情报工作, 2017, 61 (11): 10.

[18] 高艳, 赵振斌, 郭瑞斌, 褚玉杰. 基于图片质性分析的太白山背包客旅游行为研究 [J]. 河南科学, 2015, 33 (04): 679-685.

[19] 胡田, 郭英之. 旅游消费者在线购买旅游产品的信任度、满意度及忠诚度研究 [J]. 旅游科学, 2014, 28 (06): 40-50.

[20] 胡雅萍, 洪方. 社交媒体情报研究 [J]. 情报杂志, 2018, 37 (03): 15-21.

[21] 胡银花. 虚拟品牌社区消费者参与行为的动机、影响因素及其作用机制研究 [D]. 江西财经大学, 2016.

[22] 黄浩. 结合 TAM 与 Trust 的移动内容服务采纳因素变化分析 [J]. 经济与管理评论, 2016 (04): 60-66.

[23] 黄杰, 马继, 谢霞, 李晓东. 旅游者体验价值感知的维度判别与模型研究——基于新疆游客网络文本的内容分析 [J]. 消费经济, 2017, 33 (02): 85-91.

[24] 黄敏学, 廖俊云, 周南. 社区体验能提升消费者的品牌忠诚吗——不同体验成分的作用与影响机制研究 [J]. 南开管理评论, 2015 (03): 153-162.

[25] 黄颖华, 黄福才. 旅游者感知价值模型、测度与实证研究 [J]. 旅游学刊, 2007 (08): 42-47.

[26] 贾薇, 张明立, 王宝. 服务业中顾客参与对顾客价值创造影响的实证研究 [J]. 管理评论, 2011, 23 (5): 61-69.

[27] 贾薇, 张明立, 王宝. 顾客价值在顾客参与和顾客满意关系中的中介效应研究 [J]. 中国工业经济, 2009 (4): 105-115.

[28] 简兆权, 肖霄. 网络环境下的服务创新与价值共创: 携程案例研究 [J]. 管理工程学报, 2015 (01): 20-29.

[29] 金晓玲, 汤振亚, 周中允, 燕京宏, 熊励. 用户为什么在问答社区中持续贡献知识?: 积分等级的调节作用 [J]. 管理评论, 2013, 25 (12): 138-146.

［30］蒋婷，张峰．游客间互动对再惠顾意愿的影响研究——基于游客体验的视角［J］．旅游学刊，2013，28（07）：90-100．

［31］井道龙．基于 TTF 和 TAM 整合模型的移动学习研究［D］．南京大学，2013．

［32］李朝辉．虚拟品牌社区环境下顾客参与价值共创对品牌体验的影响［J］．财经论丛，2014（07）：75-81．

［33］李建州，范秀成．三维度服务体验实证研究［J］．旅游科学，2006，20（2）：54-59．

［34］李丽娟．旅游体验价值共创研究［D］．北京林业大学，2012．

［35］李丽娟．旅游体验价值共创影响机理研究——以北京香山公园为例［J］．地理与地理信息科学，2012，28（03）：96-100．

［36］李普聪，钟元生．移动 O2O 商务线下商家采纳行为研究［J］．当代财经，2014（09）：75-87．

［37］李琼．基于游客参与的旅游景区价值共创研究［D］．暨南大学，2016．

［38］李如友．游客参与旅游体验价值共创机理研究［D］．浙江工商大学，2018．

［39］李耀，王新新．价值的共同创造与单独创造及顾客主导逻辑下的价值创造研究评介［J］．外国经济与管理，2011（09）：43-50．

［40］李耀，周密，王新新．顾客知识对顾客独创价值行为的驱动机制：一个链式中介模型［J］．管理评论，2017（07）：103-112．

［41］李耀，周密，王新新等．顾客独创价值研究：回顾、探析与展望［J］．外国经济与管理，2016（03）：73-85．

［42］李昭．社交平台环境下旅游体验分享对旅游者态度的影响［J］．区域治理，2019（33）：3．

［43］林家宝，鲁耀斌，张金隆．基于 TAM 的移动证券消费者信任实证研究［J］．管理科学，2009（05）：61-62．

［44］刘佳刚，柴玉亮，张琴．社交媒体中消费体验分享行为对主观幸福感的影响机制研究［J］．商业经济研究，2020（13）：4．

［45］刘鲁川，孙凯，王菲，张新芳．移动搜索用户持续使用行为实证研究［J］．中国图书馆学报，2011，37（06）：50-57．

［46］刘文波，陈荣秋．基于顾客参与的顾客感知价值管理策略研究［J］．武汉科技大学学报（社会科学版），2009（01）：49-54．

［47］刘文超．顾客参与共同创造服务体验的机制研究［D］．吉林大学博士学位论文，2011．

［48］刘曦，何亦星．杭州国际形象的社交媒体传播效果研究［J］．浙江理工大学学报（社会科学版），2015，34（4）：318-324．

［49］刘雪蕾，姚国荣.国外旅游博客研究综述［J］.曲阜师范大学学报（自然科学版），2012（02）：103-108.

［50］刘勇，叶婷燕.微信支付用户采纳影响因素研究［J］.价值工程，2014（10）：131-134.

［51］吕本勋，李冲.泰国旅邕留学生旅游与信息分享行为研究［J］.江苏商论，2013（1）：60-63.

［52］马颖杰，杨德锋.服务中的人际互动对体验价值形成的影响——品牌价值观的调节作用［J］.经济管理，2014（6）：86-98.

［53］毛艳，朱君璇.基于社交媒体营销的消费者购买意愿研究［J］.中国商贸，2014（31）：28-29.

［54］闵庆飞，季绍波，孟德才，等.移动商务采纳的信任因素研究［J］.管理世界，2008（12）：184-185.

［55］宁连举，冯鑫.基于虚拟社区体验的四元互惠战略模式［J］.科研管理，2013，34（9）：10.

［56］牛才华.网络环境下消费者心流体验对网站偏好的影响研究［D］.西南交通大学，2010.

［57］牛振邦，白长虹，张辉.基于互动的价值共创研究［J］.企业管理，2015（01）：118-120.

［58］彭丹.旅游体验研究新视角：旅游者互动的社会关系研究［J］.旅游学刊，2013，28（10）：89-96.

［59］彭兰.社会化媒体、移动终端、大数据：影响新闻生产的新技术因素［J］.新闻界，2012（16）：3-8.DOI：10.15897/j.cnki.cn51-1046/g2.2012.16.008.

［60］彭敏.国外社会化媒体在旅游业中的应用研究进展及启示［J］.人文地理，2013，28（5）：12-18

［61］彭晓东，申光龙.虚拟社区感对顾客参与价值共创的影响研究——基于虚拟品牌社区的实证研究［J］.管理评论，2016，28（11）：106-115.

［62］彭艳君.企业—顾客价值共创过程中顾客参与管理研究的理论框架［J］.中国流通经济，2014，28（08）：70-76.DOI：10.14089/j.cnki.cn11-3664/f.2014.08.015.

［63］钱婧，王舒一.新型分享式社交媒体在旅游目的地营销中的应用探究——以抖音和小红书为例［J］.中国市场，2019（23）：132-133.

［64］屈册，马天.旅游情境：在想象与地方之间［J］.北京第二外国语学院学报，2015，37（03）：14-21.

［65］曲霏，张慧颖.非交易型虚拟社区用户体验对持续使用意向的影响研究［J］.情报杂志，2015（09）：185-191.

[66] 全飘, 周洁如. 基于用户参与的在线旅游社区品牌价值共创机制研究——以马蜂窝为例 [J]. 管理现代化, 2021, 41 (04): 86-89.

[67] 沙振权, 蒋雨薇, 温飞. 虚拟品牌社区体验对社区成员品牌认同影响的实证研究 [J]. 管理评论, 2010, 022 (012): 79-88.

[68] 邵隽. 中国游客出境游目的地选择与社交媒体营销 [J]. 旅游学刊, 2011, 26 (08): 7-8.

[69] 申光龙, 彭晓东, 秦鹏飞. 虚拟品牌社区顾客间互动对顾客参与价值共创的影响研究——以体验价值为中介变量 [J], 管理学报, 2016, 13 (12): 1808-1816.

[70] 沈欣欣. 游客参与社群旅游动机与社群价值的关系研究 [D]. 浙江工商大学, 2019.

[71] 石贵成, 王永贵, 邢金刚, 于斌. 对服务销售中关系强度的研究——概念界定、量表开发与效度检验 [J]. 南开管理评论, 2005 (03): 74-82.

[72] 宋振春, 王颖, 葛新雨, 孟瑶. 身体痛苦如何成为情感享受——身心交互视角下的旅游体验研究 [J]. 旅游学刊, 2020, 35 (10): 109-121.

[73] 孙建军, 裴雷, 刘虹. 基于期望确认模型的视频网站持续使用模型构建 [J]. 图书情报知识, 2013 (05): 82-88+45.DOI: 10.13366/j.dik.2013.05.008.

[74] 孙乃娟, 李辉. 感知互动一定能产生顾客满意吗?——基于体验价值、消费者涉入度、任务类型作用机制的实证研究 [J]. 经济管理, 2011 (12): 107-118.

[75] 唐纳德·A·诺曼, 何笑梅, 等. 设计心理学: 情感化设计 [M]. 北京: 中信出版社, 2015.

[76] 田博, 巴和林. 移动位置服务中的用户决策行为理论实证研究 [J]. 科技管理研究, 2016 (10): 221-224.

[77] 万莉, 程慧平. 基于自我决定理论的虚拟知识社区用户持续知识贡献行为动机研究 [J]. 情报科学, 2016, 34 (10): 15-19.DOI: 10.13833/j.cnki.is.2016.10.003.

[78] 王凤华, 高丽, 潘洋洋. 顾客参与对顾客满意的影响研究——感知风险的中介作用和自我效能感的调节作用 [J]. 财经问题研究, 2017 (06): 101-107.

[79] 王金柯. 消费者参与虚拟品牌社区动机对其创新行为的影响研究 [D]. 南京工业大学, 2015.

[80] 王晓光. 微博客用户行为特征与关系特征实证分析——以"新浪微博"为例 [J]. 图书情报工作, 2010, 54 (14): 66-70.

[81] 王晓蓉, 彭丽芳, 李歆宇. 社会化媒体中分享旅游体验的行为研究 [J]. 管理评论, 2017, 29 (2): 9.

[82] 王晓莹. 基于新浪微博的航空公司社交平台营销现状研究——以国内四大航空公司为例 [J]. 决策与信息 (下旬刊), 2015 (5): 10-11.

［83］王永贵，马双．虚拟品牌社区顾客互动的驱动因素及对顾客满意影响的实证研究［J］．管理学报，2013，10（09）：1375-1383.

［84］王雨心，闵庆飞，宋亚楠．基于感知互动性探究社交媒体用户生成内容的影响因素［J］．情报科学，2018，36（02）：101-106.

［85］魏遐，潘益听．湿地公园游客体验价值量表的开发方法——以杭州西溪湿地公园为例［J］．地理研究，2012，31（6）：1121-1131.

［86］吴昕阳，梁学成，赵媛．具身视角下游客三境体验的探索性研究——以"又见"系列为例［J］．旅游导刊，2021，5（06）：66-83.

［87］夏雯婷，胡质健．国际连锁品牌酒店社交平台营销行为研究——与国内单体酒店的对比分析［J］．江苏商论，2015（4）：3-9.

［88］肖怀云．移动社会网络用户创造价值行为及其影响研究［D］．东南大学，2018.

［89］谢佳琳，张晋朝．高校图书馆用户标注行为研究——以信息系统成功模型为视角［J］．图书馆论坛，2014（11）：87-93.

［90］谢礼珊，赵强生，马康．旅游虚拟社区成员互动、感知利益和公民行为关系——基于价值共创的视角［J］．旅游学刊，2019（3）：13.

［91］谢彦君，马天，卫银栋．宣传片、在线评论和游记对目的地形象改变的实证研究——以大学生对台湾旅游形象认知变化为例［J］．北京第二外国语学院学报，2014，36（01）：77-84.

［92］谢彦君，吴凯．期望与感受：旅游体验质量的交互模型［J］．旅游科学，2000（2）：1-4.

［93］谢彦君，谢中田．现象世界的旅游体验：旅游世界与生活世界［J］．旅游学刊，2006（04）：13-18.

［94］谢彦君，徐英．旅游体验共睦态：一个情境机制的多维类属分析［J］．经济管理，2016（8）：149-159.

［95］谢彦君．旅游体验的两极情感模型：快乐—痛苦［J］．财经问题研究，2006（5）：88-92.

［96］谢彦君．旅游体验——旅游世界的硬核［J］．桂林旅游高等专科学校学报，2005b，16（6）：5-9.

［97］谢彦君．旅游体验研究［D］．东北财经大学，2005a.

［98］谢彦君．旅游体验研究——走向实证科学［M］．北京：中国旅游出版社，2010.

［99］熊伟，高阳，吴必虎．中外国际高星级连锁酒店服务质量对比研究——基于网络评价的内容分析［J］．经济地理，2012，32（02）：160-165.

［100］徐岚.顾客为什么创造——消费者参与创造的动机研究［J］.心理学报，2007（02）：343-354.

［101］薛可，余来辉，余明阳.公共危机传播中社交媒体用户的参与动机与行为研究［J］.新闻界，2017（09）：55-62.DOI：10.15897/j.cnki.cn51-1046/g2.2017.09.010.

［102］杨学成，陶晓波.从实体价值链、价值矩阵到柔性价值网——以小米公司的社会化价值共创为例［J］.管理评论，2015（07）：232-240.

［103］姚唐，郑秋莹，邱琪，等.网络旅游消费者参与心理与行为的实证研究［J］.旅游学刊，2014，29（2）：9.

［104］姚唐，郑秋莹，邱琪，范秀成.网络旅游消费者参与心理与行为的实证研究［J］.旅游学刊，2014，29（02）：66-74.

［105］殷紫燕，黄安民.社交媒体平台旅游者生成内容的影响因素研究［J］.旅游研究，2020，12（03）：89-98.

［106］应洪斌，郭琳，窦伟，等.基于TTF和TAM整合视角的移动工作支持系统使用意向研究［J］.管理工程学报，2012（04）：176-182.

［107］袁红，王丽君.社会化媒体环境下消费者旅游信息搜寻行为模式［J］.情报科学，2015，33（1）：111-119.

［108］袁留亮.基于自我决定理论的QQ学术群知识共享意愿实证研究［J］.情报杂志，2013，32（06）：153-156.

［109］张博，赵一铭，乔欢.基于自我决定理论的用户参与协同知识生产的动机因素探究［J］.现代情报，2016，36（09）：95-100.

［110］张成杰.旅游景区游客体验价值评价研究［D］.暨南大学，2006.

［111］张豆豆.社交平台上中国对外传播的媒介话语建构分析［D］.大连理工大学，2020.DOI：10.26991/d.cnki.gdllu.2020.000033.

［112］张凤超，尤树洋.体验价值结构维度理论模型评介［J］.外国经济与管理，2009，31（08）：46-52.DOI：10.16538/j.cnki.fem.2009.08.003.

［113］张梦，杨颖，叶作亮.酒店网络评论内容特征对消费者购买意愿的影响——基于时间距离和社会距离情景的实验研究［J］.旅游学刊.2012，27（11）：97-104.

［114］张梦，张广宇，叶作亮.在线信息对酒店网上预订的影响研究——基于携程网酒店在线预订数据的分析［J］.旅游学刊，2011，26（07）：79-84.

［115］张明立，涂剑波.虚拟社区共创用户体验对用户共创价值的影响［J］.同济大学学报：自然科学版，2014（07）：1140-1146.

［116］张培，刘凤.基于多主体的价值共创过程机制——以广东品胜电子股份有限公司为例［J］.中国科技论坛，2016（12）：154-160.

［117］张艳丰，刘亚丽，汤中彬.移动社交媒体用户错失焦虑（FoMO）生成机制

研究——基于 I-PACE 理论模型范式［J］.情报科学，2020，38（8）：7.

［118］张玉鲁.S-O-R 模型在服装网络消费行为研究中的应用［J］.国际纺织导报，2011（8）：78-80.

［119］张圆刚.体验时代的旅游：新技术与新实验［J］.旅游学刊，2020，35（12）：8-10.

［120］赵启南.关系性压力下青年使用者社交媒体倦怠影响及其行为结果［J］.新闻与传播研究，2019，26（06）：59-75+127.

［121］赵宇翔，张轩慧，宋小康.移动社交媒体环境下用户错失焦虑症（FoMO）的研究回顾与展望［J］.图书情报工作，2017，61（8）：12.

［122］郑凯，王新新.互联网条件下顾客独立创造价值理论研究综述［J］.外国经济与管理，2015，37（05）：14-24.DOI：10.16538/j.cnki.fem.2015.05.004.

［123］郑小云，杨振之.旅游服务价值共创研究——基于服务主导逻辑的视角［J］.社会科学家，2016（06）：103-107.

［124］周海花，华薇娜，刘婧.基于元分析的移动数字阅读用户持续使用意向的影响因素研究［J］.图书情报研究，2022，15（01）：34-42.

［125］周浩，龙立荣.共同方法偏差的统计检验与控制方法［J］.心理科学进展，2004（06）：942-950.

［126］周涛，檀齐.基于社会资本理论的知识付费用户行为机理研究［J］.现代情报，2017，37（11）：46-50.

［127］周涛.基于感知价值的移动商务用户接受行为研究［J］.杭州电子科技大学学报（社会科学版），2007（04）：32-36.

［128］周文辉，王鹏程，陈晓红.价值共创视角下的互联网＋大规模定制演化——基于尚品宅配的纵向案例研究［J］.管理案例研究与评论，2016（04）：313-329.

［129］朱竑，蔡晓梅，苏晓波，等."晒"与"赞"：微信时代旅游体验的互动建构［J］.旅游学刊，2020，35（10）：13.

［130］朱建其.移动互联网时代游客使用社交媒体行为的影响因素研究［D］.浙江工商大学，2017.

［131］卓四清，冯永洲.在线评论有用性影响因素实证研究——基于 Tripadvisor.com 酒店评论数据［J］.现代情报，2015，35（04）：52-56.

英文文献

［1］Abubakar A M，Ilkan M. Impact of online WOM on destination trust and intention to travel：A medical tourism perspective［J］. Journal of Destination Marketing &

Management, 2016, 5 (3): 192-201.

[2] Ajzen I. The theory of planned behavior [J]. Organizational Behavior and Human Decision Processes, 1991, 50 (2): 179-211.

[3] Amaro, S., P. Duarte. An integrative model of consumers' intentions to purchase travel online [J]. Tourism Management, 2015 (46): 64-79.

[4] An M A, Han S L. Effects of experiential motivation and customer engagement on customer value creation: Analysis of psychological process in the experience-based retail environment [J]. Journal of Business Research, 2020 (120).

[5] Anderson J C, Gerbing D W. Structural equation modeling in practice: A review and recommended two-step approach [J]. Psychological Bulletin, 1988, 103 (3): 411.

[6] Animesh A, Pinsonneault A, Yang S B, et al. An odyssey into virtual worlds: exploring the impacts of technological and spatial environments on intention to purchase virtual products [J]. MIS Quarterly, 2011 (03): 789-810.

[7] Arsal I, Backman S, Baldwin E. Influence of an Online Travel Community on Travel Decisions [J]. Information & Communication Technologies in Tourism, 2008: 82-93.

[8] Babin B J, Darden W R, Mitch G. Work and/or Fun: Measuring Hedonic and Utilitarian Shopping Value [J]. Journal of Consumer Research, 1994 (4): 644-656.

[9] Bagozzi R P, Yi Y. On the evaluation of structural equation models [J]. Journal of the Academy of Marketing Science, 1988, 16 (1): 74-94.

[10] Banyai M, Glover T D. Evaluating research methods on travel blogs [J]. Journal of Travel Research, 2012, 51 (3): 267-277.

[11] Barnes S J, Bohringer M. Modeling use continuance behavior in microblogging services: The case of twitter [J]. Journal of Computer Information Systems, 2011 (04): 1-10.

[12] Baym N K. Personal Connections in the Digital Age. Polity, 2010.

[13] Berners-Lee T, Chen Y, Chilton L, et al. Tabulator: Exploring and analyzing linked data on the semantic web [C]//Proceedings of the 3rd international semantic web user interaction workshop. 2006: 159.

[14] Bhattacherjee A. Understanding information systems continuance: An expectation-confirmation model [J]. MIS Quarterly, 2001 (03): 351-370.

[15] Bilgihan A, A Ba rreda, Okumus F, et al. Consumer perception of knowledge-sharing in travel-related OnlineSocial Networks [J]. Tourism Management, 2016 (52): 287-296.

［16］Blasco L. The Processes of Co-creation and Customer Engagement. An Empirical Analysis in Interactive media［D］. Doctoral Dissertation, University of Zaragoza, Spain, 2014.

［17］Bonson Ponte, E., E. Carvajal-Trujillo, T Escobar-ltodriguez. Influence of trust and perceived value on the intention to purchase travel online: Integrating the of assurance on trust antecedents［J］. Tourism Management, 2015（47）: 286-302.

［18］Bosangit, C., S. Hibbert, S. McCabe. "If I was going to die I should at least be having fun": blogs, meaning and tourist experience［J］. Annals of Tourism Research, 2015（55）: 1-14.

［19］Bowden J L H. The process of customer engagement: A conceptual framework［J］. Journal of Marketing Theory and Practice, 2009, 17（1）: 63-74.

［20］Brodie R J, Hollebeek L D, Jurić B, et al. Customer engagement: Conceptual domain, fundamental propositions, and implications for research［J］. Journal of Service Research, 2011, 14（3）: 252-271.

［21］Bronner F, De Hoog R. Economizing strategies during an economic crisis［J］. Annals of Tourism Research, 2012, 39（2）: 1048-1069.

［22］Browne M W, Cudeck R. Alternative ways of assessing model fit［J］. Sociological Methods & Research, 1992, 21（2）: 230-258.

［23］Buhalis D, Foerste M. SoCoMo marketing for travel and tourism: Empowering co-creation of value［J］. Journal of Destination Marketing & Management, 2015, 4（3）: 151-161.

［24］Buonincontri P, Morvillo A, Okumus F, et al. Managing the experience co-creation process in tourism destinations: Empirical findings from Naples［J］. Tourism Management, 2017（62）: 264-277.

［25］Busalim A H, Ghabban F, Hussin A. Customer engagement behaviour on social commerce platforms: An empirical study［J］. Technology in Society, 2021, 64（3）: 101437.

［26］Buss A, Strauss N. Online Community Handbook: Building your business and brand on the Web［M］. New Riders, 2009.

［27］Bynum Boley, B., V. P Magnini, T. L. Tuten. Social media picture posting and souvenir purchasing behavior: Some initial findings［J］. Tourism Management, 2013（37）: 27-30.

［28］Cabiddu F, De Carlo M, Piccoli G. Social media affordances: Enabling customer engagement［J］. Annals of Tourism Research, 2014（48）: 175-192.

[29] Cabiddu F, Lui T W, Piccoli G. Managing value co-creation in the tourism industry [J]. Annals of Tourism Research, 2013 (42): 86-107.

[30] Campbell N, D Crouch, Jackson R, et al. Producing America - redefining post-tourism in the global media age [J]. Media & the Tourist Imagination Converging Cultures, 2005 (67): 198-214.

[31] Carlson J, Rahman M M, Taylor A, et al. Feel the VIBE: examining value-in-the-brand-page-experience and its impact on satisfaction and customer engagement behaviours in mobile social media [J]. Journal of Retailing and Consumer Services, 2019 (46): 149-162.

[32] Casaló L V, Flavián C, Guinalíu M. Determinants of the intention to participate in firm-hosted online travel communities and effects on consumer behavioral intentions [J]. Tourism Management, 2010, 31 (6): 898-911.

[33] Casaló L V, Flavián C, Guinalíu M. Relationship quality, community promotion and brand loyalty in virtual communities: Evidence from free software communities [J]. International Journal of Information Management, 2010, 30 (4): 357-367.

[34] Castillo A, Benitez J, Llorens J, et al. Social media-driven customer engagement and movie performance: Theory and empirical evidence [J]. Decision Support Systems, 2021 (145): 113516.

[35] Chang C M. Understanding social networking sites continuance: The perspectives of gratifications, interactivity and network externalities [J]. Online Information Review, 2018, 42 (6): 989-1006.

[36] Chang H H, Chuang S S. Social capital and individual motivations on knowledge sharing: Participant involvement as a moderator [J]. Information & Management, 2011 (01): 9-18.

[37] Chang H H. Intelligent agent's technology characteristics applied to online auctions' task: A combined model of TTF and TAM [J]. Technovation, 2008 (09): 564-577.

[38] Chase R B. Where does the customer fit in a service operation? [J]. Harvard Business Review, 1978, 56 (6): 137-142.

[39] Chathoth P K, Ungson G R, Harrington R J, et al. Co-creation and higher order customer engagement in hospitality and tourism services: a critical review [J]. International Journal of Contemporary Hospitality Management, 1989 (09): 56-78.

[40] Chathoth P K, Ungson G R, Altinay L et al. Barriers affecting organisational

adoption of higher order customer engagement in tourism service interactions [J]. Tourism Management, 2014, 42（3）: 181-193.

[41] Chathoth P K, Ungson G R, Harrington R J, et al. Co-creation and higher order customer engagement in hospitality and tourism services [J]. International Journal of Contemporary Hospitality Management, 2016, 28（2）: 222-245.

[42] Chen C F, Wang J P. Customer participation, airline online check-in system [J]. Computers value co-creation and customer loyalty: A case of in Human Behavior, 2016（62）: 346-352.

[43] Cheung M L, Leung W K S, Cheah J H, et al. Exploring the effectiveness of emotional and rational user-generated contents in digital tourism platforms [J]. Journal of Vacation Marketing, 2021, 67（4）, 358-387.

[44] Cheung M L, Pires G D, Rosenberger III P J, et al. Investigating the role of social media marketing on value co-creation and engagement: An empirical study in China and Hong Kong [J]. Australasian Marketing Journal, 2021, 29（2）: 118-131.

[45] Chiu C M, Hsu M H, Wang E T G. Understanding knowledge sharing in virtual communities: An integration of social capital and social cognitive theories [J]. Decision Support Systems, 2006, 42（3）: 1872-1888.

[46] Chou E Y, Lin C Y, Huang H C. Fairness and devotion go far: Integrating online justice and value co-creation in virtual communities [J]. International Journal of Information Management, 2016, 36（1）: 60-72.

[47] Christopher D, David F. Product development cycle time and organizational performance [J]. Journal of Marketing Research, 1997（01）: 13-23.

[48] Chung N, Lee H, Lee S J, et al. The influence of tourism website on tourists' behavior to determine destination selection: A case study of creative economy in Korea [J]. Technological Forecasting and Social Change, 2015, 96（2）: 130-143.

[49] Chung, N, C. Koo. The use of social media in travel information search [J]. Telematics and Informatics, 2015, 32（2）: 215-229.

[50] Churchill, G. A., Jr. A paradigm for developing better measures of marketing constructs [J]. Journal of Marketing Research, 1979, 16（1）: 64-73.

[51] Claycomb C, Lengnick-Hall C A, Inks L W. The customers as a productive resource: Strategies, A pilot study and strategic implications [J]. Journal of Business, 2001, 18（1）: 46-68.

[52] CM, Sashi. Customer engagement, buyer-seller relationships, and social media [J]. Management Decision, 2012, 50（1/2）: 253-272.

[53] Cova B, Dalli D. Working consumers: the next step in marketing theory? [J]. Marketing Theory, 2009, 9 (3): 315-339.

[54] Cruz C, Hanus M D, Fox J. The need to achieve: Players' perceptions and uses of extrinsic meta-game reward systems for video game consoles [J]. Computers in Human Behavior, 2017, 71: 516-524.

[55] Cui X, Lai V S. E-loyalty to online auction websites: A stimulus-organism-response model [C]. Pacific Asia Conference on Information Systems, 2013.

[56] Dan J K, Hwang Y. A study of mobile Internet user's service quality perceptions from a user's utilitarian and hedonic value tendency perspectives [J]. Information Systems Frontiers, 2012, (02): 409-421.

[57] Davis F D. A technology acceptance model for empirically testing new end-user information systems: theory and results [J]. MIT Sloan School of Management, MA, 1986, 45 (01): 49-60.

[58] Davis F D. Perceived usefulness, perceived ease of use, and user acceptance of information technology [J]. MIS Quarterly, 1989 (03): 319-340.

[59] Dawson J, Terashima K. Customer participation in the support system for small grocery retailers [M]. Management School and Economics. The University of Edinburgh, 2004.

[60] De Vries N J, Carlson J. Examining the drivers and brand performance implications of customer engagement with brands in the social media environment [J]. Journal of Brand Management, 2014, 21 (6): 495-515.

[61] Deci E L, Ryan R M. Intrinsic Motivation [M]. New York: Plenum Press, 1975.

[62] Deng Z, Liu S. Understanding consumer health information-seeking behavior from the perspective of the risk perception attitude framework and social support in mobile social media websites [J]. International Journal of Medical Informatics, 2017 (105): 98-109.

[63] DeVellis R F, Thorpe C T. Scale development: Theory and applications [M]. Sage publications, 1991.

[64] Dijkmans C, Kerkhof P, Beukeboom C J. A stage to engage: Social media use and corporate reputation [J]. Tourism Management, 2015, 47 (apr.): 58-67.

[65] Dishaw M T, Strong D M. Extending the technology acceptance model with task-technology fit constructs [J]. Information & Management, 1999 (01): 9-21.

[66] Eca B, Ml B. Instagramming nature-based tourism experiences: a netnographic

study of online photography and value creation [J]. Tourism Management Perspectives, 2018 (08): 34-55.

[67] Eid R, El-Gohary H. The role of Islamic religiosity on the relationship between perceived value and tourist satisfaction [J]. Tourism management, 2015 (46): 477-488.

[68] Eisenberger R, Fasolo P, Davislamastro V. Perceived organizational support and employee diligence, commitment, and innovation [J]. Journal of Applied Psychology, 1990 (01): 51-59.

[69] Erkan I, Evans C. The influence of eWOM in social media on consumers' purchase intentions: An extended approach to information adoption [J]. Computers in Human Behavior, 2016, 61 (03): 47-55.

[70] Etgar M. A descriptive model of the consumer co-production process [J]. Journal of the Academy Marketing Science, 2008, 36 (1): 97-108.

[71] Expedia, M. S, ComScore. Travel content journey [R].2013.

[72] F Cabiddu, Lui T W, Piccoli G. MANAGING VALUE CO-CREATION IN THE TOURISM INDUSTRY [J]. Annals of Tourism Research, 2013, 42 (06): 86-107.

[73] Fabrick, Krista.Using Social Media to Enhance Customer Service: A Study of Independent Day Spas in Phoenix, Arizona [D].ProQuest Dissertations and Theses Full-text Search Platform, 2020.

[74] Fang E, Palmatier R W, Evans K R. Influence of customer participation on creating and sharing of new product value [J]. Journal of the Academy of Marketing Science, 2008 (03): 322-336.

[75] Filieri R, Alguezaui S, F Mcleay. Why do travelers trust TripAdvisor? Antecedents of trust towards consumer-generated media and its influence on recommendation adoption and word of mouth [J]. Tourism Management, 2015, 51 (12): 174-185.

[76] Fornell C, Larcker D F. Evaluating structural equation models with unobservable variables and measurement error [J]. Journal of marketing research, 1981, 18 (1): 39-50.

[77] Fotis, J, D. Buhalis, N. Rossides. Social Media Use and Impact during the Holiday Planning Process [J]. Information and Communication Technologies in Tourism, 2012: 13-24.

[78] Fotis, J, D. Buhalis, N. Rossides. Social Media Use and Impact during the Holiday Planning Process [J]. Information and Communication Technologies in Tourism, 2012: 13-24.

[79] Fournier S, Mick D G. Rediscovering satisfaction [J]. Journal of Marketing,

1999, 63（4）：5-23.

[80] Fuller J, Bartl M, Ernst H, et al. Community based innovation: A method to utilize the innovation potential of online communities [C]. Hawaii International Conference on System Sciences, 2004.

[81] Gallarza M G, Gil Saura I. Value dimensions, perceived value, satisfaction and loyalty: An investigation of university students' travel behaviour [J]. Tourism Management, 2006, 27（3）：437-452.

[82] Gardiner S, King C, Grace D. Travel decision making: An empirical examination of generational values, attitudes, and intentions [J]. Australian Health Review, 2013, 33（3）：47-56.

[83] Gebauer J, Shaw M.Success factors and impacts of mobile business applications: Results from a mobile e-procurement study [J].International Journal of Electronic Commerce, 2004（03）：19-41.

[84] Germann Molz J, Paris C M. The social affordances of flashpacking: Exploring the mobility nexus of travel and communication [J]. Mobilities, 2015, 10（2）：173-192.

[85] Gligor D, Bozkurt S, Russo I. Achieving customer engagement with social media: A qualitative comparative analysis approach [J]. Journal of Business Research, 2019, 101（AUG.）：59-69.

[86] Goldsmith R E, Horowitz D. Measuring motivations for online opinion seeking [J]. Journal of Interactive Advertising, 2006（02）：1-16.

[87] Gonzalez-Mansilla O, Berenguer-Contri G, Serra-Cantallops A. The impact of value co-creation on hotel brand equity and customer satisfaction [J]. Tourism management, 2019, 75（Dec.）：51-65.

[88] Goodhue DL.Understanding user evaluations of informationsystems [J]. Management Science, 1995（12）：1827-1844.

[89] Goodman E, Kuniavsky M, Moed A. Observing the User Experience: A Practitioner's Guide to User Research（Second Edition）[J]. IEEE Transactions on Professional Communication, 2013, 56（3）：260-261.

[90] Granovetter M. Economic action and social structure: The problem of embeddedness [M].//The sociology of economic life. Routledge, 2018：22-45.

[91] Gretzel U, Mitsche N, Hwang Y H, et al. Tell me who you are and I will tell you where to go: Use of travel personalities in destination recommendation systems [J]. Information Technology & Tourism, 2004, 7（1）：3-12.

[92] Grissemann U S, Stokburger-Sauer N E. Customer co-creation of travel services: The role of company support and customer satisfaction with the co-creation performance [J]. Tourism management, 2012, 33 (6): 1483-1492.

[93] Gronroos C, Voima P. Critical service logic: Making sense of value creation and co-creation [J]. Journal of the Academy of Marketing Science, 2013 (02): 133-150.

[94] GRÖNROOS C. Conceptualising value co- creation: A journey to the 1970s and back to the future [J]. Journal of Marketing Management, 2012, 28 (13-14): 1520-1534.

[95] Grönroos C. Value co-creation in service logic: A critical analysis [J]. Marketing theory, 2011, 11 (3): 279-301.

[96] Hair J F, Black B, Babin B J, et al. Multivariate Data Analysis [M]. China Machine Press, 2011.

[97] Haldrup, M, and J. Larsen. Tourism, Performance and the Everyday: Consuming the Orient. [M]. London: Routledge, 2010.

[98] Harrigan P, Evers U, Miles M, et al. Customer engagement with tourism social media brands [J]. Tourism Management, 2017 (59): 597-609.

[99] Harris S G, Mossholder K W. The affective implications of perceived congruence with culture dimensions during organizational transformation [J]. Journal of management, 1996, 22 (4): 527-547.

[100] Hassan L, Dias A, Hamari J. How motivational feedback increases user's benefits and continued use: A study on gamification, quantified-self and social networking [J]. International Journal of Information Management, 2019 (46): 151-162.

[101] Hassan M, Kouser R, Abbas S S, Azeem M.Consumer attitudes and intentions to adopt smartphone Apps: case of business students [J].Pakistan Journal of Commerce and Social Sciences, 2014 (03): 763-779.

[102] Heijden H. Factors influencing the usage of websites: the case of a generic portal in The Netherlands [J]. Information & Management, 2003, 40 (6): 541-549.

[103] Helkkula A, Kelleher C, Pihlstrom M. Characterizing Value as an Experience: Implications for Service Researchers and Managers [J]. Journal of Service Research, 2012, 15 (1): 59-75.

[104] Hennig-Thurau T, Gwinner K P, WalshG, et al. Electonic word-of mouth via consumer opinion platforms: What motivates consumers to articulate themselves on the Internet? [J].Joumal of Interactive Marketing, 2004 (01): 38-52.

[105] Hernandes C A, Fresned P S.Main critical success factors for the establishment

and operation of virtua communities of practice [J].San Sebastian Spain, third European Knowledge Management Summer School, 2005 (09): 7-12.

[106] Hippel E V. Democratizing innovation: The evolving phenomenon of user innovation [J]. Journal für Betriebswirtschaft, 2005, 55 (1): 63-78.

[107] Hitt M A, Ahlstrom D, Dacin M T, et al. The institutional effects on strategic alliance partner selection in transition economies, China Vs. Russia [J]. Organization Science, 2004, 15 (2): 173-185.

[108] Holbrook M B, Hirschman E C. The Experiential Aspects of Consumption: Consumer Fantasies, Feelings, and Fun [J]. Journal of Consumer Research, 1982 (9): 47-65.

[109] Hong S, Thong J, Tam K.Understanding continued information technology usage behavior: A comparison of three models in the context of mobile internet [J].Griffith Law Review, 2006 (03): 1819-1834.

[110] Hosany S, Hunter-Jones P, Mccabe S. Emotions in tourist experiences: Advancing our conceptual, methodological and empirical understanding [J]. Journal of Destination Marketing and Management, 2020, 16 (5): 100-444.

[111] Hsu C L, Lin C C. Acceptance of blog usage: The roles of technology acceptance, social influence and knowledge sharing motivation [J]. Information & Management, 2008 (01): 65-74.

[112] Hsu C L, Lin J C C. What drives purchase intention for paid mobile apps?An expectation confirmation model with perceived value [J]. Electronic commerce research and applications, 2015, 14 (1): 46-57.

[113] Hsu T H, Wang Y S, Wen S C. Using the decomposed theory of planning behavioural to analyse consumer behavioural intention towards mobile text message coupons [J]. Journal of Targeting, Measurement and Analysis for Marketing, 2006 (04): 309-324.

[114] Huang J, Hsu C H C. The impact of customer-to-customer interaction on cruise experience and vacation satisfaction [J]. Journal of Travel Research, 2010, 49 (1): 79-92.

[115] Huang, A. H, K. Chen, D. C. Yen, T P.A study of factors that contribute to online review helpfulness [J]. Computers in Human Behavior, 2015 (48): 17-27.

[116] Hubbert A R. Customer causality attributions [D].co-creation of service outcomes: Effects of locus of Dissertation: Arizona State University, 1995.

[117] Hudson S, Roth M S, Madden T J, et al. The effects of social media on

emotions, brand relationship quality, and word of mouth: An empirical study of music festival attendees [J]. Tourism management, 2015 (47): 68-76.

[118] Huertas A, Marine-Roig E. Searching and sharing of information in social networks during the different stages of a trip [J]. Cuadernos de Turismo, 2018 (42): 185-212.

[119] Hung C L, Chou J C L, Chung R Y, et al. A cross-cultural study on the mobile commerce acceptance model [C].IEEE International Conference on Management of Innovation and Technology, 2010: 462-467.

[120] Hutchinson M, Liu C, Chen W H. Information-based search for an atmospheric release using a mobile robot: Algorithm and experiments [J]. IEEE Transactions on Control Systems Technology, 2018, 27 (6): 2388-2402.

[121] Itani O S, Kassar A N, Loureiro S M C. Value get, value give: The relationships among perceived value, relationship quality, customer engagement, and value consciousness [J]. International Journal of Hospitality Management, 2019 (80): 78-90.

[122] Itani O S, Krush M T, Agnihotri R, et al. Social media and customer relationship management technologies: Influencing buyer-seller information exchanges [J]. Industrial Marketing Management, 2020 (90): 264-275.

[123] Ives B, Olson M H.User involvement and MIS success: A review of research [J]. Management Science, 1984 (05): 586-603.

[124] Ja A, Kjb B, Pb C, et al. Co-creation and integrated resort experience in Croatia: The application of service-dominant logic – ScienceDirect [J]. Journal of Destination Marketing & Management, 2017 (09): 478-505.

[125] Jaakkola E, Alexander M. The Role of Customer Engagement Behavior in Value Co-Creation: A Service System Perspective [J]. Journal of Service Research, 2014, 17 (3).

[126] Jaakkola E, Helkkula A, Aarikka-Stenroos L. Service experience co-creation: conceptualization, implications, and future research directions [J]. Journal of Service Management, 2015, 26 (2): 182-205.

[127] Jahn B, Kunz W. How to transform consumers into fans of your brand [J]. Journal of Service Management, 2012, 23 (3): 344-361.

[128] Jana, Lay-Hwa, Bowden. The Process of Customer Engagement: A Conceptual Framework [J]. Journal of Marketing Theory & Practice, 2009, 56 (11): 489-513.

[129] Jasperson J, Carter P E, Zmud R W.A comprehensive conceptualization of post-adoptive behaviors associated with information technology enabled work systems [J]. MIS Quarterly, 2005 (03): 525-557.

[130] Jeong N, Yoo Y, Heo T Y.Moderating effect of personal innovativeness on mobile-RFID services: Based on Warshaw's purchase intention model [J].Technological Forecasting & Social Change, 2009 (01): 154-164.

[131] Jimenez-Barreto J, Sthapit E, Rubio N, et al. Exploring the dimensions of online destination brand experience: Spanish and North American tourists' perspectives [J]. Tourism Management Perspectives, 2019 (31): 348-360.

[132] Jöreskog K G, Sörbom D. Recent developments in structural equation modeling [J]. Journal of marketing research, 1982, 19 (4): 404-416.

[133] Junglas I, Abraham C, Watson R T. Task-technology fit for mobile locatable information systems [J].Decision Support Systems, 2008 (04): 1046-1057.

[134] Kang, M, M. A. Schuett. Determinants of Sharing Travel Experiences in Social Media [J]. Journal of Travel & Tourism Marketing, 2013, 30 (12): 93-107.

[135] Kanimozhi S, Selvarani A. Application of the decomposed theory of planned behaviour in technology adoption: A review [J]. International Journal of Research and Analytical Reviews, 2019, 6 (2): 735-739.

[136] Kartas A, Goode S. Use, perceived deterrence and the role of software piracy in video game console adoption [J].Information Systems Frontiers, 2012 (02): 261-277.

[137] Kazemi D A, Nilipour D A, Kabiry N, et al. Factors affecting Isfahanian mobile banking adoption based on the decomposed theory of planned behavior [J]. International Journal of Academic Research in Business and Social Sciences, 2013 (07): 230-245.

[138] Kim B, Oh J. The Difference of Determinants of Acceptance and Continuance of Mobile Data Services: A Value Perspective [J]. Expert Systems with Applications, 2011 (03): 1798-1804.

[139] Kim B. Understanding antecedents of continuance intention in social networking services [J]. Cyber Psychology Behavior and Social Networking, 2011 (04): 199-205.

[140] Kim S E, Kim H L, Lee S. How event information is trusted and shared on social media: a uses and gratification perspective [J]. Journal of Travel & Tourism Marketing, 2021, 38 (5): 444-460.

[141] Kim S H, Bae J H, Jeon H M. Continuous intention on accommodation apps: integrated value-based adoption and expectation–confirmation model analysis [J].

Sustainability, 2019, 11 (6): 1578.

[142] Kim S S, Malhotra N K. A longitudinal model of continued IS use: An integrative view of four mechanisms underlying postadoption phenomena [J].Management Science, 2005 (05): 741-755.

[143] Kim W G, Lee C, Hiemstra S J. Effects of an online virtual community on customer loyalty and travel product purchases. [J]. Tourism Management, 2004, 25 (3): 343-355.

[144] Kim, S.-B., K. W Choi, D.-Y Kim. The motivations of college students' use of social networking sites in travel information search behavior: The mediating effect of interacting with other users [J]. Journal of Travel & Tourism Marketing, 2013, 30 (3): 238-252.

[145] Kim, W. G, C. Lee, S. J. Hiemstra. Effects of an online virtual community on customer loyalty and travel product purchases [J]. Tourism Management, 2004, 25 (3): 343-355.

[146] Kim, H. W, H. C. Chan, and S. Gupta. Value-based Adoption of Mobile Internet: An Empirical Investigation [J]. Decision Support Systems, 2007, 43 (1): 111-126

[147] Kim, Hyelin, Lina, et al. Cocreation as Moderator between the Experience Value and Satisfaction Relationship [J]. Journal of travel research: The International Association of Travel Research and Marketing Professionals, 2016, 55 (7): 934-945.

[148] Klein, L. R. Evaluating the potential of interactive media through a new lens: Search versus experience goods [J].Journal of business research, 1998, 41 (3): 195-203.

[149] Klopping I M, McKinney E.Extending the technology acceptance model and the task-technology fit model to consumer e-commerce [J].Information Technology, Learningand Performance Journal, 2004 (01): 35-48.

[150] Knebel, H.-J.Soziologische Strukturwandlungen im modernen TouriSPUs. [M].Stuttgart: Ferdinand Enke Verlag, 1960.

[151] Komppula R, Lassila H. Co-Creating Tourism Services – A Multiple Case Study of Methods of Customer Involvement in Tourism [J]. Springer Fachmedien Wiesbaden, 2015 (09): 578-605.

[152] Kong S, Shen X, Lin Z, et al. Photo aesthetics ranking network with attributes and content adaptation [C].//European conference on computer vision. Springer, Cham, 2016: 662-679.

[153] Krishnatray P, Singh P P, Raghavan S, et al. Gratifications from new media: Gender differences in Internet use in cybercafes [J]. Journal of Creative Communications, 2009, 4 (1): 19-31.

[154] Kumar V, Pansari A. Competitive advantage through engagement [J]. Journal of marketing research, 2016, 53 (4): 497-514.

[155] Kuo Y F, Yen S N. Towards an understanding of the behavioral intention to use 3G mobile value-added services [J]. Computers in Human Behavior, 2009 (01): 103-110.

[156] Kwon O, Wen Y. An empinieal study of the factors affecting social network service use [J]. Computers in Human Behavior, 2010, (02): 254-263.

[157] Lederer A L, Sethi V. Critical dimensions of strategic information systems planning [J]. Decision Sciences, 1991, 22 (1): 104-119.

[158] Lee C C, Cheng H K, Cheng HH. An empirical study of mobile commerce in the insurance industry: task-technology fit and individual differences [J]. Decision Support Systems, 2007 (01): 95-110.

[159] Lee C S, Ma L. News sharing in social media: The effect of gratifications and prior experience [J]. Computers in Human Behavior, 2012, 28 (2): 331-339.

[160] Lee K H, Hyun S S. The effects of tourists' knowledge-sharing motivation on online tourist community loyalty: the moderating role of ambient stimuli [J]. Current Issues in Tourism, 2018, 21 (13): 1521-1546.

[161] Lemon K N, Verhoef P C. Understanding customer experience throughout the customer journey [J]. Journal of marketing, 2016, 80 (6): 69-96.

[162] Lengnick-Hall CA. Customer contributions to quality: A different view of the customer-oriented firm [J]. The Academy of Management Review, 1996 (03): 791-824.

[163] Leung D, Law R, Hoof H V, et al. Social Media in Tourism and Hospitality: A Literature Review [J]. Journal of Travel & Tourism Marketing, 2013, 30 (1-2): 3-22.

[164] Li H, Meng F, Zhang X. Are You Happy for Me? How Sharing Positive Tourism Experiences through Social Media Affects Posttrip Evaluations [J]. Journal of Travel Research, 2021 (3): 004728752199525.

[165] Li M W, Teng H Y, Chen C Y. Unlocking the customer engagement-brand loyalty relationship in tourism social media: The roles of brand attachment and customer trust [J]. Journal of Hospitality and Tourism Management, 2020 (44): 184-192.

[166] Lima V M, Irigaray H A R, Lourenco C. Consumer engagement on social media: insights from a virtual brand community [J]. Qualitative Market Research: An

International Journal, 2019, 22（1）: 14-32.

［167］Lin Z, ChenY, Filieri R. Resident-tourist value co-creation: The role of residents' perceived impacts and life satisfaction［J］. Tourism Management, 2017（61）: 436-442.

［168］Lin, Y-S., J.-Y Huang. Internet blogs as a tourism marketing medium: A case study［J］.Journal of Business Research. 2006, 59（10-11）: 1201-1205.

［169］Litvin S W, Goldsmith R E, Pan B. Electronic word-of-mouth in hospitality and tourism management［J］. Tourism management, 2008, 29（3）: 458-468.

［170］Lloyd A E. The role of culture on customer participation in service［D］. Doctoral dissertation, Hong Kong Polytechnic University, 2003.

［171］Lovelock C H, Young R F.Look to consumers to increase productivity［J］. Harvard Business Review, 1979（03）: 168-179.

［172］Lu J, Liu C, Yu C S, et al. Determinants of accepting wireless mobile data services in China［J］.Information & Management, 2008（01）: 52-64.

［173］Lu Y.Understanding mobile communication and entertainment service usage: a comparison study［J］.International Journal of Internet and Enterprise Management, 2010（06）: 193-212.

［174］Luo M M, Chea S, Chen Ja-Shen. Web-based information service adoption: A comparison of the motivational model and the uses and gratifications theory［J］.Decision Support Systems, 2011, 51（1）: 21-30.

［175］Luo N, Zhang M, Liu W. The effects of value co-creation practices on building harmonious brand community and achieving brand loyalty on social media in China［J］. Computers in Human Behavior, 2015（48）: 492-499.

［176］Luo, Q.. H. Zhang. Building interpersonal trust in a travel-related virtual community: A case study on a Guangzhou couchsurfing community［J］. Tourism Management. 2016（54）: 107-121.

［177］Lusch R F, Stephen L, Vargo S L.Service dominant logic: reactions, reflections and refinements［J］.Marketing Theory, 2006（03）: 281-288.

［178］Madupu V, & Cooley D O.and consequences of online brand participation: A Antecedents conceptual framework［J］.Journal of Internet Commerce, 2010, 9（2）: 127-147.

［179］Majdoub W. Co-creation of value or co-creation of experience?Interrogations in the field of cultural tourism［J］. International Journal of Safety and Security in Tourism and Hospitality, 2014, 1（7）: 12-31.

[180] Malik A, A D hir, Nieminen M. Uses and Gratifications of digital photo sharing on Facebook [J]. Telematics & Informatics, 2016, 33 (1): 129-138.

[181] Malik G, Rao A S. Extended expectation-confirmation model to predict continued usage of ODR/ride hailing apps: Role of perceived value and self-efficacy [J]. Information Technology & Tourism, 2019, 21 (4): 461-482.

[182] Mallat N, Rossi M, Tuunainen V K, et al.The impact of use context on mobile services acceptance: The case of mobile ticketing [J]. Information & Management, 2009 (03): 190-195.

[183] Manganari E E, Siomkos G J, Rigopoulou I D, et al. Virtual store layout effects on consumer behaviour: Applying an environmental psychology approach in the online travel industry [J]. Internet Research: Electronic Networking Applications and Policy, 2011, 21 (3): 326-346.

[184] Marsh H W, Balla J. Goodness of fit in confirmatory factor analysis: The effects of sample size and model parsimony [J]. Quality and Quantity, 1994, 28 (2): 185-217.

[185] Maslowska E, Malthouse E C, Collinger T. The customer engagement ecosystem [J]. Journal of Marketing Management, 2016, 32 (5-6): 469-501.

[186] Massaro M, Moro A, Aschauer E, et al. Trust, control and knowledge transfer in small business networks [J]. Review of Managerial Science, 2019, 13 (2): 267-301.

[187] Masur P K, Reinecke L, Ziegele M, et al. The interplay of intrinsic need satisfaction and Facebook specific motives in explaining addictive behavior on Facebook [J]. Computers in Human Behavior, 2014, 39 (oct.): 376-386.

[188] Mathis B F, H L, Uysal M, et al. The effect of co-creation experience on outcome variable [J].Annals of Tourism Research, 2016 (57): 62-75.

[189] Mathwicka, Charla, Malhotra, et al. Experiential value: conceptualization, measurement and application in the catalog and Internet shopping environment. [J]. Journal of Retailing, 2001 (42): 37-56.

[190] McCarthy R V, Aronson J E.An analysis of knowledge management in the public and private sectors [A]. US: The Information Institute, 2003.

[191] Mccoll-Kennedy J R, Vargo S L, Dagger T S, et al. Health care customer value cocreation practice styles [J].Journal of Service Research, 2012 (04): 370-389.

[192] McDonald R P, Ho M H R. Principles and practice in reporting structural equation analyses [J]. Psychological methods, 2002, 7 (1): 64.

［193］McLure W M, Faraj S. Why should I share?Examining social capital and knowledge contribution in electronic networks of practice［J］. MIS quarterly, 2005, 29 (1): 35-57.

［194］McLure-Wasko M, Faraj S. Why Should I Share?Examining Social Capital and Knowledge Contribution in Electronic Networks of Practice［J］. Management Information Systems Quarterly, 2005, 29 (1): 4.

［195］Mehrabian A, Russel J A. An approach to environmental psychology［M］. Cambridge: MIT Press, 1974.

［196］Miller P, Power M. Accounting, organizing, and economizing: Connecting accounting research and organization theory［J］. Academy of Management Annals, 2013, 7 (1): 55

［197］Milroy L, Llamas C. Social networks［J］. The handbook of language variation and change, 2013: 407-427.

［198］Minazzi, R. Social media marketing in tourism and hospitality［M］. 2015.

［199］Minkiewicz J, Evans J, Bridson K. How do consumers co-create their experiences?An exploration in the heritage sector［J］. Journal of Marketing Management, 2014, 30 (1-2): 30-59.

［200］Mistilis, N., D. Buhalis, U. Gretzel. Future eDestination Marketing: Perspective of an Australian Tourism Stakeholder Network［J］. Journal of Travel Research, 2014, 53 (6): 778-790.

［201］Mohd-Any A A, Winklhofer H, Ennew C. Measuring users' value experience on a travel website (e-Value): what value is cocreated by the user?［J］. Journal of Travel Research, 2014, 54 (4): 496-510.

［202］Moliner M A, Sánchez J, Rodríguez R M, et al. Perceived relationship quality and post-purchase perceived value: An integrative framework［J］. European Journal of Marketing, 2007, 41 (11-12): 1392-1422.

［203］Molinillo S, R Anaya-Sánchez, F Liébana-Cabanillas. Analyzing the effect of social support and community factors on customer engagement and its impact on loyalty behaviors toward social commerce websites［J］. Computers in Human Behavior, 2020, 18 (09): 387-412.

［204］Morosan C, DeFranco A. Co-creating value in hotels using mobile devices: A conceptual model with empirical validation［J］. International of Hospitality Management, 2016 (52): 131-142.

［205］Mota F, Be Llini C, Souza J, et al. The influence of civic mindedness, trustworthiness, usefulness, and ease of use on the use of government websites [J]. Revista de Administração, 2016, 51 (4): 344-354.

[206] Munar A M, Jacobsen J. Motivations for sharing tourism experiences through social media [J]. Tourism Management, 2014, 43 (aug.): 46-54.

[207] Munar A M, Jacobsen J. Trust and Involvement in Tourism Social Media and Web-Based Travel Information Sources [J]. Scandinavian Journal of Hospitality & Tourism, 2013, 13 (1): 1-19.

[208] Munar A M, Ooi C S. The truth of the crowds: Social media and the heritage experience [J]. Proceedings of the American Society of International Law at Its Annual Meeting, 2012, 16 (12): 59-81.

[209] Munar A M, Gyimóthy S, Cai L. Tourism social media: a new research agenda [M].//Tourism social media: Transformations in identity, community and culture. Emerald Group Publishing Limited, 2013.

[210] Muniz, A M, Schau H J. Religiosity in the abandoned apple newton brand community [J]. Journal of Consumer Research, 2005 (04): 737-747.

[211] Muskat B, Hörtnagl T, Prayag G, et al. Perceived quality, authenticity, and price in tourists' dining experiences: Testing competing models of satisfaction and behavioral intentions [J]. Journal of Vacation Marketing, 2019, 25 (4): 480-498.

[212] Nambisan P, Watt J H. Managing customer experiences in online product communities [J]. Journal of Business Research, 2011, 64 (8): 889-895.

[213] Namkung Y, Jang S C. Effects of perceived service fairness on emotions, and behavioral intentions in restaurants [J]. European Journal of Marketing, 2010, (09/10): 1233-1259.

[214] Neuhofer B, Buhalis D, Ladkin A. Conceptualising technology enhanced destination experiences [J]. Journal of Destination Marketing & Management, 2012, 1(1-2): 36-46.

[215] Nieves J, Diaz-Meneses G. Knowledge sources and innovation in the hotel industry: Empirical analysis on Gran Canaria Island, a mature mass-tourism destination [J]. International Journal of Contemporary Hospitality Management, 2018, 30 (6): 2537-2561.

[216] Normann R, Ramirez R. From value chain to value constellation: designing interactive strategy [J]. Harvard Business Review, 1993 (04): 65-77.

[217] Norton M I, Mochon D, Dan A. The IKEA effect: When labor leads to love [J]. Social Science Electronic Publishing, 2012 (03): 453-460.

[218] Nysveen H, Pedersen P E, Thorbjørnsen H. Intentions to use mobile services: antecedents and cross-service comparisons [J]. Journal of the Academy of Marketing Science, 2005 (03): 330-346.

[219] Oh S. The characteristics and motivations of health answerers for sharing information, knowledge, and experiences in online environments [J]. Journal of the American Society for Information Science and Technology, 2012, 63 (3): 543-557.

[220] Okleshen, C., & Grossbart, S. Usenet groups, online community and consumer behaviors [J]. Advances in Consumer Research, 1998 (25): 276-282.

[221] Oliveira A, Huertas A. How do destinations use twitter to recover their images after a terrorist attack? [J]. Journal of destination marketing & management, 2019 (12): 46-54.

[222] Oliver R L. A cognitive model of the antecedents and consequences of satisfaction decisions [J]. Journal of Marketing Research, 1980, 17 (4): 460-469.

[223] Pai P Y, Tsai H T. How virtual community participation influences consumer loyalty intentions in online shopping contexts: An investigation of mediating factors [J]. Behaviour & information technology, 2011, 30 (5): 603-615.

[224] Pallud J, Straub D W. Effective website design for experience-influenced environments: The case of high culture museums [J]. Information & Management, 2014, 51 (3): 359-373.

[225] Palomino-Manjón P. "Great to see ur staff are doing their job properly": Customer (dis)affiliation on corporate Facebook pages [J]. International Journal of English Studies, 2018, 18 (2): 77-96.

[226] Pan Z, Lu Y, Gupta S. How heterogeneous community engage newcomers? The effect of community diversity on newcomers', perception of inclusion: An empirical study in social media service [J]. Computers in Human Behavior, 2014 (08): 100-111.

[227] Parboteeah D V. A model of online impulse buying: an empirical study [M]. Washington State University, 2005.

[228] Park S B, Kim J, Lee Y K, et al. Visualizing theme park visitors' emotions using social media analytics and geospatial analytics [J]. Tourism Management, 2020 (80): 104127.

[229] PARSAEI, F., & REZAEI, M., & ARABJAFARI, M. EVALUATING BEHAVIORAL INTENTIONS OF TOURISTS IN E-TOURISM [J]. JOURNAL OF COMPUTING AND SECURITY, 2014, 1 (2): 95-109.

[230] Patterson P, Yu T, de Ruyter K. Understanding customer engagement

services [C]. Advancing Theory, Maintaining Relevance, Rroceedings ANZMAC Conference, Brisbane, 2006 (12): 4-6.

[231] Payne A F, Storbacka K, Frow P. Managing the co-creation of value [J]. Journal of the Academy of Marketing Science, 2008 (01): 83-96.

[232] Pedersen P E. An adoption framework for mobile commerce [M].Towards the E-Society. Springer US, 2002.

[233] Pho Cus Wright. Travel innovation & technology trends: 2013 & Beyond-special report for world travel market [R]. 2013.

[234] Podsak off P M, Mac Kenzie S B, Lee J Y, et al. Common method biases in behavioral research: a critical review of the literature and recommended remedies [J]. Journal of applied psychology, 2003, 88 (5): 879.

[235] Pongsakornrungsilp S, Schroeder J E. Understanding value co-creation in a co-consuming brand community [J]. Marketing Theory, 2011, 11 (3): 303-324.

[236] Prahalad C K, Ramaswamy V. Co-creation experiences: The next practice in value creation [J]. Journal of interactive marketing, 2004, 18 (3): 5-14.

[237] Prahalad C K, Ramaswamy V. The new frontier of experience innovation [J]. MIT Sloan management review, 2003, 44 (4): 12-18.

[238] Prahalad C K. Co-opting customer competence [J]. Harvard Business Review, 2000 (01): 79-87.

[239] Prebensen N K. Value Creation in Experience-Based Networks: A Case Study of Sport-Events in Europe [J]. Chapters, 2012.

[240] Prebensen N K, Chen J S, Uysal M, et al Co-creation of Tourist Experience: Scope, Definition and Structure [M].// Prebensen N K, Chen J S, Uysal M. Creating Experience Value in Tourism.Wallingford: CABI Publishing, 2014a: 1-10.

[241] Prebensen N K, Foss L. Coping and co-creating in tourist experiences [J]. International Journal of Tourism Research, 2011, 13 (1): 54-67.

[242] Prebensen N K, Woo E J, Uysal M S. Experience value: Antecedents and consequences [J].Current Issues in Tourism, 2014b, 17 (10): 910-928.

[243] Prebensen N K, Xie J. Efficacy of co-creation and mastering on perceived value and satisfaction in tourists' consumption [J].Tourism Management, 2017 (60): 166-176.

[244] Prebensen N K, Kim H, Uysal M. Cocreation as moderator between the experience value and satisfaction relationship [J]. Journal ofTravel Research, 2016, 55 (7): 934-945.

[245] Pudliner B A. Alternative literature and tourist experience: Travel and tourist

weblogs [J]. Journal of tourism and cultural change, 2007, 5 (1): 46-59.

[246] Qualman E. Socialnomics: How Social Media Transforms the Way We Live and Do Business [M]. John Wiley & Son, 2012.

[247] Ramirez R. Value co-production: intellectual origins and implications for practice and research [J]. Strategic management journal, 1999, 20 (1): 49-65.

[248] Rathore, Ashish K, Ilavarasan, et al. Social media content and product co-creation: an emerging paradigm [J]. Journal of Enterprise Information Management, 2016, 54 (06): 256-287.

[249] Rau. P.-L. P., Q. Gao, Y. Ding. Relationship between the level of intimacy and lurking in online social network services [J]. Computers in Human Behavior, 2008, 24 (6): 2757-2770.

[250] Razak N S A, Marimathu M, Mamat M. Co-creating Experience Value: The Next Practice of Value Creation Towards Online Repurchasing Intention in Tourism Services [C].// 4th International Conference on Business and Economic Research, Indonesia, 2013: 500-513.

[251] Rihova I, Buhalis D, Maital M, et al. Conceptualising customer-to-customer value co-creation in tourism [J]. International Journal of Tourism Research, 2015, 17 (4): 356-363.

[252] Rodie A R, Kleine S S. Customer participation in services production and delivery [M]. Sage Publications, Thousand Oaks, CA, 2000.

[253] Rodríguez, I, Williams, A. M., & Hall, C. M. Tourism innovation policy: Implementation and outcomes [J]. Annals of Tourism Research, 2014, 49 (C): 76-93.

[254] Roeffen D, Scholl-Grissemann U. The Importance of Customer Co-creation of Value for the Tourism and Hospitality Industry [J]. Open Tourism, 2016: 35.

[255] Romero J. Customer engagement behaviors in hospitality: Customer-based antecedents [J]. Journal of Hospitality Marketing & Management, 2017, 26 (6): 565-584.

[256] Ruggiero T E. Uses and gratifications theory in the 21st century [J]. Mass communication & society, 2000, 3 (1): 3-37.

[257] Ruhanen L, N Saito, Axelsen M. Knowledge co-creation: The role of tourism consultants [J]. Annals of Tourism Research, 2021, 87 (5): 103148.

[258] Sahli A B, Legohérel P. Using the decomposed theory of planned behavior (DTPB) to explain the intention to book tourism products online [J]. International Journal of Online Marketing (IJOM), 2014, 4 (1): 1-10.

［259］Sánchez, Callarisa L, RM Rodríguez, et al. Perceived value of the purchase of a tourism product［J］. Tourism Management, 2006, 27（3）: 394-409.

［260］Santhanam R, Hartono E. Issues in Linking Information Technology Capability to Firm Performance［J］. Management Information Systems Quarterly, 2003, 27（1）: 6.

［261］Schumacker E, Lomax G. A Beginner's Guide to Structural Equation Modelling. 4th edtn［J］. 2016.

［262］Schwarzer R. General perceived self-efficacy in 14 cultures［J］. Self-Self-Efficacy assesSPEnt, http: //www. yorku. ca/faculty/academic/schwarz. e/worldl4. htm, 1999.

［263］Shao. J, X. Li. A. M. Morrison, I3. Wu. Social media micro-film marketing by Chinese destinations: The case of Shaoxing［J］. Tourism Management, 2016（54）: 439-451.

［264］Shawky S, Kubacki K, Dietrich T, et al. A dynamic framework for managing customer engagement on social media［J］. Journal of Business Research, 2020（121）: 567-577.

［265］Shi S, Chen Y, Chow W S. Key values driving continued interaction on brand pages in social media: An examination across genders［J］. Computers in Human Behavior, 2016（62）: 578-589.

［266］Sigala M. Social media and the co-creation of tourism experiences［M］.// The handbook of managing and marketing tourism experiences. Emerald Group Publishing Limited, 2016.

［267］Sigala. M., E. Christou, U. Gretzel. Social media in travel, tourism and hospitality: theory, practice and cases［M］. Farnham, Surrey, United Kingdom, Ashgate, 2012.

［268］So K, Wei W, Martin D. Understanding customer engagement and social media activities in tourism: A latent profile analysis and cross-validation［J］. Journal of Business Research, 2020, 65（11）: 507-535.

［269］So K, King C, Sparks B. Customer Engagement With Tourism Brands Scale Development and Validation［J］. Journal of Hospitality & Tourism Research, 2012, 38（3）: 304-329.

［270］Song J, FM Zahedi. A Theoretical Approach to Web Design in E-Commerce: A Belief Reinforcement Model［J］. Management Science, 2005, 51（8）: 1219-1235.

［271］Sparks, B., So. G. L. Bradley. Responding to negative online reviews: "I'he effects of hotel responses on customer inferences of trust and concern"［J］.Tourism

Management, 2016 (53): 74-85.

[272] Sparks, B. A., V Browning. The impact of online reviews on hotel booking intentions and perception of trust [J]. Tourism Management, 2011, 32 (6): 1310-1323.

[273] Sthapit E, Björk P. Sources of value co-destruction: Uber customer perspectives [J]. Tourism Review, 2019, 74 (4): 780-794.

[274] Su N, Mariadoss B J, Reynolds D. Friendship on social networking sites: Improving relationships between hotel brands and consumers [J]. International Journal of Hospitality Management, 2015 (51): 76-86.

[275] Sun Y, Fang Y, Lim K H. Understanding sustained participation in transactional virtual communities [J]. Decision Support Systems, 2012, 53 (1): 12-22.

[276] Sweeney J C, Soutar G N. Consumer perceived value: The development of a multiple item scale [J]. Journal of retailing, 2001, 77 (2): 203-220.

[277] Tajeddini, K., Ratten, V., & Denisa, M. Female tourism entrepreneurs in Bali, Indonesia [J]. Journal of Hospitality and Tourism Management, 2017, 31 (1): 52-58.

[278] Taylor S, Todd P A. Understanding information technology usage: A test of competing models [J]. Information systems research, 1995, 6 (2): 144-176.

[279] Tedjamulia S J J, Dean D L, Olsen D R, et al. Motivating Content Contributions to Online Communities: Toward a More Comprehensive Theory [C].// Proceedings of the 38th Annual Hawaii International Conference on System Sciences. IEEE Computer Society, 2005 (8): 193b-193b.

[280] Thibaut J W, Kelley H H. The social psychology of groups [M]. Routledge, 2017.

[281] Thompson B. Ten commandments of structural equation modeling [C].// US Dept of Education, Office of Special Education Programs (OSEP) Project Directors' Conference, 1998, Washington, DC, US; A previous version of this chapter was presented at the aforementioned conference and at the same annual conference held in 1999. American Psychological Association, 2000.

[282] TIA. Travelers's Use of the Internet [R]. Travel Industry Association of America, Washington, DC. 2005.

[283] Tseng, C., B. Wu, A. M. Morrison, J. Zhang, Y-c. Chen. Travel blogs on China as a destination image formation agent: A qualitative analysis using Leximancer [J]. Tourism Management, 2015 (46): 347-358.

[284] Tung V, Ritchie J. Exploring the essence of memorable tourism

experiences [J]. Annals of Tourism Research, 2011, 38 (4): 1367-1386.

[285] Tussyadiah I P, Fesenmaier D R. Mediating tourist experiences: Access to places via shared videos [J]. Annals of tourism research, 2009, 36 (1): 24-40.

[286] Uriely N. The Tourist Experience: Conceptual Developments [J]. Annals of Tourism Research, 2005, 32 (1): 199-216.

[287] Van Doorn J, Lemon K N, Nass S, et al. Customer Engagement Behavior: Theoretical Foundations and Research Directions [J]. Journal of Service Research, 2014, 56 (11): 288-324.

[288] Van Doorn, J. etal.Customer engagement behavior: Theoretical foundations and research directions [J]. Journal of Service Research, 2010, 13 (3): 253-266.

[289] Vargo S L, Lusch R F. Evolving to a New Dominant Logic for Marketing [J]. Journal of Marketing, 2004 (01): 17.

[290] Vargo S L, Lusch R F.Service-dominant logic: continuing the evolution [J]. Journal of the Academy of Marketing Science, 2008, 24 (01): 8-19.

[291] Venlatesh V, Davis F D. A theoretical extension of the technology acceptance model: four longitudinal case studies [J]. Management science, 2000 (02): 186-204.

[292] Verma R, Stock D, McCarthy L. Customer preferences for online, social media, and mobile innovations in the hospitality industry [J]. Cornell Hospitality Quarterly, 2012, 53 (3): 183-186.

[293] Verma, Rohit, Stock, et al. Customer Preferences for Online, Social Media, and Mobile Innovations in the Hospitality Industry [J]. Cornell Hospitality Quarterly, 2012, 35 (07): 67-89.

[294] Vermeulen I E, Seegers D. Tried and tested: The impact of online hotel reviews on consumer consideration [J]. Tourism management, 2009, 30 (1): 123-127.

[295] Virtual Tourist: knowledge communication in an online travel community [J]. International Journal of Web Based Communities, 2008, 4 (4): 503-522.

[296] Volo S. Bloggers' reported tourist experiences: Their utility as a tourism data source and their effect on prospective tourists [J]. Journal of Vacation marketing, 2010, 16 (4): 297-311.

[297] Wais J S, Clemons E K. Understanding and implementing mobile social advertising [J]. International Journal of Mobile Marketing, 2008, 3 (1).

[298] Wang E S T, Wang M C H. Social support and social interaction ties on internet addiction: Integrating online and offline contexts [J]. Cyberpsychology, Behavior, and Social Networking, 2013, 16 (11): 843-849.

[299] Wang X, Li Y. Users' Satisfaction with Social Network Sites: A Self-Determination Perspective [J]. Journal of computer information systems, 2015, 56 (1): 48-54.

[300] Wang X, Li Y. How Trust and Need Satisfaction Motivate Producing User-Generated Content [J]. Data Processor for Better Business Education, 2017, 57 (4): 49-57.

[301] Wang, Y, Q. Yu, D. R. Fesenmaier. Defining the virtual tourist community: implications for tourism marketing [J].Tourism Management, 2002, 23 (4): 407-417.

[302] Wikström S. Value creation by company - consumer interaction [J]. Journal of marketing management, 1996, 12 (5): 359-374.

[303] Wing Kuen E S E E T O, KW K H O. Value co-creation and purchase intention in social network sites: The role of electronic word-of-mouth and trust: A theoretical analysis [J]. Computers in Human Behavior, 2014 (31): 182-189.

[304] Wu B, Chen X. Continuance intention to use MOOCs: Integrating the technology acceptance model (TAM) and task technology fit (TTF) model [J]. Computers in Human Behavior, 2017 (67): 221-232.

[305] Xiang Z, Wang D, O'Leary J T, et al. Adapting to the internet: trends in travelers' use of the web for trip planning [J]. Journal of travel research, 2015, 54 (4): 511-527.

[306] Xiang, Z., U.Gretzel.Role of social media in online travel information search [J].Tourism Management, 2010, 31 (2): 179-188.

[307] Xiang, Z., Z. Schwartz, J. H. Gerdes, M. Uysal. What can big data and text analytics tell us about hotel guest experience and satisfaction? [J].International Journal of Hospitality Management, 2015 (44): 120-130.

[308] Xie K, Di Tosto G, Lu L, et al. Detecting leadership in peer-moderated online collaborative learning through text mining and social network analysis [J]. The Internet and Higher Education, 2018 (38): 9-17.

[309] Yang X, Zhang X, Gallagher K P. The moderating effect of online community affiliation and information value on satisfaction with online travel communities in China [J]. Journal of Global Information Technology Management, 2016, 19 (3): 190-208.

[310] Yau O H M, Lee J S Y, Chow R P M, et al. Relationship marketing the Chinese way [J]. Business Horizons, 2000, 43 (1): 16-26.

[311] Yen C H, Teng H Y, Tzeng J C. Innovativeness and customer value co-creation behaviors: Mediating role of customer engagement [J]. International Journal of Hospitality

Management, 2020 (88): 102-514.

[312] Yen D C, Wu C S, Cheng F F, et al.Determinants of users' intention to adopt wireless technology: An empirical study by integrating TTF with TAM [J].Computers in Human Behavior, 2010 (05): 906-915.

[313] Yi Y, Gong T. Customer Value Co-Creation Behavior: Scale Development and Validation [J]. Journal of Business Research, 2013, 66 (9): 1279-1284.

[314] Yoon C, Wang Z W. The role of citizenship behaviors and social capital in virtual communities [J]. Journal of Computer Information Systems, 2011, 52 (1): 106-115.

[315] Yu L, Asur S, Huberman B-A.What trends in Chinese social media [C].The 5th SNA-KDD, 11, 2011.

[316] Zarrella D. The social media marketing book [M]. " O'Reilly Media, Inc.", 2009.

[317] Zeithaml V A. Consumer perceptions of price, quality, and value: A means-end model and syndissertation of evidence [J].Journal of Marketing, 1988 (03): 2-22.

[318] Zeng, B., R. Gerritsen. What do we know about social media in tourism?A review [J]. Tourism Management Perspectives, 2014 (10): 27-36.

[319] Zhang H, Lu Y, Wang B, et al. The impacts of technological environments and co-creation experiences on customer participation [J]. Information & Management, 2015, 52 (4): 468-482.

[320] Zhang H, Wu Y, Buhalis D. A model of perceived image, memorable tourism experiences and revisit intention [J]. Journal of Destination Marketing and Management, 2018, 8 (June): 326-336.

[321] Zhou T.An empirical examination of continuance intention of mobile payment services [J].Decision Support Systems, 2013 (02): 1085-1091.

[322] Zhou T.Examining continuance usage of mobile Internet services from the perspective of resistance to change [J].Information Development, 2014 (01): 22-31.

[323] Ziegele M, Springer N, Jost P, et al. Online user comments across news and other content formats: Multidisciplinary perspectives, new directions [J]. SCM Studies in Communication and Media, 2018, 6 (4): 315-332.

[324] Zwass, V. Co-Creation: Toward a Taxonomy and an Integrated Research Perspective [J]. International Journal of Electronic Commerce, 2010, 15 (1): 11-48.

附　录

附录 A　社交平台游客参与价值共创行为的深度访谈提纲

根据本研究的研究目的，经过反复咨询和审查，确定了本研究的访谈提纲。在访谈时，本研究作者采取的是循序渐进的启发式深度访谈方法，以聊天的方式，使受访者在轻松的氛围中回忆在社交平台上搜寻信息或者发表旅游体验时的感受。

一、访谈的主要问题

1. 您有在社交平台上搜索过信息吗？
2. 为什么选择在上面搜索呢？
3. 您使用的这个社交平台搜索旅游信息时的感受是什么样的？
4. 您在社交平台上分享或者发表过旅游知识、体验经历吗？
5. 什么原因会促使您在社交平台上分享您的旅游经历或者知识呢？
6. 您使用的这个社交平台分享您的旅游经历或者知识时感受是什么样的？
7. 您会对使用的社交平台提出反馈意见吗？原因是？

二、访谈对象及本次旅游的基本情况

编号		姓名	
性别		年龄	
使用社交平台的类型		职业	
在社交平台上花费的时间		使用社交平台的目的	

附录 B 社交平台游客参与价值共创行为正式调查问卷

尊敬的先生/女士：

您好！这是一份学术研究问卷，主要目的是探究社交平台游客参与价值共创相关议题。您的协助对我们的研究非常重要，您所填答的各项资料，只为提供研究人员作为学术之用，内容绝对保密；问题选项无所谓对错，只是个人实际情况的反映。因此，请放心作答。请您仔细阅读各部分的答题要求，并根据自己的实际情况进行回答，不要有遗漏。感谢您的协助与合作。

说明：题项中有关于获取旅游信息的内容是指您为了完成旅游在社交平台上有查找交通、酒店、旅游目的地信息等行为；提供内容是指您曾经有过在社交平台上发表您的旅游体验、经历、旅游感受以及评论旅游目的地等行为。

第一部分 基本情况

1. 性别   □男性   □女性
2. 年龄   □19–29   □30–39   □40–49   □50–59   □60 岁以上
3. 学历   □高中以下   □高中   □本科   □研究生
4. 职业   □学生   □白领   □公务员   □教师   □自主创业   □其他
5. 月收入   □小于 1000 元   □1000–3000 元   □3001–5000 元   □5001–10000 元   □10000 元以上
6. 社交平台的类型   □马蜂窝   □微博   □携程社区   □知乎   □去哪儿社区   □微信   □其他
7. 获取旅游信息时社交平台访问频率（每周）□少于1 次   □2 次   □3 次   □4 次
8. 为获取旅游信息或者分享旅游经验在该社交平台所花费的平均时间：
   □不到 30 分钟   □30–1 小时   □1–2 小时   □超过 2 小时

第二部分 社交平台游客参与价值创造行为意向调查项

请根据第一部分第 6 题中选择的社交平台来进行以下题项的打分。

下列题项是对您使用社交平台时的描述，请根据自己的实际感受，在最符合您的实际情况的选项上打分。其中 1= 强烈不同意，2= 不同意，3= 有点不同意，4= 一般，5= 有点同意，6= 同意，7= 强烈同意。

1. 驱动因素变量方面

（1）社交平台因素测量题项

序号	题 项	强烈不同意—强烈同意						
		强烈不同意	不同意	有点不同意	一般	有点同意	同意	强烈同意
1	我觉得该社交平台中应用程序的操作很简单	1	2	3	4	5	6	7
2	我觉得该社交平台的界面设计友好，很容易看明白	1	2	3	4	5	6	7
3	我觉得该社交平台的页面打开速度快，访问流畅	1	2	3	4	5	6	7
4	我觉得在该社交平台上去搜寻或者提供旅游信息或知识时，操作很熟练。	1	2	3	4	5	6	7
5	我发现该社交平台是有用的	1	2	3	4	5	6	7
6	通过该社交平台，我可以更加频繁地与好友联系	1	2	3	4	5	6	7
7	该社交平台提高了我对旅游信息的分享与获取效率	1	2	3	4	5	6	7
8	我觉得浏览该社交平台（马蜂窝、携程、知乎、微信等）是好玩有趣的	1	2	3	4	5	6	7
9	我觉得通过该社交平台创作并发布内容的过程是令人愉快的	1	2	3	4	5	6	7
10	我觉得该社交平台能够让我放松、减少压力	1	2	3	4	5	6	7
11	我经常会下意识地打开该社交平台查看即时信息	1	2	3	4	5	6	7
12	我会频繁地主动打开该社交平台查看新闻等	1	2	3	4	5	6	7
13	一段时间不使用该社交平台，会担心错过获取信息的机会	1	2	3	4	5	6	7
14	一段时间没有打开该社交平台，我就会焦虑不安	1	2	3	4	5	6	7

（2）游客自身因素测量题项

序号	题　项	强烈不同意 — 强烈同意						
		强烈不同意	不同意	有点不同意	一般	有点同意	同意	强烈同意
1	我很有兴趣在参与该社交平台（马蜂窝、携程、知乎、微信等）中提供旅游信息或知识	1	2	3	4	5	6	7
2	我把我自己的体验经历展现给社交平台的其他用户时，很开心	1	2	3	4	5	6	7
3	通过在社交平台上发布自己的旅游经历或者提供旅游信息或知识，我能获得一种新奇、独特和复杂的体验	1	2	3	4	5	6	7
4	我有信心该社交平台的其他用户对我所提供的旅游信息或知识感兴趣	1	2	3	4	5	6	7
5	我有信心我提供的旅游信息或知识可以帮助他人解决问题	1	2	3	4	5	6	7
6	只要我愿意，我可以在该社交平台上去轻松地发布游记或者提供旅游信息和知识，功能技巧性使用是一件容易的事情	1	2	3	4	5	6	7
7	我愿意为其他该社交平台成员提供旅游信息或知识	1	2	3	4	5	6	7
8	我愿意帮助该社交平台成员解决他们提出的问题	1	2	3	4	5	6	7
9	当我提供旅游信息或知识时，我相信其他成员也会提供其他的旅游信息或知识	1	2	3	4	5	6	7
10	当我经常对他人发布的旅游信息或知识做出回应时，我相信他人也愿意对我发布的旅游信息或知识做出回应	1	2	3	4	5	6	7

2. 体验价值感知测量题项

序号	题项	强烈不同意—强烈同意						
		强烈不同意	不同意	有点不同意	一般	有点同意	同意	强烈同意
1	我觉得通过该社交平台（马蜂窝、携程、知乎、微信等）交流旅游信息或经验很方便	1	2	3	4	5	6	7
2	我觉得该社交平台提供了对我有用的旅游信息和服务	1	2	3	4	5	6	7
3	我觉得该社交平台的功能齐全，服务合理	1	2	3	4	5	6	7
4	在这个平台分享旅游经验或者知识时，获得的点赞和评论让我感到很开心	1	2	3	4	5	6	7
5	通过在线互动交流，我获得了精神享受	1	2	3	4	5	6	7
6	在创作与分享旅游信息或者经验的过程中，我感到很愉悦	1	2	3	4	5	6	7
7	当我在该社交平台上分享我的旅游经历或经验时，有许多人感兴趣	1	2	3	4	5	6	7
8	通过在该社交平台上提供旅游经验或知识，使我有一定的归属感	1	2	3	4	5	6	7
9	通过在该社交平台上提供旅游经验或知识，我扩大了自己的社会交际圈	1	2	3	4	5	6	7

3. 游客价值共创行为意向的初始测量题项

序号	题项	强烈不同意—强烈同意						
		强烈不同意	不同意	有点不同意	一般	有点同意	同意	强烈同意
1	我打算继续使用该社交平台，而不会停止使用	1	2	3	4	5	6	7
2	我愿意继续使用该社交平台，而不是使用其他社交平台代替它	1	2	3	4	5	6	7
3	我愿意登录该社交平台去查询旅游信息或知识	1	2	3	4	5	6	7

续表

序号	题 项	强烈不同意 — 强烈同意						
		强烈不同意	不同意	有点不同意	一般	有点同意	同意	强烈同意
4	我愿意经常更新一些旅游动态,去提供旅游信息和知识	1	2	3	4	5	6	7
5	我愿意转发该社交平台其他用户发布的旅游信息、旅游攻略和图片等内容	1	2	3	4	5	6	7
6	我会对该社交平台其他用户提供的旅游内容进行评论或留言	1	2	3	4	5	6	7
7	如果我在该社交平台上遇到问题,我会及时反馈给客服人员	1	2	3	4	5	6	7
8	我会告知该社交平台的客服人员我的需求	1	2	3	4	5	6	7
9	如果我在该社交平台上得到优质的服务时,我会让该社交平台知道	1	2	3	4	5	6	7

4. 互动测量题项

序号	题 项	强烈不同意 — 强烈同意						
		强烈不同意	不同意	有点不同意	一般	有点同意	同意	强烈同意
1	我经常通过该社交平台和其他成员进行互动交流	1	2	3	4	5	6	7
2	我在该社交平台上通过分享自己的美好或特别的旅游体验以供别人参考	1	2	3	4	5	6	7
3	我通过评论、提问、回复等方式与该社交平台上的其他旅游者进行交流	1	2	3	4	5	6	7
4	通过该社交平台和其他成员进行交流时,我与其他成员之间开展了深入讨论	1	2	3	4	5	6	7

5. 奖励测量题项

序号	题项	强烈不同意—强烈同意						
		强烈不同意	不同意	有点不同意	一般	有点同意	同意	强烈同意
1	当通过该社交平台（马蜂窝、携程、知乎、微信等）提供旅游信息或知识时，我希望能够增加积分奖励	1	2	3	4	5	6	7
2	当我在该社交平台上提供旅游信息或知识时，希望能得到奖金、优惠券等回报	1	2	3	4	5	6	7
3	在该社交平台中我希望因为积分较高或等级排名靠前能获得更多特权	1	2	3	4	5	6	7

问卷到此结束，再次感谢您的热心参与！